VOYAGES
IMAGINAIRES,
ROMANESQUES, MERVEILLEUX, ALLÉGORIQUES, AMUSANS, COMIQUES ET CRITIQUES.

SUIVIS DES
SONGES ET VISIONS,
ET DES
ROMANS CABALISTIQUES.

CE VOLUME CONTIENT:

Le Voyage d'Alcimédon, ou le naufrage qui conduit au port.

Les Isles Fortunées, ou les aventures de Bathylle & de Cléobule.

L'Histoire des Troglodites.

Les Aventures d'un jeune Anglois.

Les Aventures d'un Corsaire Portugais.

Les voyages & aventures du capitaine Robert Boyle.

VOYAGES
IMAGINAIRES,
SONGES, VISIONS,
ET
ROMANS CABALISTIQUES.

Ornés de Figures.

TOME DIXIÈME.

Première division de la première classe, contenant les Voyages Imaginaires rom...esques.

A AMSTERDAM,
Et se trouve à PARIS,
RUE ET HOTEL SERPENTE.

M. DCC. LXXXVII.

AVERTISSEMENT
DE L'ÉDITEUR.
DES VOYAGES IMAGINAIRES.

Ce volume commence par le *voyage d'Alcimédon*, ou le Naufrage qui conduit au port. Le philosophe Alcimédon est jetté par un naufrage dans l'île de *Philos*, habitée par des peuples qui font leur unique occupation de l'amour, mais d'un amour épuré, qui élève l'ame, l'ennoblit, & n'est nullement maîtrisé par les sens. Il n'est rien de plus doux que les mœurs de ces peuples, dont les usages, les loix & la forme du gouvernement sont absolument différens de ceux de toutes les nations de l'Europe. L'auteur, ainsi que tous ceux qui ont imaginé de pareilles fictions, après avoir créé une nation idéale, en devient le législateur, & fait produire les plus heureux effets aux loix qu'il a établies. On trouve d'ailleurs de la morale & une saine philosophie dans cet ouvrage : s'il paroît d'abord un peu extraordinaire de voir des vieillards soupirer d'amour, & si l'on est étonné de voir de jeunes femmes préférer ces soupirs surannés aux empressemens d'une jeunesse aimable & faite pour plaire, on reconnoît bientôt que l'amour véritable est fondé sur la raison & le sentiment, & que si l'on peut s'abandonner sans crainte à cette espèce d'amour, il faut au contraire se garantir soigneusement de celui qui n'est fondé que sur les sens ; que ce dernier amour est une passion dangereuse, qui séduit d'abord, mais produit par la suite l'ennui, le dégoût & les regrets.

Nous n'avons aucun renseignement sur l'auteur des voyages d'Alcimédon ; cet ouvrage a été imprimé en 1759.

L'histoire intéressante des Sévarambes,

ainsi que tous les ouvrages d'un mérite distingué, a eu un succès soutenu, & a fait beaucoup d'imitateurs. On s'est vu pendant quelque tems inondé de nouvelles descriptions de peuples sages & amis de la vertu, qui habitoient des contrées particuliérement favorisées de la nature. Nous n'avons pas cru devoir employer aucune de ces imitations, la plupart froides & fastidieuses; nous nous sommes contentés de faire mention de quelques-unes qui se trouveront dans notre notice à la fin de ce recueil. Mais nous croyons que nos lecteurs liront avec plaisir un ouvrage moderne, intitulé les *Isles Fortunées*.

Nous y avons trouvé une peinture fraîche & délicate, des mœurs pures des anciens Grecs. Les bergers habitans des Isles Fortunées, nous retracent ceux de l'ancienne Thessalie, & leur histoire, écrite d'un style pur, agréable, & même un peu poëtique, nous a paru digne de trouver place dans ce recueil. C'est à la plume élégante & facile de M. Moutonnet de Clairfons que nous devons cet ouvrage. L'auteur s'est attaché particulièrement à imiter les anciennes pastorales, & en a heureusement saisi la manière. Nous lui sommes redevables en outre des traductions des idylles de Théocrite, des ouvrages d'Anacréon, de Sapho, de Bion & de Moschus, & des baisers de Jean Second. Les Isles Fortunées ont été revues, retouchées & augmentées par l'Auteur.

On a fait suivre cet ouvrage de *l'Histoire des Troglodites*. Nommer l'illustre Montesquieu, c'est faire le plus bel éloge du morceau que nous imprimons, & que nous tirons des Lettres Persannes. On verra que cet épisode tenoit trop intimement à notre plan, pour que nous ne nous empressassions pas de l'adopter.

Charles de Secondat de Montesquieu, né au château de la Brede près Bordeaux, en 1689, est sans contredit un des plus beaux génies de son siècle. Il fut pourvu en 1716 d'une charge de président à mortier du parlement de Bordeaux, qu'il trouva dans la succession d'un de ses oncles. Il s'occupa dès ses plus tendres années de l'étude des loix, de celle de la philosophie, & à cultiver la littérature. Il est inutile de dire combien ses succès furent rapides & brillans. Ses *Lettres Persannes*, fruit des loisirs de sa jeunesse, annoncèrent tout ce qu'on devoit attendre du jeune auteur, soit comme philosophe, soit comme écrivain. Ce chef-d'œuvre ouvrit à Montesquieu les portes de l'académie : il fut reçu en janvier 1718, malgré l'opposition de plusieurs membres, qui avoient été mécontens de quelques traits, qu'il s'étoit permis contre cette compagnie, ou qui avoient été effrayés de certaines propositions un peu hardies, & que l'on crut contraires au dogme de la religion chrétienne. Après les Lettres Persannes, Montesquieu travailla sans relâche à l'ou-

Avertissement

vrage qui a été le principal fondement de sa réputation, nous parlons de l'*Esprit des Loix*. Nous ne nous permettons aucune observation sur cette production : sa place est marquée dans les archives de la littérature, & elle est d'une nature trop étrangère à notre collection, pour nous occuper plus long-tems. Cet illustre auteur est mort en février 1755. Outre les Lettres Persannes & l'Esprit des Loix, on a de lui des lettres familières & quelques ouvrages de littérature légère, entr'autres le Temple de Gnide, espèce de poëme en prose, digne de servir de modèle à ceux qui voudroient tenter cette carrière nouvelle.

Les deux épisodes qui suivent, intitulés, les *Aventures d'un Anglois*, & les *Aventures de Féria*, corsaire Portugais, sont tirées, la première des voyages de Jean Lediard, & la seconde des voyages de Mendez Pinto. Nous n'avons pas voulu employer ces ouvrages en leur entier : nous en avons seulement tiré les deux épisodes que nous imprimons, qui nous paroissent propres à intéresser nos lecteurs, & qui suffisent à leur curiosité.

Enfin nous terminerons ce volume par les voyages du Capitaine Robert Boyle. Le principal mérite de cet ouvrage consiste dans trois épisodes, l'un est l'histoire de mademoiselle de Villars, l'autre celle d'un esclave Italien, & la troisième les aventures de Dom Pédro Aquilio. Nous n'anticiperons pas sur le plaisir que feront à nos lecteurs ces trois épisodes, en leur en donnant ici un extrait. Nous croyons qu'on y trouvera de quoi satisfaire à tous les goûts. Toutes ces aventures sont très-variées ; les unes sont plaisantes, les autres sont intéressantes. Nous ne connoissons pas l'auteur de ces voyages, que l'on croit traduits de l'Anglois. On l'a imprimé en Hollande en 1730, & quoique l'édition ait été enlevée promptement, & que l'ouvrage ait eu beaucoup de succès, nous ne croyons pas qu'il ait été réimprimé; en conséquence il est devenu rare.

La fin du Voyage de Robert Boyle compose le onzième volume.

VOYAGE D'ALCIMÉDON,

OU

NAUFRAGE

QUI CONDUIT AU PORT.

Histoire plus vraie que vraisemblable, mais qui peut encourager à la recherche des terres inconnues.

Ah! Neptune, tibi qualia dona darem!
Propert. Eleg. 13. *lib.* 2.

AVERTISSEMENT
DE L'AUTEUR.

Les sentimens sont partagés sur le fondement des faits extraordinaires que je raconte.

Selon des mémoires excellens, mais secrets, qu'il m'est défendu d'indiquer, je dois croire vraies toutes les choses qui sont avancées dans cette histoire.

Selon un manuscrit, qui ne mérite pas moins de confiance que ces mémoires, tout ce qui est arrivé d'étrange à Alcimédon, n'est dû qu'à une trop forte dose de syrop de diacode, que son médecin lui fit prendre, pour calmer une agitation qui le privoit depuis long-tems du sommeil. Il dormit, dit ce manuscrit, quarante-huit heures de suite, pendant lesquelles il fit le voyage que l'on va lire.

En supposant que l'esprit endormi puisse parcourir autant de pays par heure dans une nuit, qu'éveillé il fait de chemin pendant un jour entier, ce calcul rendra assez probable le songe d'Alcimédon; sans parler des choses singulieres que l'on prétend qu'il a vues, & qui ressemblent fort à des rêveries, ni de cette maxime aussi ancienne que les femmes, *non gaudet veteri sanguine mollis amor*; maxime qui donne le démenti au goût que l'on suppose aux jeunes personnes de l'île de Philos pour les vieillards.

C'est au moment de tomber dans les bras d'Alcioné, que l'on assure qu'Alcimédon s'éveilla. J'ai trouvé ce dénouement trop cruel, & Alcimédon trop malheureux, pour adopter cette assertion. Dans la réalité, ou songe, j'ai préféré la réalité; & je me suis conformé aux mémoires qui en sont les garans.

Mes lecteurs ont comme moi, la liberté du choix; ils croiront, ou ne croiront point. Mais j'ai assez bonne opinion de leurs cœurs, quoique cette histoire fasse fort peu de cas des nôtres, pour présumer qu'ils desireront l'existence réelle & connue de l'île, ou plutôt qu'ils voudroient que tous les continens de l'univers pussent avoir les mêmes mœurs, & les mêmes vertus.

Cependant je suis encore plus assuré que si cette petite histoire a l'honneur de mériter un regard de quelque critique, il trouvera que la regle des vingt-quatre heures y est aussi déplacée, que son infraction l'est dans une pièce dramatique. Il observera qu'il est contre toute vraisemblance que dans un jour, on arrive, on fasse connoissance, on plaise, on aime, on épouse & l'on hérite.

Cette remarque pourroit être fondée, si l'action se passoit chez nous, ou chez nos voisins; mais l'équité veut que l'on juge des choses suivant les tems, les lieux, les usages. C'est par ce principe que les adorateurs d'Homère & des anciens justifient ce que leurs écrits ont de choquant à nos oreilles.

Il faut donc réfléchir, que si parmi nous on ne croit point un homme sur sa parole, quand il dit qu'il est vertueux, l'épreuve en est inutile dans un pays où la bouche est toujours l'organe du cœur, & où le tact est si exquis, que la dissimulation ne peut en imposer un instant aux yeux des peuples qui l'habitent.

VOYAGE D'ALCIMÉDON,
OU
NAUFRAGE QUI CONDUIT AU PORT.

ALCIMÉDON, persécuté de la fortune, trahi par l'amitié, désespéré par l'amour, résolut de fuir le ciel funeste qui l'avoit vu naître, & s'abandonnant au gré des vents & de la destinée, de chercher un asyle où son nom & ses malheurs restassent inconnus. Il se flatta de trouver peut-être ce repos & cette heureuse obscurité chez des peuples que nous nommons barbares; parce qu'ils touchent encore à la nature.

L'occasion d'exécuter ce dessein, en s'exilant d'une patrie ingrate, se présentoit. Elle lui étoit offerte par un vaisseau qui n'attendoit qu'un tems favorable pour mettre à la voile. Celui qui le commandoit, ignoroit lui-même le lieu de sa destination. Il n'en devoit être instruit qu'à une certaine hauteur, en ouvrant, quand il y seroit parvenu, des ordres jusques-là secrets & scellés. C'étoit précisément ce qu'Alcimédon pouvoit désirer de plus conforme à sa situation & au plan qu'il s'étoit formé. Résolu de s'abandonner au hazard, il ne vouloit plus se reprocher un choix. Il connoissoit trop l'opiniâtreté du sort qui le poursuivoit, pour n'en pas redouter les rigueurs ordinaires, & si souvent répétées.

J'irai désormais à l'aventure, disoit-il ; ce qu'on appelle communément hasard, me conduira peut-être mieux que ce qu'on nomme prudence, raison, réflexion, combinaison. Si une constante & cruelle expérience m'a forcé de haïr les hommes, & de mépriser les femmes, par leur ingratitude & leurs perfidies ; si mon esprit trop confiant m'a rendu la victime des uns, & la dupe des autres, je serai à l'abri de ces écueils, dans une terre étrangère. Personne ne m'y devra rien ; ainsi point de trahisons à redouter, point de piéges à fuir. Tous ces êtres inconnus me seront indifférens. Sans haine, sans goût & sans intérêt pour eux, je rirai de leurs vices, peut-être même de leurs vertus; & ce sera pour la première fois depuis long-tems que j'aurai pu rire.

Ce fut avec ces dispositions, & ce petit

levain de la philosophie de Démocrite, qu'Alcimédon s'embarqua. Pour imiter à la fois plus d'un philosophe, comme Bias, il emporta tout son bien avec lui. Mais il étoit plus chargé que ce grec, quoiqu'il ne le fût que des foibles débris d'une assez grande fortune que sa générosité, sa sensibilité pour les malheureux, sa droiture dans les affaires, son désintéressement, les hommes enfin, & les élémens avoient contribué à détruire. Il lui en restoit assez pour vivre selon le nouveau systême qu'il s'étoit fait. Dans le sein de l'opulence, il n'avoit jamais aimé le faste; dans celui de la philosophie, il le dédaignoit. Borné au seul nécessaire, le sien étoit au-dessous des ressources qu'il avoit conservées, pour se procurer les besoins de la vie. Son principal trésor étoit ses livres & ses manuscrits; il les chérissoit comme les seuls remédes aux maux qu'il avoit soufferts, & comme les consolateurs de ses dernières années. Il avoit alors atteint son huitième lustre; & depuis le quatrième, il avoit travaillé à se ménager cet appui contre huit autres, s'il devoit avoir le malheur de les vivre, ayant sans cesse devant les yeux l'éloge que fait Ciceron de l'étude des belles-lettres, pour s'en servir comme d'un bouclier impénétrable à l'adversité & à l'ennui.

Le vent favorable au départ du vaisseau souffloit, Alcimédon concentré en lui-même étoit déja loin du port, qu'il ignoroit encore qu'il en fût sorti. Mais enfin le corps réveilla l'esprit; l'agitation que les vagues causoient au vaisseau se communiquèrent au passager. Exposé pour la première fois sur un élément qui séduit d'abord par son calme, & qui ne trahit que trop ensuite l'attente qu'il avoit fait concevoir, Alcimédon en éprouva quelques incommodités. Mais bientôt accoutumé, comme les autres, aux divers balancemens du vaisseau, il s'y trouva le plus heureux des mortels. Il n'y voyoit point de femmes, ainsi son cœur étoit en sûreté. Il n'y connoissoit pas un homme, ainsi personne ne pouvoit le tromper.

Tout ce qui se trouvoit embarqué sur ce vaisseau, formoit un assemblage bisarre de gens de tout âge, & de tous caractères, quoique du même métier, qui les intéressoit assez peu. Le jeu & la table étoient leurs délassemens, & les femmes le sujet de leurs conversations. Alcimédon ne voyoit ni n'entendoit rien. Retiré dans l'espèce de cellule qui lui avoit été donnée pour logement, il jouissoit, pour la première fois, selon lui, d'une tranquillité qu'il avoit toujours cherchée, & jamais rencontrée. Il lisoit, il pensoit, il écrivoit. Un mois s'écoula dans cette douce & uniforme suite de jours. Il souhaitoit que ce cachot flottant, qui le déroboit au reste du monde, pût n'aborder jamais à aucun rivage habité. Par tout il craignoit de rencontrer les mêmes hommes, les mêmes vices : & quoiqu'instruit par l'expérience, il redoutoit ses foiblesses qui dans d'autres siécles eussent pu passer pour des vertus. Tandis que l'équipage entier faisoit des vœux pour une courte traversée, & maudissoit les obstacles qui pouvoient l'allonger, lui seul désiroit qu'elle pût ne point finir. Ce n'étoit qu'avec chagrin qu'il avoit vu souffler un vent léger & favorable qui ridoit seulement la surface de l'eau, sur laquelle le vaisseau sembloit glisser rapidement. Il ne pensoit pas que ce moment si tranquille seroit bientôt suivi de toutes les horreurs, dont les flots & les vents peuvent assaillir les navigateurs.

Le ciel devint noir, la foudre seule par ses feux menaçans, éclaira les ondes, qui à leur tour répétèrent les sillons enflammés que les éclairs traçoient dans les nues. La mer mugit, blanchit & s'enfla; des montagnes d'eau s'élevèrent & vinrent se déployer sur le vaisseau, dont elles enfoncèrent un côté, après en avoir abattu les mâts. Ses membres se disjoignirent; & tandis que l'eau remplissoit sa calle, par la chute des vagues qu'il ne pouvoit plus fuir ; elle y pénétroit également par les ouvertures que tant d'ébranlemens y avoient causées. Enfin le tonnerre, dont le bruit faisoit retentir les airs, & trembler l'océan, tomba sur les restes délabrés de ce malheureux vaisseau. Le bitume lui servit d'aliment. Le feu s'éleva avec impétuosité, & fit bientôt des progrès qu'aucun travail ne put arrêter. Il ne restoit que le choix du supplice. L'eau & le feu présentoient cette alternative affreuse à cinq cens victimes renfermées dans un même tombeau. Elles avoient la mort sur la tête, devant elles & sous les pieds. Tout espoir étoit perdu ; les cris, les gémissemens des plus foibles de ces infortunés augmentoient encore l'horreur de ce tableau, quand tout-à-coup le vaisseau échoua sur un sable doux, dans une espèce de plage où la mer étoit tranquille.

Cet événement inespéré ranima le courage abattu de ceux que les couleurs de la mort avoient déjà flétris. Chacun pensa à son salut, & personne ne s'occupa de celui des autres. Tous s'empressèrent de sortir au plus vîte d'une prison qui renfermoit plusieurs milliers de cette poudre meurtrière, qui fait peut-être plus de honte au cœur de l'homme, que d'honneur à son esprit. L'incendie devenoit général, & il n'y avoit plus qu'un plancher entre le feu & le salpêtre.

Alcimédon qui avoit d'abord été assez ferme, & qui contemploit dans ces images effrayantes le terme de ses malheurs, pensa néanmoins comme les autres à s'y soustraire. Il oublia ses livres & ses manuscrits, & sauta machinalement dans la mer. Elle étoit aussi paisible qu'un étang. A peine eut-il nagé pendant quelques minutes, qu'il rencontra le sable sous ses pieds, & cette rencontre lui causa le plaisir le plus vif de sa vie. Les infortunés ont beau dire, le plus grand des malheurs est de mourir, sur-tout aussi horriblement. Le philosophe Alcimédon qui avoit appellé cent fois la mort à son secours, dans l'orage continuel de ses infortunes, l'eut priée, comme le bucheron de la fable, de l'aider à en supporter de nouvelles. Il avoit lû toutes les histoires des suicides ; il avoit loué leur tragique résolution, mais il n'avoit jamais eu le courage désespéré qu'il faut pour les imiter. Il fut donc fort aise de sentir qu'il marchoit, & qu'il marchoit à pied sec. Le ciel cessant d'être en feu, étoit devenu trop obscur, pour qu'il pût discerner aucun objet. Mais dans ce moment il en savoit assez. Il étoit à terre, quels qu'en fussent les habitans, ils ne pouvoient être plus dangereux, que le naufrage auquel il venoit d'échapper. Si c'étoit une terre déserte, il lui restoit la ressource de Robinson, des racines & de l'eau. Que de philosophes dans des païs abondans n'en avoient pas eu davantage!

Mais bientôt il vit qu'il ne seroit pas même réduit à cette dure extrémité. La poudre du vaisseau s'enflamma, & telle que ces mines meurtrières, que les assiégeans employent à leur défense; elle vomit le feu & la mort. Alcimédon fut moins effrayé du bruit de son explosion, que rassuré par les objets que sa lumière horrible lui fit entrevoir.

C'étoit une côte charmante, couverte d'arbres éternellement verds, qui annonçoient un printems perpétuel, & bordée d'habitations d'un goût qui lui firent bien augurer de leurs habitans. Cette réflexion fut aussi prompte, que la dispersion des membres du vaisseau qui l'avoit apporté, & de ceux de quelques malheureux matelots qui vinrent tomber à ses pieds. Il n'en sentit que plus vivement le bonheur d'exister encore. Cependant il étoit très-humain; mais on l'est pour soi, avant que de l'être pour les autres, & l'on ne prive jamais la nature de ses droits.

Ces infortunés qui venoient de périr avec le vaisseau étoient des gens de l'équipage; les uns trop malades pour avoir pu en fortir ; les autres trop foibles, pour foutenir l'image & l'approche d'une mort qu'ils croyoient certaine. Avant qu'une main bienfaifante les eût pouffés fur un rivage inconnu, ils s'étoient noyés dans les liqueurs les plus fortes & les plus fpiritueufes, pour être infenfibles au fort qui les attendoit. Comme ils ne voyoient plus le danger, ils ne virent point le port ; & du fein du fommeil de l'ivreffe, ils pafferent dans celui de la mort fans l'envifager, fans la connoître & fans la fentir.

Alcimédon, qui pour la première fois de fa vie fe voyoit heureux, au comble d'un malheur fi complet, fans s'arrêter inutilement à déplorer leur fort, effeya de marcher. Il s'apperçut qu'il fouloit un gazon tendre ; & au parfum qui s'en exhaloit, qu'il écrafoit des fleurs. Celles des citroniers & des orangers s'y mêloient. Notre philofophe alloit à pas lents, autant pour refpirer l'air voluptueux de ces lieux, que dans la crainte de rencontrer quelques précipices ; car tout étoit encore couvert de ténèbres & de fumée. Il avançoit pourtant, & non loin du rivage, il fe trouva à l'entrée d'un bofquet, dont l'odeur lui annonçoit le jafmin, le mirthe & la rofe. Il héfita de s'y enfoncer ; mais il falloit le traverfer ou reculer ; il prit le premier parti.

A peine y avoit-il fait quelques pas, qu'il entendit des soupirs, & une voix touchante qui gémissoit. Il s'arrêta, plus surpris qu'effrayé. » Ah malheureux, disoit cette voix, je
» n'ai pas encore vingt-cinq ans, je suis riche,
» tout me prospère!... C'est en vain que j'im-
» plore le destin, il m'accable de ses faveurs.
» Non, cruelle Alcioné, vous ne m'aimerez
» jamais, avec tous ces désavantages!....
» Vous voulez combler le sort de votre amant,
» & le mien l'est par les prospérités! Vous
» voulez le trouver dans l'abîme de l'infor-
» tune... Hélas! j'y suis plongé, tandis que vous
» me croyez au comble du bonheur!... « Après ces plaintes très-nouvelles aux oreilles d'Alcimédon, la voix ne poussa plus que des soupirs & des sanglots.

Voilà, dit le philosophe, un genre bien étrange de douleurs! quelle est donc cette Alcioné si singulière? Dans quel pays suis-je tombé? C'est sans doute celui de ces esprits aériens dont on fait tant de contes ailleurs. Tout ici est enchantement, & bientôt peut-être cette terre, que je crois sentir sous mes pieds, s'évanouira, comme les sons de la voix plaintive que je viens d'entendre. On est malheureux ici, quand on n'a pas encore vingt-cinq ans, quand on est riche, quand tout réussit. Ma vie va finir par un songe incroyable, après avoir été traversée par les calamités les plus inouies.

Il alloit continuer ces exclamations; mais il les interrompit, pour écouter la voix qui recommençoit ainsi à se plaindre : « O étrangers, également trop heureux, soit que vous ayez été » ensevelis dans un naufrage que je vous envie, » soit que vous ayez pu y échapper, quel sort » vous attend, si vous meritez de vivre sous » ces climats ? Sévère Alcioné, voici peut-être » le jour de ta défaite, ou plutôt de ton » triomphe !... » Le malheureux qui gémissoit n'en put dire davantage.... Et ces derniers mots furent prononcés d'un ton à faire croire qu'il expiroit, en les proférant. Alcimédon ne les comprit pas mieux que les premiers. Il fut tenté d'aller consoler, ou secourir cet amant désespéré; mais une courte réflexion l'arrêta. C'est un fou, certainement, dit-il, qui s'est échappé des petites-maisons de ce pays. J'ai aimé, j'ai fatigué les échos & les hommes de mes plaintes, mais, tout insensé que j'étois, jamais il ne m'est rien échappé de si extravagant. J'ai cru connoître tous les caprices des femmes; celui dont on se plaint ici n'est pas dans la nature. C'est un fou ou un phantôme qui rend des sons, & qu'il faut fuir. Il exécuta ce dessein aussi rapidement qu'il le conçut. La peur des faux pas ne ralentit plus sa marche. Les craintes sont comme les passions ; c'est toujours la plus forte qui fait taire les autres & qui domine.

Il étoit déja hors du bosquet odoriférant, quand les ténèbres se dissipèrent, & que l'aurore parut pour annoncer le retour du soleil. Les roses, dont elle parsemoit le chemin qu'elle traçoit à son char, avoient moins d'éclat que celles qui environnoient Alcimédon. De quelle parure il vit la nature ornée dans ces lieux de délices ! Il douta encore de leur existence & de la sienne même. Il n'osoit plus marcher, crainte de fouler une terre sacrée, le séjour seulement de quelque divinité. Quoique nourri de la lecture des ouvrages les plus solides, il s'étoit quelquefois amusé de ceux qu'il ne croyoit que frivoles. Au premier coup d'œil du spectacle surnaturel qui éblouissoit ses yeux, au développement des merveilles qu'il découvroit, il crut vrais tous les contes qu'il avoit cru ridicules. Il respecta nos brochures, & les regretta seules dans la perte générale de ses livres. Cependant il s'accoutuma peu-à-peu, parce qu'enfin on s'accoutume à tout ; à la variété charmante des objets qui embélissoient les plaines délicieuses sur lesquelles il promenoit avidement ses regards enchantés. Il continua donc sa marche, ou plutôt sa promenade dans ces jardins, qu'il prit pour l'empire de Flore.

Ils environnoient une ville dont chaque maison sembloit offrir un palais, non tels que ceux que l'opulence seule fait élever, mais tels que le goût & le génie les dessinent. Un peuple nombreux remplissoit les avenues qui conduisoient à cette ville. Alcimédon approchoit ; il remarqua des jeux, des danses, & sur-tout des têtes-à-têtes, où il croyoit voir l'amitié sincère dans ceux des hommes, & la tendresse naïve dans ceux des deux sexes, qu'aucun importun, aucun indiscret n'alloient interrompre. Tout étoit nouveau pour lui. Tout renversoit ses idées ; car ces têtes-à-têtes d'amans & de maîtresses lui paroissoient aussi bizarrement assortis, que les gémissemens du bosquet lui avoient paru étranges. Les femmes avoient tout au plus l'air de dix-huit à vingt ans. La fleur du printems n'étoit qu'à demi éclose sur leur teint. Parmi les hommes, au contraire, les plus jeunes touchoient à leur automne ; & les autres portoient déja l'empreinte des traces de l'hiver. Néanmoins c'étoient précisément ceux qu'Alcimédon voyoit traiter avec le plus de tendresse. Où suis-je, s'écria-t'il encore ? je n'ai que quarante ans, & j'avois commencé depuis dix dans mon pays à être un amant ridicule aux yeux d'une femme de vingt : & ce sont ici les femmes de cet âge qui préviennent les vieillards !

Il n'y a aucun de mes lecteurs à qui le même spectacle n'eût causé la même surprise. Mais pourquoi la nature, qui se joue dans ses productions végétatives, ne varieroit-elle pas également dans celles que nous appellons animées ? Ici une plante n'a pas la même vertu qu'elle a plus loin. Nous ne connoissons la nature que par les opérations dont elle nous présente les effets dans le cercle étroit qui nous renferme. En est-ce assez pour conclure qu'elle fait sentir, penser & agir par-tout les mêmes animaux de la même manière ? Ils se ressemblent à l'extérieur, mais l'ame, mais l'esprit se modifient par des différences qui nous sont cachées, & qui sont néanmoins décisives dans les goûts, dans les passions, dans les sentimens. Si ce n'est pas à cette physique qu'il faut rapporter les causes de la différence essentielle des mœurs des peuples de l'isle dont je parle, de celles des autres peuples connus, il faudra dire qu'ils sont une espèce nouvelle d'êtres chéris & privilégiés, que le premier de tous a séparés du reste des autres, pour qu'ils évitassent la corruption générale. Je laisse le choix de l'opinion; car je hais la dispute, & je me borne aux faits.

Ceux qui me restent à raconter sont aussi nouveaux qu'intéressans, pour les mortels qui chérissent encore la vertu dans le cahos du vice. Je suis fâché de ne pouvoir leur tracer la route de cette terre fortunée; mais il est défendu d'en marquer la position sur aucune carte; & d'ailleurs on n'y peut arriver, qu'en ne la cherchant point. Tel est l'arrêt du sort. Heureux ceux qu'il favorise! Par combien de traverses voulut-il épurer Alcimédon, avant que de le conduire dans ce lieu de repos & de volupté! Il y a peu de voyageurs qui consentissent à s'embarquer, pour sa recherche, en courant seulement les risques de son naufrage. Tout le monde veut être heureux; mais personne ne veut acheter le bonheur par des peines, encore moins par des dangers. Alcimédon ne pensoit plus qu'à fuir les hommes corrompus, & à vivre avec lui. Il n'eût osé former des vœux pour la destinée qui lui étoit réservée.

Déjà il étoit parvenu à l'entrée d'un long mail, lorsqu'il fut abordé par un vieillard plus propre à inspirer du respect à un homme sage, & des plaisanteries à un étourdi, & du goût à une jeune femme. Alcimédon ne fut donc point étonné de le voir seul & désœuvré, quoique d'autres vieillards lui parussent fort occupés. Ils étoient précisément les objets de sa surprise : & il fut enchanté d'en trouver un plus raisonnable que les autres, puisqu'il fuyoit les femmes. Il espéra qu'il alloit être instruit des merveilles & des contradictions qu'il voyoit depuis son arrivée dans une terre aussi extraordinaire par ses productions, que par ses habitans.

O, qui que vous soyez, lui dit le vieillard d'un air doux & serein, étranger heureux qu'une étoile favorable a poussé sur ces bords, vous avez commencé à y respirer le plaisir, vous allez vivre dans son sein; c'est lui qui est le sceau du bonheur ! Vous paroissez presque parvenu à l'âge d'en goûter un inaltérable parmi nous. Que ces promesses sont douces & nouvelles pour un cœur qui le chercha toujours, & qui ne trouva que des malheurs, répondit Alcimédon ! Trop généreux vieillard, ma félicité commence en effet, puisqu'elle me présente aujourd'hui à vos yeux. Mais, de grace, instruisez-moi du nom des peuples nouveaux que j'envisage, des lieux où je suis transporté. Je satisferai votre juste curiosité, répondit Charés, c'est ainsi que se nommoit le vieillard, & je ne contribuerai pas à diminuer votre étonnement.

étonnement. Vous êtes dans l'île de Philos, & cette ville se nomme Philamire. Mais commençons par ce qui vous intéresse; il vous est plus nécessaire que je sache vos aventures, que de savoir où vous êtes.

Quel âge avez-vous? quarante ans, répliqua Alcimédon. Quarante ans, reprit le vieillard, c'est encore peu. Dix de plus vous applaniroient bien des difficultés. Mais peut-être aussi aurez-vous des choses à me dire qui pourront vous obtenir une dispense d'âge. Hélas, interrompit Alcimédon, un peu plus confondu que jamais, que pourrai-je vous raconter? Des malheurs, des perfidies, des noirceurs, des ingratitudes? Depuis vingt ans j'en suis la déplorable victime... Des perfidies, des ingratitudes, reprit vivement le vieillard: ah, mon fils, vous êtes trop heureux! quelle félicité j'entrevois pour vous! quel prix de vos peines! & qu'elles vous paroîtront chères! vous les bénirez mille fois le jour. Mais, dit Alcimédon, en se troublant, & doutant s'il rêvoit, ou si son Mentor extravaguoit, ne suis-je plus au nombre des vivans? aurois-je été compris dans le naufrage de mes compagnons d'infortune? & serois-je arrivé dans ces lieux d'un repos éternel, où l'on récompense la vertu? O, mon père, ne seriez-vous point Minos, ce juge incorruptible des actions des hommes ? ma vie m'a toujours rassuré sur ma mort. Je ne dois pas redouter votre urne. Si je fus toujours malheureux, je m'efforçai toujours aussi d'être vertueux. On me persécuta, on me trahit sans cesse, & je ne m'en vengeai jamais.

Le vieillard sourit de ce délire plaisant, & le laissa exhaler, pour que la tête de l'étranger se remît ensuite avec plus de facilité. Non, lui dit-il enfin, non, vous n'êtes point descendu au séjour des morts. C'est plutôt ici celui de la vie; on ne l'y perd que dans le sein qui la donne, & ce n'est qu'au terme de la plus grande plénitude des années. J'ai bientôt vingt lustres, ma carrière avance, & j'en attends la fin avec empressement pour me rejoindre à ma chère Aglatide.

A ce nom, le vieillard soupira, pleura, & se tut un moment. Peu s'en fallut qu'Alcimédon n'interrompît ce silence par un éclat de rire outrageant & insensé. Damis & Mondor n'y eussent pas manqué; l'épigramme impromptue seroit partie ensuite plus vîte que l'éclair. Mais Alcimédon n'avoit jamais ressemblé à ces messieurs; leur éducation avoit eu les mêmes différences que leurs principes. D'ailleurs il avoit déjà respiré un air de douceur, d'attendrissement, d'intérêt, de décence & d'égards, qui, en pénétrant son ame, y avoit développé & fécondé entiérement le germe de ces bonnes qualités que la nature y avoit placé.

Chez les mortels où vous êtes né, reprit le vieillard, après une courte pause, on demanderoit excuse de la sensibilité que je vous ai fait voir, comme d'une foiblesse; mais ici on s'en glorifie comme d'une vertu qui honore le cœur. Je ne m'en justifierai donc point devant vous, car il faut que vous adoptiez nos mœurs pour être heureux. Vous avez déja acquis ce qui est principalement nécessaire pour le devenir, puisque vous avez été malheureux longtems, sans avoir mérité de l'être. Vous m'avez vu pleurer une femme digne des hommages de la terre; ma vie ne sauroit être assez longue pour déplorer ma perte, quand même je n'aurois encore que votre âge. Mais ne vous y trompez pas; je suis mille fois plus heureux par le souvenir de mon bonheur passé, & par ma douleur même, qu'on ne l'est chez vous dans les bras de la volupté.

Vous n'êtes pas le premier homme de votre monde qui soyez venu dans cette île. J'en ai vu beaucoup, mais fort peu de raisonnables, & qui fussent dignes de la société dont ils pouvoient jouir parmi nous, & dont ils n'ont pas joui en effet, par la sécheresse de leur ame.

Tous m'ont fait exactement les mêmes détails de vos plaisirs. Vos annales galantes dégoutent, & je plains sincèrement les hommes destinés à vivre dans ces climats empoisonnés, avec des cœurs sensibles & droits. Mais, sans m'attendrir plus long-tems sur leur sort, je ne dois m'occuper à présent que du vôtre. J'ai cru entrevoir dans le peu de mots que vous m'avez dit de vos infortunes, que l'amour a causé les plus grandes de votre vie, que vous avez aimé souvent, & que l'on vous a trahi aussi souvent. Hélas, sage vieillard, toutes les fois que je me suis attaché, c'étoit toujours avec une vérité, une candeur, un amour qui méritoient de produire les mêmes sentimens dans l'ame des femmes les plus légères. Mais on fixeroit plutôt l'axe du monde. Ce sont les amans de mon caractère que l'on trompe le plus impunément, parce qu'il n'y a ni éclat, ni vengeance à redouter. Le fat ne sent rien, mais son amour propre fait du bruit; l'honnête homme souffre & se tait. L'un affiche des lettres, montre des portraits, fait de mauvaises chansons; l'autre rend, ou ensevelit les preuves des complaisances & de l'infidélité de sa maîtresse. Cependant le croiriez-vous? c'est ordinairement ce premier que l'on quitte moins hardiment. On ne l'aime plus, qu'on le craint encore.

Bientôt un autre fat lui succède; il est plus jeune, il sait plus de quolibets, il a plus de phrases précieuses & entortillées, un équipage plus leste, des habits d'un goût singulier. Voilà des ridicules plus que suffisans pour tourner une tête, & chasser un rival. Mais ce dernier venu a beau faire, il ne tiendra pas plus que le premier. Il n'est question que de persiflage & d'extravagances. Il est toujours facile d'être surpassé par de tels avantages. On invente sans cesse du nouveau dans ce genre, & chaque jour voit éclorre un ridicule de modes, de ton, de démarche, de voitures, d'habits imaginé dans la nuit, comme chaque nuit voit presque ordinairement trahir les sermens du jour, auxquels on ne rougit pas d'appeler l'amour à témoin, en profanant son nom. Ainsi ce commerce de liaisons & de ruptures forme bientôt une chaîne dont les deux bouts se rejoignent : & alors il faut revenir de part & d'autre sur ses pas, & reprendre comme neuf un sentiment que l'on avoit perdu comme usé.

Cependant si vous lisiez les lettres de ces coquettes, de quelles expressions fortes, naïves & touchantes votre esprit seroit-il frappé & votre cœur attendri! C'est le langage de l'amour le plus délicat, le plus durable, du sentiment le plus pur & le moins partagé. Quels pièges pour un cœur sensible & vrai! On ne se croit que trop facilement aimé, quand on fait son bonheur de l'être.

Vous allez le trouver ce bonheur, ou je suis fort trompé, interrompit Charés, si vous faites dépendre le vôtre d'un retour sincère & vif. Malgré la peinture affligeante pour le cœur humain de l'amour que l'on connoît chez vous, j'ai voulu vous écouter jusqu'à la fin, parce que vous m'avez prouvé de plus en plus que vous méritez d'être aimé, puisque vous méprisez le plaisir que le sentiment n'accompagne pas. Vous étiez digne de naître parmi nous ; & j'ose croire pour ma propre satisfaction, que, puisqu'il y a des hommes dans votre monde faits pour sentir les plaisirs purs dont l'ame seule nous enivre ici, on y trouveroit également des femmes qui ne sont sensibles qu'à ces mêmes plaisirs, & qui ont en horreur ceux que les sens conseillent, & dont l'inconstance, ou plutôt le vuide qu'ils laissent ensuite dans le cœur, en fait bientôt rebuter les objets, pour en prendre de nouveaux, renvoyés à leur tour.

N'en doutez pas, répondit Alcimédon, il en est parmi nous de ces femmes tendres, & dévouées irrévocablement à leurs amans. Mais le nombre en est petit ; & comme leur conduite est une censure publique & continuelle de celle des autres, celles-ci cherchent à s'en venger par des ridicules & des calomnies. Car il faut que je vous l'avoue. L'opinion & l'usage influent chez nous jusques sur le sentiment. La dépravation est venue au point de faire rougir de la constance dans le choix, & de l'honnêteté dans les procédés. Je connois cependant Mélanie, Thémire, Mélite....

Ah, que vous me causez de joie, s'écria le vieillard, en interrompant Alcimédon ! Je vois au début que votre liste est plus longue que je n'osois l'espérer. Peut-être qu'enfin les exemples de ces femmes vertueuses & sensibles, corrigeront & instruiront celles qui ne le sont que pour le plaisir, & jamais pour l'objet. Mais louez votre sort; vous n'en verrez point ici que la seule volupté décide. Toutes celles que je vous ferai connoître seront des Mélanies, des Thémires, des Mélites.... Observez comment ces noms sont restés facilement dans ma mémoire ; mais placez d'avance celui d'Alcioné dans votre cœur.

Alcioné.... s'écria Alcimédon ! Oui, mon fils, reprit Charés, la plus belle & la plus digne des femmes. Elle n'a encore rien aimé, quoiqu'elle ait été l'objet des adorations de tout le monde. Mais c'est un détail qui exige un autre lieu que celui où le hasard nous a fait rencontrer. Vous devez avoir besoin de repos & de nourriture. Venez prendre l'un & l'autre chez moi, & vous y instruire de la route qui peut vous mener à une félicité qui semble n'attendre que vous.

Un sentiment intérieur & inconnu, plus que la curiosité, avoit fait oublier à Alcimédon ses fatigues & ses besoins. Son empressement étoit peint dans ses yeux, & par le sang qui coloroit ses joues. Il auroit voulu moins d'attentions dans le vieillard, & plus de vivacité à lui révèler des choses qui commençoient à lui devenir si intéressantes. Les hommes de cet âge aiment ordinairement à parler, & Alcimédon trouvoit celui-ci trop réservé. Cependant il n'osa lui faire connoître son impatience, & il le suivit dans sa maison.

C'étoit celle d'un sage, bâtie & meublée par un voluptueux. Tout y respiroit le goût ; tout y étoit distribué de la manière la plus commode. Les ornemens étoient légers & élégans ; ils se répètoient dans une infinité de glaces : & mille tableaux consacrés à immortaliser l'amour, les plaisirs & la vertu, y formoient une variété aussi savante pour les yeux des connoisseurs, qu'intéressante pour les cœurs sensibles. Ce coup-d'œil enchanta sur-tout Alcimédon, qui avoit aimé & étudié la peinture. Il ne se rassasioit point de ce qu'elle lui offroit de beau & de grand chez Charés. Mais chaque tableau lui paroissoit une énigme aussi obscure, que tout ce qu'il avoit vu & entendu dans cette île étonnante. Il comprenoit cependant que ces actions muettes, qu'il admiroit sur la toile, étoient les emblêmes, ou même les histoires des actions réelles des hommes parmi lesquels il étoit transporté. Avec un peu d'examen & plus de tems que sa situation ne lui permettoit d'en donner à cette étude, il seroit parvenu à connoître leurs mœurs par ces images, & à développer même la suite des évènemens qu'elles lui présentoient. Mais son attention étoit encore trop partagée, & d'ailleurs le vieillard qui le rejoignit vint entièrement l'en distraire, pour le conduire dans un sallon agréable, où il trouva un dîné simple, mais délicat.

Charés, qui vouloit jouir de la surprise & de l'impatience de son hôte, sous prétexte de l'amuser, & d'effacer de son esprit les traces affligeantes que son dernier malheur y avoit dû laisser, lui fit entendre une musique, dont les voix & les instrumens lui parurent aussi nouveaux, que tout ce qu'il avoit déja remarqué de plus extraordinaire. Il sentit bientôt que le plaisir s'emparoit de son ame, & qu'une espèce de quiétude voluptueuse se répandoit dans ses sens. Les desirs naissoient, mais sans tumulte; il étoit remué par une émotion délicieuse qui enivre doucement le cœur, l'esprit & le corps, sans y porter le feu de ces agitations violentes, qui mêlent des peines réelles à des plaisirs souvent imaginaires, toujours exagérés par l'attente, & jamais tranquilles dans la jouissance même. Alcimédon crut qu'il se formoit en lui une nouvelle création. Tout ce qu'il avoit lu du pouvoir de la musique des anciens sur les sens, étoit alors justifié par la volupté dont les siens étoient saisis. Les plaintes de la harpe l'attendrissoient; l'harmonie des clarinettes l'animoit; l'éclat des hautbois de forêts l'égayoit, les sons radoucis des cors le calmoient; la douceur de la guitarre, qu'il avoit toujours méprisée, l'étonnoit; enfin, des voix célestes le pénétroient & l'enflammoient.

Si les dieux, disoit-il, ont des concerts, ils ne sont pas différens, ou ils sont fort inférieurs à celui-ci. Il aimoit la musique, & tant que celle de Charés dura, il ne fut occupé que des sensations qu'elle lui causoit. Il oublia jusqu'au besoin de manger. En le régalant ainsi à chaque repas, le vieillard l'eût fait mourir de faim. Il s'en apperçut, & la musique cessa.

Je ne fais où je suis, ni ce qui se passe en moi, depuis une heure sur-tout, lui dit Alcimédon, d'une voix embarrassée par l'excès du sentiment. Que venez-vous de me faire entendre? Ah! sans doute la douceur de vos concerts est une peinture aussi fidèle de vos mœurs, que celle que j'en ai déja cru entrevoir dans vos tableaux! C'est le cœur qui sert ici de génie. C'est lui qui y donne la vie aux arts. Ils ont trop d'ascendant sur moi, pour que j'en puisse douter. Que l'on est heureux chez vous! Il n'est pas nécessaire de raisonner pour le devenir, il ne faut que sentir. L'esprit seul échauffé de la plus féconde imagination, n'auroit pu atteindre à ce degré inconnu ailleurs de délicatesse & de perfection qui me frappe. Qu'il faut de vertu pour avoir autant de talens! On a réduit ici en pratique les spéculations stériles des autres peuples sur le bonheur.

Charés l'écoutoit sans l'interrompre, & jouissoit du plaisir que lui donnoit le développement de son ame. Vos réflexions, lui dit-il ensuite, sont justes; mais vous êtes déja presqu'au même point que nous. Vous avez peut-être cru penser dans tout ce que je viens d'entendre? Cependant vous n'avez fait que sentir. Avant de vous apprendre des choses que je ne peux autant animer par mes expressions, qu'elles l'ont été dans ma galerie & dans mon sallon, par la peinture & par la musique, j'ai voulu qu'elles vous y préparassent, & que vous leur dussiez les premières leçons du bonheur. C'est au cœur qu'elles parlent, & c'est par le cœur que l'on devient heureux. Mais ce seroit en vain qu'elles voudroient le remplir, vous y trouveriez bientôt un vuide qui vous chagrineroit. Ce pouvoir n'appartient qu'aux desirs qui le rappellent tendrement aux plaisirs. C'est-là l'ouvrage d'Alcioné. C'est à elle à vous élever au comble de la félicité.

Ce nom déja si cher à mon cœur, répondit Alcimédon, vous me l'avez prononcé tantôt, vous le répétez à présent; le bois de mirthes, que j'ai traversé pour venir jusqu'ici, en retentissoit; il me paroît dans la bouche de tous les êtres. Est-ce celui de la déesse, ou de la reine de cette contrée? C'est le nom d'une mortelle, répliqua Charés, mais qui efface Venus en beauté, & qui égale Minerve en sagesse. Elle n'a d'autre empire en ces lieux, que celui que donnent sur les cœurs ces avantages réunis. Nous ne connoissons point d'autres souverains; c'est l'amour, c'est l'humanité, c'est la bienfaisance, c'est la candeur, c'est l'amitié & la vérité qui règnent sur nous. Le mortel qui brille le plus par ces vertus, est celui qui acquiert le plus d'autorité, parce qu'il acquiert le plus de vénération. C'est le citoyen le plus utile, qui est le premier citoyen; & nous avons le bonheur d'être toujours dans l'embarras de ce choix. Mais il est tems, poursuivit-il, d'entrer en matière, & de ne vous plus faire languir. Descendons dans mes jardins: vous les trouverez dignes de la maison qui vous a plu, & personne ne viendra nous y interrompre.

En disant ces mots, ils arrivèrent sur une terrasse, d'où Alcimédon découvrit des eaux, des bosquets, des gazons, des fleurs; mais tellement jettés en apparence au hasard, que leur ensemble cachoit la main de l'art sous celle de la belle nature. Ce n'étoient point ces distributions simétriques, ces compartimens uniformes, ces allées fatiguantes au seul coup d'œil. Les statues mêmes & les bronzes qui enrichissoient ce paysage varié, y sembloient amenés sans dessein, & y produire l'effet que font les hommes répandus çà & là dans les campagnes, sans ordre & sans régularité. Enfin rien ne se ressembloit, & tout étoit d'accord, parce que tout étoit au ton de la nature.

Charés, en faisant remarquer, & Alcimédon en admirant ces beautés de détail, qui n'accabloient point les yeux, comme dans nos jardins, où tout se montre aux premiers regards, arrivèrent dans une grotte que l'œillet & le jasmin parfumoient, que l'eau d'une fontaine rafraîchissoit, qu'ornoient en-dedans les coquilles les plus brillantes, & que des lits épais de gazons environnoient. Ils s'y assirent l'un & l'autre. Peu s'en fallut que les coquilles ne fissent oublier à Alcimédon le sujet intéressant de son tête à tête. Il en avoit formé autrefois, à grands frais, une collection, qu'il croyoit précieuse; & il en voyoit plus de prodiguées dans une seule grotte, qu'il n'en avoit jamais rassemblé dans les tiroirs de son cabinet. Il ne put comparer la vivacité de leur coloris qu'à celui de l'arc-en-ciel. Ses couleurs primitives y formoient par leur mélange mille teintes agréables, qui présentoient un tableau varié, où toutes les nuances possibles se confondoient & s'accordoient. Mais Alcimédon ne pouvoit comprendre qu'avec du goût, on sacrifiât ainsi des trésors dignes d'être soigneusement renfermés. Il condamnoit intérieurement cette profusion, quand Charés lui parla en ces termes:

Vous voyez un pays dont les mœurs, les usages, les loix, les goûts vont vous paroître aussi nouveaux, que l'air que vous y respirez depuis hier. Mais sans m'appesantir séchement en détail sur chacune de ces choses, je veux vous en instruire, en vous intéressant. Je vais donc me servir, pour nous faire connoître, de la règle générale que la morale devroit employer, pour enseigner aux hommes la vertu & leurs devoirs; peu de maximes & beaucoup d'exemples.

Ce que l'on nomme par-tout la plus belle moitié de l'univers, ce qui fait le charme des yeux, les délices des sens, les douceurs de la société; mais en même tems ce qui cause tant de troubles, de jalousies, d'intrigues, de haines, les femmes enfin, qui ont chez vous tant d'empire sur l'esprit, & que, par une inconséquence étrange, on y prise si peu en général, sont ici l'ame de nos vertus, & la source toujours pure, toujours féconde de notre bonheur. Il me suffira de vous les peindre, pour que le tableau de tout le reste se présente à vos yeux. Le monde entier est gouverné par elles; les peuples qui semblent en faire le moins de cas, en sont les esclaves. On rougit parmi vous de cette servitude qui sera éternelle; parce que qui règne sur les sens, gouverne l'esprit. Chez nous elles le gouvernent également; mais nous en faisons gloire. C'est par le cœur, qu'elles épurent, que leur empire s'établit sur l'esprit.

Nos femmes sont en général ce que les vôtres sont dans l'exception ; ou l'exception pour les nôtres est aussi resserrée, que la règle commune est étendue pour les vôtres. Ce ne sont jamais les sens qui les conduisent, mais toujours le sentiment. Elles se considèrent comme des fleurs précieuses, qui ne doivent tomber qu'en des mains qui en connoissent la valeur ; & elles se regarderoient comme flétries, si elles en rencontroient d'indignes de les apprécier, & de s'y attacher uniquement. Autant elles se croient d'un prix inestimable, tant qu'elles sont des fleurs intactes, ou des fleurs chéries par ceux qui en sont devenus les possesseurs, autant elles se croient avilies, & peu dignes ensuite de l'hommage & du cœur d'un honnête homme, quand elles ont été le jouet & la victime de l'inconstance ou de la fausseté. Elles sont donc aussi difficiles & aussi lentes dans leur choix, que les vôtres sont inconsidérées & précipitées dans le leurs.

La jeunesse, les graces, qui par-tout séduisent leur sexe, les effrayent ici. Une femme qui veut s'assurer de sa conquête aussi certainement qu'elle assure la sienne à son amant, n'en prend aucun dans cet âge équivoque pour le goût & les sentimens, où les sens dominent presque toujours le cœur, & le subordonnent à leur penchant pour la variété des plaisirs. Elles attendent la maturité de l'esprit, & les preuves de la solidité de l'ame ; ce qui regarde les avantages du corps les intéresse peu ; elles prétendent gagner plus d'un côté, qu'elles ne perdent de l'autre. Leur réputation est respectée, leur santé à l'abri des poisons qui les flétrissent chez vous dès l'aurore des ans, & les agrémens de la société, les dédommagent de la diminution des emportemens qui sont dûs ordinairement à la fougue de l'âge, & rarement à la force de la passion. Les objets de leur tendresse deviennent leurs idoles. Elles les ménagent avec autant d'avarice, que les autres femmes les prodiguent à leurs plaisirs. On pourroit dire que leurs sens sont confondus dans leurs ames, par la vivacité de leur amour, & leur peu d'ardeur pour les plaisirs, que l'on regarde ailleurs comme les plus fortes preuves de la tendresse, & qui ne font sentir en effet que l'accablement, quand leur pointe est émoussée. Ce n'est pas qu'elles n'en connoissent & n'en partagent les délices avec plus de sensibilité que les femmes qui les recherchent davantage. Quand leur choix est fait, elles ont un empressement délicat de le consacrer par ce nœud indissoluble. Elles savent qu'après ce sacrifice, qui livre à jamais leur être entier à ce qu'elles aiment, le seul moyen de le rendre précieux, est de le rendre estimable.

C'est ce que leur conduite, leur délicatesse, leurs attentions continuelles leur assurent. L'homme le plus volage, ou le plus inconstant, ne pourroit jamais rompre une union soutenue par tous les moyens qu'elles employent pour la fortifier. Les remords l'arrêteroient; & d'ailleurs il ne trouveroit pas une femme qui voulût s'exposer au malheur de celle qu'il abandonneroit, ni aux reproches d'y avoir contribué. Ce seroit pour elle une flétrissure honteuse. Jugez si cet art criminel & avilissant, que vous nommez coquetterie, est en horreur ici? Les hommes le méprisent autant, qu'ils respectent une passion sincère.

L'intérêt ne domine point davantage les femmes de cette isle; rarement les favoris de Plutus sont les leurs. Il faut qu'ils rachètent ce tort par mille vertus, pour que les femmes, qui se respectent, osent se livrer à leur penchant pour eux. Elles craignent, presque à l'égal de l'inconstance, le soupçon d'un attachement mercenaire & intéressé.

Ce n'est qu'à cinquante ans passés que Mitrane, dont l'opulence lui est peut-être même inconnue, tant elle est immense, a pu toucher le cœur de la belle & sage Nisa. Elle l'aimoit depuis long-tems, & sans l'obstacle de ses richesses, son bonheur eût été avancé de plus de dix ans. Elle n'a consenti enfin à y mettre le sceau depuis quelque mois, qu'après les preuves les plus éclatantes de la générosité, & de la sensibilité de Mirrane pour les malheureux. Les secours prodigieux qu'il leur a procurés font la mesure de son amour. Sa main & sa bourse ont été les appuis de l'infortune : & le cœur de Nisa le prix inestimable de tant de bienfaits.

C'est presque toujours aux femmes fortes & vertueuses que les hommes doivent leurs plus belles actions. Le désir de leur plaire, l'ardeur d'en être estimés, les élèvent au-dessus d'eux-mêmes. Si une maîtresse méprisable est l'écueil de la réputation & de la fortune de son amant, une maîtresse estimable en est le mobile principal. Je vais bientôt vous en donner des preuves touchantes, qui existent sous nos yeux, après vous avoir étonné encore davantage par ce qui me reste à vous dire, pour achever le portrait de nos femmes.

Le germe de la vertu & de la fidélité est tellement identifié avec leur ame, qu'il faut chez nous des réglemens de police les plus sévères pour obliger celles qui naissent dans l'obscurité à se dévouer aux plaisirs des sens des jeunes gens, que leur âge prive encore de ceux du sentiment, que vous n'en avez chez vous, pour empêcher la licence & le débordement des filles qui se prostituent par tempérament, où par intérêt, & souvent par ces deux motifs ensemble. Il a fallu que ce sacrifice de la part des nôtres fût noté d'autant de gloire, qu'il l'est ailleurs d'infamie. On les regarde comme des citoyennes utiles, qui s'immolent au bien & au repos de l'état qui les entretient; car elles prendroient pour un outrage l'offre du prix des plaisirs qu'elles sont obligées de donner; & aucun de ceux qu'elles reçoivent dans leurs bras ne les méprise assez, pour les payer.

Vous me dites des choses bien surnaturelles & bien inouies, s'écria Alcimédon, en interrompant Charés. Si la vérité n'avoit pas imprimé ses caracteres sacrés sur vos lévres, si un autre que vous me parloit de mœurs aussi incroyables, je l'avouerai, ma raison, mes notions qu'il voudroit renverser, se révolteroient, & je ne croirois rien. Mais vous me persuadez, & vous me transportez hors de mon premier être. Eh bien, seigneur, cette Alcioné que mon cœur adore déjà.... Bientôt, mon fils, je vous parlerai d'elle, reprit Charés à son tour ; il étoit essentiel que vous connussiez nos femmes en général, pour apprendre à révérer Alcioné en particulier, comme elle doit s'attendre à l'être. Encore un coup de crayon que vous avez arrêté en m'interrompant.

Les filles de théâtre, inscrites ailleurs par ce nom seul, dans la classe des filles publiques, pour lesquelles tant d'insensés, tant de dupes, prodiguent leur fortune, & exposent leur santé, qui mettent sans cesse à l'enchère ce qui a été vendu mille fois ; ces filles sont ici ce que les vestales étoient à Rome ; encore y montrèrent-elles quelquefois des marques de fragilité que nos comédiennes n'ont jamais données. Nos théâtres sont des écoles de vertu, de bienséance & de modestie. Nos actrices prennent les sentimens des rôles qu'elles jouent ; ou plutôt elles trouvent dans ces rôles leurs propres sentimens ; leur cœur s'élève au niveau des héroïnes dont elles empruntent les noms. Elles se croiroient indignes de le porter deux heures, & peu propres à faire illusion aux spectateurs, s'ils voyoient une femme perdue sous les habits d'Andromaque ou de Mérope ; d'ailleurs devant au public la conservation de leur beauté, & le ménagement de leur santé, elles trouvent ce double avantage dans leur sagesse & leur réserve. Jugez par ce dernier trait, ajouta Charés, à quelles femmes vous avez affaire? à préfent, continua-t-il, venons à Alcioné.

Quoique son origine soit illustre, quoiqu'elle remonte jusqu'à celle de la population de cette île, Alcioné tient trop de la nature & d'elle-même, pour qu'elle ait besoin de rien emprunter de ses aïeux. La vertu & la beauté furent toujours l'apanage de sa race. La mémoire de son père est précieuse parmi nous. En s'endormant pour la dernière fois dans la plénitude des années & de la félicité, il laissa trois filles, l'ornement de leur païs, & celui du monde entier, si elles en étoient connues. Le portrait des graces ne semble qu'une foible copie de ces trois sœurs. Les deux aînées, Sophronie & Pulchérie, comblent depuis quelques années le bonheur de deux mortels, dont la vertu & la réputation avoient comblé la gloire, quand ils ont mérité qu'elles en devinssent le prix. Nous leur devons les bienfaits immortels que nous tenons de ces deux grands hommes.

Sophronie, Pulchérie & Alcioné étoient aussi difficiles dans leur choix, qu'elles surpassent les autres femmes ici même en beauté & en noblesse de sentimens. Il falloit, pour ainsi dire, faire des actions surnaturelles pour arriver à leur cœur. Tous les hommes le tentèrent, & deux seulement y réussirent. Ce fut Ariston qui toucha celui de Sophronie, & Zénoclés qui s'empara de celui de Pulchérie. Mais ils y parvinrent par des voies différentes, parce qu'il y a plusieurs chemins qui conduisent à l'immortalité, & à l'heureux don de plaire.

Ariston, génie universel, consacra ses jours à l'étude, & nous montra dans le même homme, un philosophe judicieux & éclairé, un historien concis & impartial, un poëte sublime & plein de feu, un homme de lettres sans jalousie, un savant sans rudesse, un critique exact, sans aigreur, un écrivain toujours sûr de plaire, sans le secours de la plaisanterie offensante, & d'instruire sans la sécheresse des moralités. Tout respire, tout est en action sous ses mains. Ses ouvrages inimitables sont presque devenus notre seule bibliothèque. On les lit, & on les relit sans cesse ; ils sont toujours nouveaux, parce que le vrai, le raisonnable, le juste, en font les caractères inaltérables. La plus laconique de ses réflexions est une sentence sans appel de la justesse & de la raison. Elles sont inséparables de son esprit : l'utile n'est jamais immolé à l'agréable. C'est à l'imagination à suivre la vérité ; & non à la vérité à s'évanouir devant l'imagination. Il en faut une bien féconde & bien réglée pour fournir sans cesse des choses nouvelles à cette condition, & conserver à l'esprit son caractère créateur! c'est cependant ce qu'Ariston a toujours su concilier.

J'admire tous les jours en lui cet accord inaltérable, cette harmonie soutenue du feu de l'imagination & de la justesse du raisonnement. Mais ce que j'admire, ce que j'aime encore plus dans ses écrits, c'est cet esprit philosophique, cet amour de l'humanité qu'ils respirent, & qu'ils inspirent. Ariston étoit né pour changer la face de la terre; pour faire une révolution dans les mœurs, comme dans les arts, les sciences & les lettres, s'il eût vécu dans ces siècles de grossiéreté, de ténèbres & d'ignorance, que je sais qui ont si long-tems obscurci votre monde, il eût civilisé les peuples les plus barbares : & il a encore instruit & éclairé le plus doux & le plus policé de l'univers. Oui, nous lui devons presqu'autant pour l'accroissement de nos vertus, que pour celui de nos connoissances, qu'il a étendues, éclaircies & assurées. Son style ne peut être imité, & cependant tout le monde croit en le lisant qu'il eût exprimé la même pensée, comme il l'exprime. C'est toujours la netteté la plus grande, & la précision la plus exacte. Rien de trop, ni de trop peu. C'est la pensée qui orne l'expression, & non l'expression qui embellit la pensée. L'esprit précéde la plume, & la plume ne court point après l'esprit. Enfin aucun mortel n'a jamais été plus universellement instruit, & n'a jamais fait un usage aussi utile, aussi varié, ni aussi agréable de ses connoissances.

Il étoit déjà célébre, il y avoit long-tems quand il vit Sophronie, & qu'il s'enflamma pour elle. Le goût de Sophronie accordoit son cœur à Ariston; mais sa prudence le retenoit. Il n'avoit pas encore quarante ans accomplis. Il est vrai que la nature plus occupée de son esprit, que des traits de son visage, s'étoit bornée à mettre seulement dans ses yeux le feu de son génie. Ariston plus touchant qu'Apollon, n'en avoit point les charmes; & c'étoit un avantage de plus pour plaire à Sophronie. Car c'est une observation que j'ai oubliée dans le portrait que je vous ai fait des femmes de cette île, dit Charés, en s'interrompant. Les Adonis & les Hercules en sont aussi peu recherchés que les Plutus. Je vous ai dit pourquoi elles fuyent l'amour de ces derniers, & vous devez comprendre la raison qui les engage à redouter celui des autres. Ce n'est pas assez pour elles de n'avoir rien à fe reprocher : elles ne veulent pas même être en bute à l'ombre du plus leger foupçon, & les Adonis & les Hercules les y expoferoient. Ils font fouvent plus propres à allumer les fens, qu'à échauffer l'ame.

Quoique les plus preffans avantages follicitaffent Sophronie en faveur d'Arifton, elle ne put néanmoins fe réfoudre fi-tôt à répondre à fes vœux, ni à écouter les fiens propres. Elle admiroit la folidité de fon efprit, & elle craignoit la légéreté d'un cœur, dont il lui fembloit que toutes les femmes devoient envier la conquête. Elle remit donc Arifton à un tems plus mûr & plus affuré pour fon repos. Il en fut défefpéré, & pour effayer d'affoupir fa paffion, par la privation de la vue de Sophronie, il fe retira dans une maifon de campagne, où fes feuls amis eurent le privilége de l'aller voir.

Ce fut là qu'il augmenta confidérablement ces productions admirables en tous les genres dont je vous ai parlé, & qu'il les réunit dans une même édition, pour l'utilité & la gloire de fa patrie ; elle parvint bientôt ici, & Sophronie fut la première & la plus empreffée à la lire.

Après cette lecture, fon cœur ne fe défendit

plus. Dix années d'absence s'étoient écoulées. Malgré ce long terme, si propre à guérir une passion ordinaire, & à en faire oublier même l'objet, elle vola chez Ariston, qu'elle trouva plus vieux, plus infirme, & aussi amoureux. Elle couronna sa constance & sa passion; elle prit tous ses goûts. On devient, pour ainsi dire, ce que l'on aime. Elle adore Ariston, admire ses ouvrages, les imite, & n'aime que ses amis.

Pulchérie fut d'abord aussi inexorable aux vœux de Zénoclés, que Sophronie l'avoit été à ceux d'Ariston, quoique son penchant les eût peut-être prévenus. Il avoit encore plus de difficultés à vaincre que l'amant de sa sœur. Zénoclés, destiné par le sort à marcher sur les traces de Mars, en avoit presque reçu l'air & la majesté. Pulchérie en fut effrayée pour sa réputation. Il est vrai que son amant étoit déjà connu par sa douceur, son humanité, son affabilité, son adresse à tous les exercices, & par sa valeur froide & réfléchie. Mais en étoit-ce assez pour qu'elle pût se mettre au-dessus de toutes ses craintes? Elle ne le crut pas. Plus son amant lui paroissoit aimable, plus il lui sembloit redoutable. Elle prit donc le parti de lui avouer ingénûment son inclination naissante pour lui ; mais en même-tems elle lui avoua aussi les justes motifs qu'elle avoit de la combattre, & de lui résister encore long-tems. Ce fut en vain que Zénoclés tâcha de la rassurer, en dissipant ses terreurs mal fondées. Elle fut inébranlable dans cette résolution, & son amant dévoré d'amour & de regrets, renonça à la société & aux charmes de ce séjour, pour aller s'ensevelir dans une retraite obscure, que des forêts aussi anciennes que cette île dérobent aux yeux des voyageurs. Il n'avoit que les bêtes fauves pour compagnes dans ce désert presqu'inhabité ; & pour perspective, que des rochers affreux, au pied desquels les ondes vont se briser en mugissant.

Ce lieu sauvage est situé dans la partie septentrionale de cette île. On a d'abord de la peine à concevoir comment une terre aussi heureuse que celle que vous voyez, a une de ses portions si différente des autres. Mais ce partage inégal, qui, à l'apparence d'un jeu aveugle de la nature, est en effet le présent le plus précieux qu'elle ait jamais fait, puisqu'il est le rempart de notre repos & de notre liberté. Vous avez éprouvé vous-même, par le naufrage de votre vaisseau, que la tempête a poussé sur ces côtes, que la seule qui soit abordable, n'a point assez d'eau pour y former un port où l'ennemi puisse mouiller. On y échoue sur des sables, avant que de toucher au rivage. Il n'y a que de légers canots qui puissent y atteindre; & nous n'avons rien à en redouter. Mais au contraire, sans les rochers menaçans & escarpés qui défendent le côté du Nord, la mer y est assez profonde pour y porter les plus grands vaisseaux. Nous leur sommes donc redevables de notre sûreté? Cependant vous allez voir que l'on chercha à nous pénétrer il n'y a pas long-tems par cet endroit même impénétrable. Mais revenons auparavant à Zénoclés, à qui nous dûmes notre salut dans cette occasion.

Il y avoit déjà quelques années qu'il vivoit, ou plutôt qu'il languissoit dans sa solitude. Il n'y voyoit de tems en tems que des chasseurs qu'il rassembloit pour détruire les animaux féroces qui ravageoient les troupeaux des campagnes voisines. Les pasteurs de ces troupeaux, attirés par ce motif intéressant, s'y joignoient, ainsi que les cultivateurs des champs qui touchent à la forêt de Zénoclés. En les réunissant tous pour leur avantage commun, il répandoit sur eux mille bienfaits, & ses revenus assez considérables étoient employés uniquement à leur soulagement & à l'augmentation de leurs cultures. Il les encourageoit par des récompenses, & les instruisoit par des leçons d'agriculture & de commerce qui, en les enrichissant, fertilisoient tous les jours ces terres autrefois incultes. Le bruit de sa renommée & de sa générosité se répandit bien-tôt par-tout, & en peu de tems la population de ces lieux presque déserts fut augmentée considérablement. C'étoit se rendre le bienfaiteur de sa patrie, & ce titre étoit assez beau pour honorer le nom de Zénoclés. Mais celui de son libérateur lui étoit encore destiné. Sans le prévoir, Zénoclés s'en étoit préparé les moyens; & lorsqu'il n'avoit pensé qu'à faire des heureux, il avoit formé des défenseurs intrépides à son pays.

Le jour d'une chasse générale, qui étoit une espèce de fête qu'il vouloit donner à son peuple, il en faisoit déjà la revue, il en visitoit les armes, lorsqu'un pêcheur accourant du rivage, lui apprit que, profitant de l'obscurité de la nuit, une flotte ennemie s'en étoit approchée, & que choisissant les accès étroits que leur présentoient les coupures de quelques rochers séparés, elle avoit débarqué des troupes qui s'occupoient à se retrancher, à reconnoître le pays, & à chercher des guides. A cet avis d'un danger si pressant, Zénoclés ne balança point sur le seul parti qu'il avoit à prendre. Il comprit qu'en donnant le tems aux ennemis de se fortifier, & d'assurer leur marche, c'étoit leur assurer la victoire. Il connoissoit trop l'esprit doux, mais peu guerrier de ses concitoyens, pour en attendre du secours.

Tranquilles par les soins de la nature, nous nous étions peu occupés d'y joindre les défenses de l'art. Satisfaits de ne pouvoir être envahis, & bien éloignés de penser à envahir les terres de nos voisins, nous regardions comme inutiles, & même comme barbares, toutes leurs précautions. Mais l'expérience vient de nous apprendre qu'il ne suffit pas d'être pacifiques pour conserver la paix, qu'il faut encore pouvoir soutenir la guerre.

Malgré le peu de secours que Zénoclés se flatta de tirer de cette ville, il y dépêcha néanmoins un courier, non pour y porter l'alarme & le désespoir, mais pour en tranquilliser les citoyens, les inviter à se joindre à lui, & leur apprendre qu'en les attendant, il alloit au-devant de leurs ennemis, dans le dessein de les harceler & de les retarder. Il marcha en effet contr'eux, & ses succès passèrent ses promesses. Il les trouva dans le premier désordre d'un débarquement, les chargea & les tailla en pièces. Ses chasseurs, ses bergers, ses laboureurs furent dans cette action des soldats mieux disciplinés & plus aguerris que ceux qu'ils attaquoient; & Zénoclés, tel qu'Epaminondas, sortit de son cabinet pour être un héros dès son premier coup d'essai. Ceux qui purent échapper à ses armes cherchèrent une retraite sur les eaux, & presque tous y trouvèrent un tombeau.

Zénoclés arrivoit chez lui avec sa petite armée, suivi de quelques prisonniers, lorsqu'il fut rencontré par les plus empressés de nos citoyens. Le compte qu'il leur rendit de sa victoire fut aussi modeste qu'elle étoit éclatante & glorieuse. Imité par ses troupes, ce ne fut que sur le rapport des ennemis que nous jugeâmes de leur nombre & de l'important service que Zénoclés nous avoit rendu. Fatigué de louanges & de félicitations, il se renferma chez lui, rendit graces aux Dieux, & regretta de n'avoir point perdu la vie dans une occasion qui venoit d'assurer notre liberté.

Le tems, ni l'absence n'avoient pu le guérir de la passion qu'il nourrissoit dans son cœur. C'étoit un poison qu'il trouvoit trop lent à son gré, & il s'en plaignoit douloureusement, quand il vit entrer chez lui la belle Pulchérie. Il douta d'abord du rapport de ses sens, ensuite du bonheur qu'elle venoit lui annoncer. Quoi, madame, s'écria-t-il, lorsque j'ai déchiré

chiré mon cœur, en vous fuyant, vous avez l'inhumanité de pénétrer jufques dans le tombeau que je me fuis choifi, & d'y venir ranimer des cendres encore trop fenfibles, afin de rendre mon tourment plus vif ? Avez-vous craint que vos coups ne fuffent pas affez mortels de loin, ou vous êtes-vous offenfée que je les fupportaffe fi long-tems & que je refpiraffe encore ?

Pulchérie prenoit trop de plaifir à ces reproches & à ces plaintes pour les interrompre. Quoique incertaine de l'effet de l'abfence fur le cœur d'un amant, qu'elle n'avoit ceffé d'aimer, elle étoit venue mêler fa joie à la joie publique, & fe jetter dans fes bras, fi l'amour les lui ouvroit encore. Elle avoit cru voir tous nos yeux tournés fur les fiens, & la conjurer d'être la récompenfe de fon libérateur & du nôtre. Ce qu'elle venoit d'entendre la raffuroit; elle voyoit fon amant auffi paffionné que couvert de gloire.

Ah! Zénoclés, jugez mieux de Pulchérie, s'écria-t-elle à fon tour. Vous lui fûtes toujours cher. Que de foupirs vous lui avez coûté! Mais peut-elle les regretter, puifque c'eft à leur caufe que nous devons notre falut, notre honneur, & notre liberté ? Si vous avez bien connu les craintes délicates qui ont

D

produit quelque tems vos maux & les miens, vous ne pouvez, sans injustice, m'accuser de rigueur. Je viens pour y faire succéder une félicité inaltérable, si vous partagez la mienne. Vous n'êtes devenu que trop digne de ma tendresse; mais le suis-je encore de la vôtre?

Si vous l'êtes, trop généreuse Pulchérie, répondit Zénoclés, si vous l'êtes? Ah! vous ne me faites cette question que pour avoir le plaisir d'entendre répéter que vous êtes adorée, comme vous le fûtes toujours! Sans ce motif flatteur, que le doute seroit cruel & outrageant! ils tombèrent dans les bras l'un de l'autre; leurs ames se confondirent, & depuis ce jour elles n'en font qu'une.

Le vieillard se tût un moment, comme pour respirer leur bonheur. Le même sentiment agitoit Alcimédon. Qu'ils sont fortunés, dit-il, en soupirant & en rougissant! mais hélas, la connoissance d'une félicité si pure, d'une félicité, dont je ne croyois pas que les mortels pussent jouir sous aucun climat, n'est-elle pas un poison dévorant pour ceux qui ne peuvent espérer d'y atteindre? Eh! qui peut l'espérer, continua-t-il, que ceux qui sont nés sur cette terre trop heureuse?

N'en désespérez pas, reprit Charés, la modestie seule de cette crainte vous rend digne d'un même bonheur. Il est tems de vous mettre sur la voie qui peut vous y conduire. Je vous ai fait, sans doute, soupirer après ce moment, & votre retenue, votre déférence pour mon âge m'ont sacrifié votre juste impatience. Vous ne perdrez ici le mérite d'aucune vertu. La moins brillante en apparence y est souvent la plus estimée. Tout ce que je vous ai dit étoit nécessaire à votre instruction, & je vous épargne mille détails qui ne le seront pas moins ensuite, pour vous parler enfin d'Alcioné.

Elle est, comme vous le savez déjà, la sœur de Sophronie & de Pulchérie. Quand on voit les deux aînées sans elle, on croit voir deux déesses d'Amathonte se disputer l'empire de la beauté ; mais quand on voit Alcioné avec ses sœurs, la concurrence n'arrête plus, tous les yeux, tous les cœurs se réunissent, tout est Pâris pour Alcioné. Les vertus de son ame, les charmes de son esprit égalent la légèreté de sa taille, & la beauté incomparable de ses traits. S'il y a eu des nymphes & des déesses, elles ont dû être faites & belles comme Alcioné. Vous remarquerez bientôt que ces avantages sont l'apanage des femmes de ce pays ; mais vous remarquerez facilement aussi que tout disparoît devant ce miracle de la nature ; & c'est peut-être une de ses erreurs, plutôt qu'un de ses bienfaits. La différence est trop grande & interrompt trop l'ensemble des autres beautés, pour n'être pas un excès. Parmi vous il seroit dangereux, mais admirez la trempe de nos cœurs. Alcioné, la divine Alcioné, n'a pas fait un infidèle. Les amans heureux par d'autres engagemens sont les seuls qui puissent la voir tranquillement, & se borner au tribut d'admiration qui lui est dû par tout le monde. Heureux si les cœurs libres avoient le même avantage ; mais aucun n'échappe à ses chaînes. Plus elle s'obstine à en refuser, plus elle s'en attache. Il me seroit difficile de les compter ; je ne vous parlerai plus que du tendre Cosroës.

C'est un jeune homme charmant & de la plus haute espérance ; il joint, à la fleur du printems, la solidité de l'âge mûr. Il adore Alcioné, & tel qu'une plante noyée que le soleil ne réchauffe point, languit, se sanne & périt, le malheureux Cosroës, abîmé dans la douleur, est prêt à expirer. Si jamais cette nymphe, desséchée par l'excès de la sienne, mérita que les Dieux en prissent pitié, Cosroës est digne, sans doute, de la même commisération & du même bienfait. Son cœur est dévoré, ses sens sont confondus & son esprit troublé. Il fuit la lumière & les humains, &

n'habite plus que ce bosquet que vous avez traversé en arrivant ici.

Ah ! seigneur, s'écria Alcimédon, j'ai entendu ses gémissemens : son sort m'eût attendri, sans doute, si j'eusse pu concilier avec la raison les causes de son infortune. Il se plaignoit de sa jeunesse, de ses richesses, & il les regardoit comme des barrières impénétrables qui lui fermoient à jamais le cœur d'Alcioné.

Vous êtes assez instruit à présent, reprit Charés, pour concevoir le juste fondement de ses plaintes & de ses regrets. Il connoît trop Alcioné pour se flatter d'en être aimé ; mais il l'aime trop éperduement pour écouter la raison. Voilà la seule espèce d'infortunés que nous ayons parmi nous, ajouta le vieillard en s'attendrissant, mais c'est un mal sans remède. Cosroës est trop éloigné de l'âge auquel Alcioné pourroit lui faire grace en faveur de tant d'amour, & de ses heureuses qualités, pour qu'il lui reste aucun espoir. Plus sa passion est violente, plus elle lui paroît suspecte ; elle se défie des desirs & des feux d'un âge inconstant & fougueux ; jamais elle n'y exposera la destinée de ses beaux jours.

Non, non, s'écria tout-à-coup Alcimédon dans un transport dont il ne fut pas le maître, non, il n'est pas possible qu'Alcioné résiste à un amant si éperdu, & d'ailleurs si digne de plaire.

Elle se lassera de sa résolution, elle perdra ses craintes, elle sera sensible au supplice du tendre Cosroës, elle l'aimera...... seigneur, je suis perdu !

Quoi ! interrompit Charés, déjà des allarmes, de la jalousie, de l'amour, sans en connoître l'objet ? Ah ! cruel, reprit Alcimédon, vos peintures ne me l'ont que trop fait connoître. Avec quel art vous avez enfoncé un trait brûlant dans mon sein ! que sera-ce donc, répondit Charés, à la vue d'Alcioné ? vous en serez consumé. Cependant, continua-t-il, rassurez-vous, gardez ces premiers feux que mes discours ont allumés, mais perdez vos craintes & vos inquiétudes, le malheureux Cosroës ne doit point vous en donner : sa jeunesse & ses biens ne sont pas ses plus grands torts aux yeux d'Alcioné, c'est le don de plaire qui l'exclut à jamais de son ame. Vous avez vu ses sœurs aussi sévères qu'elle sur l'âge, mais vous les avez vues sensibles pour leurs amans, avant le terme qu'elles avoient fixé à leur bonheur ; vous les avez vues leur donner des espérances, & souffrir autant qu'eux des épreuves qu'elles leur faisoient subir ; mais rien n'a pu émouvoir Alcioné. Trop sincère pour nourrir une passion qu'elle ne peut partager, loin de laisser le plus foible espoir à Cosroës, elle a cru devoir le lui faire perdre, à la première étincelle de son feu. Elle se seroit fait un crime de ses progrès, si elle avoit pu y contribuer par son silence. Elle ignore l'art odieux d'enyvrer un cœur, quand le sien reste insensible ; elle a donc parlé à Cosroës avec cette candeur qui est le seul langage de la vertu, mais elle n'a pu le guérir.

Hélas, Seigneur, lui dit alors Alcimédon, avec un air qu'il tâcha de rendre tranquille, aura-t-elle plus de pouvoir sur mon ame, que sur celle de Cosroës, quand elle l'aura blessée aussi profondément ; mais répondit le vieillard, loin de la vouloir guérir, si elle ne s'occupe que du soin d'en augmenter la flâme, ou qu'elle vous en fasse voir une aussi tendre.... N'achevez pas de m'empoisonner, interrompit Alcimédon. Eh ! qu'ai-je à lui offrir pour qu'elle fasse tomber son choix sur moi ? A quel titre puis-je prétendre à cet excès de bonheur ? Qu'ai-je fait dans ma vie qui pût même justifier le goût d'Alcioné ? Considérez les travaux, les vertus & la gloire des amans de Sophronie & de Pulchérie. Ils n'en sont devenus dignes que par des voies que la nature & la fortune m'ont interdites. Ma vertu est obscure, je n'ai pas une étincelle du génie d'Ariston, & jamais je n'aurai l'occasion qui a immortalisé Zénoclés. D'ailleurs étranger en ces lieux......

Quand le mérite accompagne les malheurs, on n'est point étranger parmi nous, répliqua Charés. Ce font ces malheurs que vous ne méritâtes jamais, c'est cette qualité d'étranger abandonné & poursuivi par le sort, qui peuvent vous gagner le cœur d'Alcioné. Ses sœurs ont regardé les titres d'hommes illustres par les lettres & par les armes, comme ceux qui faisoient à leurs amans un honneur qui rejaillissoit sur elles. Alcioné, aussi délicate, croit la gloire d'un homme éprouvé par les adversités, & toujours vertueux au milieu des vices, une gloire encore plus solide, plus difficile à acquérir, plus digne d'admiration & d'intérêt, que celle qui naît des lettres & des armes. Les amans de ses sœurs avoient un puissant motif qui leur faisoit rechercher une grande réputation. Ils envisageoient un prix au-dessus de leurs travaux; mais vous, seigneur, c'étoit sans espoir de récompense que vous restiez attaché à vos devoirs & fidèle à votre parole, quand on vous donnoit l'exemple d'y manquer. Ce n'étoit pas non plus l'espoir d'une réputation flatteuse, ni celui d'une estime particulière, puisque vous viviez dans un monde où rien n'est si équivoque que cette réputation & cette estime que l'on accorde souvent à celui qui les mérite le moins; tandis qu'on les refuse encore plus souvent à celui qui les mérite le mieux. Croyez donc que l'espèce de gloire que vous vous êtes acquise, est le plus grand trésor que vous ayez pu apporter dans cette île. Ne regrettez rien de ce que votre naufrage vous a fait perdre. C'est cette gloire qui touchera sur-tout la sensible & généreuse Alcioné. Elle a l'ame grande, & les malheureux sont les seuls qui ayent jamais pu l'affecter.

Mais, comme vous l'avez dû remarquer déjà, il est presque impossible qu'il y ait ici de ces malheureux dignes d'estime, qui ayent tout fait pour se concilier la faveur des hommes, si elle s'accordoit aux vertus, & qui par les vertus ayent résisté courageusement & inaltérablement aux coups injustes du sort. Vous êtes donc arrivé pour flatter le penchant naturel d'Alcioné, & lui offrir un amant autant selon ses desirs, par la sorte de mérite qu'elle révère, qu'Ariston & Zénoclés ont été, par le leur, dignes de la tendresse de ses sœurs.

La douce persuasion, répondit Alcimédon, coule de vos lèvres dans mon ame. Plaise à l'amour que ce ne soit point une cruelle illusion; mais pourquoi voudriez-vous m'en rendre la victime? Quel plaisir pourriez-vous prendre à enchaîner ce vautour sur mon sein, pour le déchirer? Le respect que vous m'inspirez me rassure, & la confiance en est le fruit. Mais, seigneur, avec même de l'amour propre, m'est-il permis de recevoir les éloges que vous avez donnés à ma constance dans les adversités, & à ma probité pour ceux mêmes qui me trahissoient? Qu'ai-je fait en cela que l'honnête homme ne soit tenu de faire?

Tout ce qu'il faut pour que je vous admire, interrompit Charés. Croyez qu'il est peut-être plus difficile de mériter ce titre, que de devenir un grand homme. Souvent l'action la plus héroïque de l'honnête homme est ensevelie dans le secret, tout le monde l'ignore, personne n'en parle, parce qu'il ne la publie point; au lieu que les actions qui font acquérir le titre de grand homme ont toujours mille témoins, volent de bouche en bouche, & s'enflent même par la renommée. Est-il bien difficile de suivre ici la vertu pour elle-même? Tout le monde y est vertueux par tempérament; mais est-il bien facile de l'être par principes, de l'être exactement & foncièrement dans un pays où les plus délicats se bornent à l'être extérieurement?

Cette dernière réflexion obligeante du Charés pour Alcimédon, termina leur long tête à tête. Il eſt tems, dit le vieillard, de retourner chez moi; peut-être y trouverons-nous bonne compagnie; le ſoleil approche de ſon couchant, c'eſt l'heure à laquelle mes amis viennent me voir, je veux vous les faire connoître, & vous applanir les routes qui vous mèneront aux pieds d'Alcioné.

Ils ſortirent de la grotte, & revinrent par un côté oppoſé à celui qui les y avoit conduits. La variété des objets n'y eut pas moins étonné & charmé les yeux d'Alcimédon que les premiers qui les avoient frappés, mais ils étoient tous dans ſon cœur. Ses facultés, ſes idées s'y concentroient pour y contempler la divinité que les diſcours de Charés y avoient profondément gravée. Il étoit diſtrait & ne répondoit plus aux choſes étrangères à cette divinité, dont le vieillard l'entretenoit en marchant, que comme un homme qui ne répond qu'à ſa penſée. Il ne s'apperçut même pas d'abord qu'il l'avoit quitté & qu'il étoit ſeul. Il y avoit déjà quelques momens que Charés l'avoit prévenu de s'arrêter devant une ſtatue d'Hébé, qui lui feroit encore plus admirer le modèle fourni par la nature, que la main de l'artiſte, quoiqu'il l'eût imité dans la plus grande perfection. A-t-elle été faite d'après

Alcioné, demanda-t-il long-tems après, cette statue si parfaite ? Surpris alors que Charés ne lui répondit rien, il le chercha & ne le vit plus. Il en fut alarmé, & sortant de sa rêverie, il retourna sur ses pas pour le chercher. Il n'alla pas loin.

Il le vit à son tour tellement occupé de cette statue d'Hébé, dont ses embrassemens sembloient vouloir animer le marbre, qu'il crut que rien ne l'en séparerait. Il le contemploit; il craignoit qu'il n'expirât dans un transport où le feu du cœur triomphoit de la glace des ans; mais il n'osoit le retirer des bras de sa statue, ni pénétrer la cause d'une tendresse si animée pour un objet si froid. Enfin Charés s'en arracha le visage baigné de pleurs & le cœur plein de soupirs plus éloquens que toutes les plaintes.

Vous voyez, dit-il à Alcimédon, quand il fut maître de son trouble, vous voyez presque tout ce qui me reste de ma chère Aglatide. Vous avez déja été témoin de ce que ce nom si précieux m'a causé de douleurs ; jugez de l'impression qu'une image fidèle de tant de charmes doit faire sur mon ame, toutes les fois que mes regards s'y attachent. La voilà, seigneur ! elle semble respirer dans ce marbre, & le rendre sensible. Elle semble me dire :

Charés, je vous aime autant que vous m'adorez. Ouvrez mon tombeau, descendez-y, vous y trouverez le feu de mes cendres égal à celui dont mon cœur brûla toujours pour vous. La mort avoit des droits sur ma vie, mais elle n'en aura jamais sur mon amour. Les ombres qui m'entourent en sont témoins. Elles nous verront un jour réunis, & ce sera de ce jour seulement que commencera pour moi cette félicité immortelle, dont les autres jouissent dès l'instant de leur entrée au séjour de délices que j'habite.

En finissant cette prosopopée attendrissante pour un cœur tel que celui d'Alcimédon, & extravagante aux oreilles d'un agréable, Charés tomba presque évanoui. Ses forces l'abandonnèrent, & son hôte ne fut pas peu embarrassé à le secourir. Cependant il revint à lui, & fut touché des soins, & plus encore des larmes d'Alcimédon.

Ne vous effrayez point de l'état où vous m'avez vu, lui dit-il; c'est le plus heureux que je goûte depuis la perte horrible que j'ai faite de la tendre Aglatide. Chaque jour je viens ici mourir dans les bras de son image, pour tâcher de revivre plutôt dans les siens. Je me flatte que j'y trouverai une fin douce, qui sera le commencement d'un bonheur éternel quand mon ame féparée de la fienne s'y fera rejointe. Ma maifon eft remplie de fes portraits, chaque appartement m'offre fes charmes, & chacun de fes traits m'arrache des foupirs & des larmes qui font tout mon bien. Son tombeau eft mon lit. Nos corps n'ont pu être féparés par la mort. Mes nuits & mes jours font à elle. Ah ! Pigmalion, s'écria-t-il, qu'avois-tu fait d'affez agréable aux Dieux, pour qu'ils animaffent, à ta prière, l'ouvrage de tes mains, tandis qu'ils ont permis à la mort aveugle de détruire le chef-d'œuvre des leurs ? cependant, ajouta-t-il d'un ton plus calme, avec cette douleur profonde qui vous attendrit, & qui peut-être vous épouvante, je fuis, après ceux qui jouiffent encore des objets de leur paffion, le plus heureux des hommes, & mille fois moins à plaindre que ceux qui ne peuvent les obtenir. J'aime mes peines, elles me font précieufes : & ce feroit me ravir tout ce que j'ai de plus cher que de m'en guérir, fi elles avoient un remède.

Charés & Alcimédon étoient déjà arrivés au périftile de la maifon, quand le vieillard acheva ces mots. Ils y virent plufieurs domeftiques étrangers qui en firent connoître les maîtres à Charés. Montons, dit-il à Alcimedon, on m'attend ; j'ai paffé de quelques minutes l'heure de mon rendez-vous avec mes amis. Ils connoissent celle que je donne plus particuliérement au culte & au souvenir d'Aglatide, & ils viennent assidûment faire un peu de diversion aux traces lugubres que ce moment laisse dans mon esprit. Quoi, les hommes sont ici, répondit Alcimédon, des amis aussi attentifs, aussi sensibles que des amans parfaits ! Cette isle est donc ce paradis de la terre tant célébré ailleurs, & si peu connu ?

Il n'en put dire davantage. Les portes de la galerie s'ouvrirent, & Alcimédon ne vit qu'une seule personne, quoiqu'il en vînt plusieurs à la rencontre de Charés. Ah ! la voilà, s'écria-t'il, sans faire attention à l'étonnement que ce cri causeroit, là voilà, cette unique Alcioné ! Seigneur, mes sens m'abandonnent, & je suis prêt à l'adorer comme une divinité. C'étoit Alcioné en effet, suivie de ses sœurs & de leurs amans. Elle rougit de cette exclamation : elle baissa les yeux, les releva malgré elle sur l'inconnu, & les rabaissa. Mais Alcimédon n'étoit plus en état de remarquer cet embarras. Le sien, déjà trop annoncé par ses paroles, ne l'étoit pas moins par sa contenance. Tout le monde en fut frappé, mais personne ne voulut augmenter son trouble.

Quand Charés eut dit son nom, & expliqué

en peu de mots son aventure, chacun s'empressa de lui faire, non de ces politesses affectées & extérieures que l'éducation & la curiosité dictent pour les étrangers, mais des prévenances que la seule affabilité du cœur peut inspirer. Il entendit la belle Alcioné qui demandoit au vieillard, son nom, sa patrie, la cause de son arrivée dans l'île. Il prévint la réponse de Charés. J'étois, madame, dit-il à Alcioné, un malheureux que le sort & les hommes persécutoient. Le projet de m'y soustraire ne m'avoit laissé que le parti de les fuir. Je croyois ne m'éloigner que du vice & de la méchanceté. Un destin plus heureux que celui qui me poursuivoit n'a jamais été cruel, m'a conduit au centre du bonheur & de toutes les vertus. Mais mon cœur, mes sens, mes yeux sont trop foibles pour soutenir l'éclat des merveilles étonnantes que je vois ici.

En prononçant ces derniers mots, il osa regarder un moment Alcioné; mais comme si c'eût été un crime, il parut se troubler de nouveau, & sa rougeur décela sa crainte. La modeste Alcioné eut été également embarrassée de sa réponse & de son silence, si Charés, voulant leur donner le tems à l'un & à l'autre de se remettre un peu, n'eût pris la parole. Ce fut pour raconter à ses amis le peu qu'il savoit de

l'histoire

l'histoire d'Alcimédon. Il n'oublia rien de ce qui pouvoit le rendre intéressant & estimable par les qualités du cœur. L'amour propre d'Alcimédon en dût être aussi flatté, que sa modestie embarrassée. Ariston & Zénoclès y joignirent leurs éloges, & Sophronie & Pulchérie semblèrent encore enchérir sur leurs amans.

La seule Alcioné ne savoit comment parler, ni comment se taire. Son état chez nous l'eut autorisée à prendre ce dernier parti. La dissimulation y est la vertu principale de son sexe, & on la confond avec la réserve; mais dans cette isle fortunée la franchise est du devoir des deux sexes & de tous les états. Alcioné loua donc enfin aussi le courage & le mérite d'Alcimédon, mais en termes mesurés qui eussent plutôt semblé faire l'éloge de la vertu que du vertueux, si le ton n'eût annoncé au moins autant d'intérêt pour l'un que pour l'autre. Le son enchanteur d'une voix déjà si chère acheva de porter le feu le plus ardent au cœur d'Alcimédon.

S'il eût su que la candeur des mœurs du pays autorisoit l'aveu public de tous les sentimens de l'ame, il n'eut pas différé d'ouvrir la sienne à Alcioné. Mais il étoit encore trop obsédé par nos usages, pour oser être si promptement sincère. Il savoit qu'il y a un tems marqué pour les déclarations des feux les plus paisibles, faites même aux femmes les moins dignes d'en allumer d'autres. Il n'est pas étonnant qu'il n'osât se permettre d'avouer sa passion, dès la première vûe de celle qui la lui inspiroit ; mais il n'étoit pas nécessaire que sa bouche parlât. Ses yeux, ses gestes, sa couleur, sa voix, ses discours sans ordre & sans suite, disoient tout, lorsqu'il croyoit ne rien dire, & qu'il s'applaudissoit de sa circonspection & de son respect.

Ariston, qui s'appercevoit comme les autres, de ce qui se passoit dans le cœur de l'étranger, proposa à Charés de le mener à la comédie. C'est un délassement, un plaisir de tous les âges & de tous les pays, ajouta-t'il : & Alcimédon sera sans doute bien aise de les partager avec nous. On joue le Sertorius de Corneille. Si les maximes de ce grand homme, si celles de l'auteur de Phèdre & de Britannicus, de celui de Mérope, d'Alzire, de plusieurs autres de vos poëtes illustres & célébres, pouvoient devenir les maximes générales des peuples de vos contrées, vous n'auriez rien à nous envier, poursuivit-il, en s'adressant à Alcimédon. Nous sommes bien éloignés de penser comme un de vos Misantropes nouveaux, qui fait consister la force du génie dans la bifarrerie des paradoxes les plus étranges, & la perfection de la philofophie dans la haine des hommes. Nous avons lu fon étonnant difcours contre les fciences & belles lettres, qu'une académie plus étonnante encore a couronné, & nous en avons ri; mais nous ne favons pas encore précifément fi c'eft plus aux dépens du vainqueur, que des juges de la victoire. Pour excufer ceux-ci, nous avons cru que leurs ftatuts ne leur impofent que l'obligation de péfer le fon & l'arrangement des mots, & qu'ils les difpenfent de l'examen des chofes. Mais fi cette régle les juftifie, elle eft fi contraire à la véritable éloquence, qui confifte plus dans la force des penfées vraies, que dans le choix des termes fonores, que nous leur confeillons d'y renoncer. Il feroit auffi peu judicieux de dire que l'acier brut eft moins fufceptible de rouille que l'acier poli, & qu'il faut brifer les limes qui enlèvent ce que fa furface a de raboteux, que d'accufer les fciences & les lettres de corrompre le cœur. Elles font les limes qui le poliffent fi parfaitement, que la rouille des vices honteux n'y peut mordre, & qu'il devient une glace unie fur laquelle leur poifon ne fait que gliffer.

Nous avons lu auffi l'ouvrage de ce moderne

Timon contre l'espèce humaine; mais pour cette fois nous avons gémi. Est-il possible que né avec de l'esprit & des talens, on fasse gloire de montrer un cœur si farouche? Vos vices sont encore préférables à la vertu qu'il y veut substituer. S'il l'aime en effet, il l'a peint d'une façon à la faire haïr. Quoi, n'y a-t-il donc point de milieu pour l'homme, entre marcher à quatre pieds avec les brutes, ou vivre dans les excès de la débauche? Ne peut-on être vertueux sans fuir, sans maudire la société de son espèce? C'est ce qui en épure les liens qu'il faut enseigner, & non ce qui les détruit; voilà comment il est glorieux de travailler, comment on doit faire parler la vertu. Instruisez & n'humiliez pas; ne faites point de déclamation contre l'art divin des Sophocles, & pensez que les citoyens d'Athenes & de Rome, qui en admiroient les chef-d'œuvres; valoient bien les citoyens de Genève qui les proscrivent.

Nous estimons d'autant plus ici vos bons ouvrages, que nous observons ce qu'ils enseignent. C'est notre régle inviolable d'adopter les vertus & les connoissances étrangeres, pour fortifier, pour étendre les nôtres, & de rebuter ce qui peut-être vicieux ou dangereux dans la pratique. Les spéculations de vos écrivains sont admirables en général. Par quelle inconféquence dit-on fi bien, & agit-on fi mal ? Alcimédon répondit en affez bon philofophe à cette queftion, & accepta avec reconnoiffance l'offre qu'Ariston lui avoit faite de le mener à la comédie.

L'heure fonnoit, tout ce qui étoit chez Charés s'y rendit. En entrant dans la loge, Alcimédon entendit Sophronie qui difoit à Alcioné, que cet étranger eft intéreffant par fes malheurs, fes déplaifirs & fa conftance ! On jugera facilement de l'effet de ce difcours fur un amant déjà dévoré de fa paffion. Il tacha d'entendre également la réponfe d'Alcioné. Elle n'en fit point à fa fœur ; mais elle fixa Alcimédon. Ce regard dans un pareil moment, n'étoit-il par la réponfe la plus favorable qu'il pût défirer ? il ofa prefque la comprendre.

Bien-tôt la toile fe leva, l'orcheftre qui jouoit depuis long-tems, & qui l'eut autant féduit que le concert de Charés, s'il eut pu l'entendre, ceffa tout-à-coup : les acteurs parurent, ils avoient l'air & l'habit des Héros qu'ils repréfentoient. Il avoient plus encore, la nobleffe de leur démarche, & celle de leur voix ; de l'ame, des entrailles, & point de poumons ; point de contrefens dans le coftume, point d'affectation dans le gefte, point de déclamation dans le difcours. C'étoit le véritable ton du cabinet des rois.

La salle étoit belle, bien éclairée & d'une juste proportion. La voix se distribuoit également par-tout. Une partie des spectateurs n'attendoit point impatiemment sur ses jambes la fin d'un divertissement fatiguant, tandis que l'autre est assise. Personne n'y parloit. Les femmes trop attentives, trop attendries, pour y faire des nœuds, écoutoient, & les jeunes gens sembloient oublier leur beauté, pour ne se souvenir que de l'intérêt de la pièce. Point de cabale contr'elle, point de partialité pour les acteurs. C'étoit enfin le spectable le plus décent & le mieux réglé, auquel ou peut assister. Alcimédon, accoutumé au bruit, aux dissonances, au pathétique exagéré, à mille défauts que nous condamnons tous les jours, & auxquels ne remédient ni le goût, ni la police, trouva encore autant de différence entre ce spectacle & ceux qu'il connoissoit, qu'il en avoit remarqué dans tout ce qu'il avoit admiré précédemment.

La tragédie étoit commencée, il fit ses efforts pour y donner un peu d'attention; mais il ne fut tiré de sa rêverie profonde, que par ces vers que Sertorius dit à Perpenna.

J'aime...à mon âge il sied si mal d'aimer,
Que je le cache même à qui m'a su charmer.

Alcimédon ne put se défendre de tourner

des regards timides & enflammés sur Alcioné, qu'il ne baissa qu'à ces mots suivans.

Mais tel que je puis être on m'aime.

Il laissa échapper un soupir qu'il avoit voulu étouffer, & porta la main sur son visage, pour en dérober le trouble. Il se promit de ne plus se laisser surprendre à ces applications si naturelles à son état présent; mais cette résolution dépendoit-elle de lui? La scène de Viriate avec Thamire la lui fit bientôt oublier. Il se sentit accablé de la surprise que cette confidente témoigne à la reine, en lui parlant de son amour pour Sertorius, en ces termes:

Il est assez nouveau qu'un homme de son âge,
Ait des charmes si forts pour un jeune courage:
Et que d'un front ridé les replis jaunissans,
Trouvent l'heureux secret de captiver les sens.

Ceux d'Alcimédon, prêts à l'abandonner, ne furent retenus que par le desir d'observer si Alcioné éprouvoit ce que Viriate répliqua à Thamire en faveur de son amant:

Ce ne sont pas les sens que mon amour consulte.
. . . .
. . . .
L'amour de la vertu n'a jamais d'yeux pour l'âge,
Le mérite a toujours des charmes éclatans.

Il regarda encore Alcioné, mais pour cette fois avec un air de crainte & d'inquiétude.

Que devint-il, quand il rencontra ſes yeux, qui le fixoient auſſi avec une langueur qui ſembloit lui parler comme Viriate ! Il en eut bien moins fallu pour enyvrer d'eſpérance les conquérans de nos belles. Cependant Alcimédon étoit trop enflammé, pour être légèrement crédule ou préſomptueux. Il flotta juſqu'à la fin de la pièce entre la crainte & l'eſpérance ; mais le combat de ces deux ſentimens étoit inégal, & la crainte finiſſoit toujours par prendre le deſſus.

Dans l'entre-acte de la tragédie à la comédie qui devoit la ſuivre, la converſation devint générale dans la loge de Charés, & Alcimédon eut lieu d'admirer autant l'eſprit d'Alcioné que ſa beauté qu'il avoit d'abord cru incomparable. Elle lui fournit cette comparaiſon, qu'en vain il eut cherché ailleurs. Elle ſeule pouvoit être rivale d'elle-même.

Pulchérie, l'amante du héros de ſa patrie, trouva tant de conformité entre ſa ſituation, & celle de la reine de Luſitanie, qu'elle en prit occaſion de dire les choſes les plus délicates & les plus tendres à l'heureux Zénoclés, qui répondoit avec plus de paſſion, qu'un amant bien enflammé chez nous, qui n'a encore rien obtenu. Ils avoient l'un & l'autre la précieuſe liberté de penſer tout haut, de ſentir en public ; & les témoins de leur bonheur sembloient en augmenter les charmes. Celui d'Ariston & de Sophronie n'éclata pas moins. Ariston jugeoit en maître souverain du théâtre, & Sophronie partageoit les applaudissemens qu'il recevoit.

Cette conversation animée & intéressante fut interrompue par le commencement de la petite pièce, & que les acteurs ne firent point attendre ; c'étoit la pupille. Il sembloit que le choix & non le hasard, eut fait jouer cette comédie. Les applications au sort d'Alcimédon y furent encore plus fortes, plus fréquentes que dans la tragédie. Alcimédon croyoit être à la place du tuteur, & Alcioné à celle de la pupille. Elle souffroit de son embarras, elle s'impatientoit de l'excès de modestie de son amant. Je plains un cœur si tendre & si vertueusement formé, lui dit Sophronie ; je le plains d'être né dans un pays où le préjugé veut étouffer la nature, & fermer la bouche à la sincérité. Si Lucinde eût été élevée parmi nous, & elle en étoit digne, elle n'eut pas souffert la contrainte de ses ridicules amans, ni affligé celui qu'elle chérissoit, en n'osant lui déclarer sa tendresse. Elle eût fait avec lui ce que nous faisons ici. Le premier qui sent l'amour, l'avoue le premier à l'objet qui le fait naître. C'eſt une foibleſſe auſſi grande de diſſimuler un ſentiment, que c'eſt une tache honteuſe de le feindre, quand le cœur ne le dicte point.

Alcimédon ne perdoit pas un mot de cette réflexion, il conſidéroit attentivement & alternativement Sophronie & Alcioné, pour tâcher de démêler l'intention de l'une, & l'impreſſion de ce diſcours ſur l'autre. Il put ſe flatter qu'elles lui étoient également favorables; mais encore une fois, il le déſiroit trop, pour l'eſpérer beaucoup.

On ſortit de la comédie. Mille flambeaux en éclairoient les iſſues, & nul embarras n'empêchoit d'y arriver. La ſalle du ſpectacle formoit une eſpèce de rotonde environnée de portiques qui ouvroient circulairement pluſieurs débouchés. Cet édifice, conſacré aux plaiſirs du public & à ſon rendez-vous, étoit élevé au milieu d'une grande place octogone, dont les rues préſentoient autant de routes larges & commodes aux carroſſes. Ceux de Charés & de ſa ſuite approchèrent donc avec facilité; ainſi ſans ſe morfondre ſur un eſcalier en les attendant, on arriva bientôt chez lui.

Un ſouper délicieux fut ſervi peu de tems après, & la converſation fut amuſante du commencement juſqu'à la fin, parce qu'elle fut toujours intéressante. On obligea Alcimédon de raconter ses avantures. Il en parla modestement ; il peignit sans aigreur & sans amertume les amis ingrats & les maîtresses perfides, dont il avoit à se plaindre. Il avoua naturellement les foiblesses de son cœur, quand les preuves des plus évidentes trahisons n'avoient pu le détacher des objets de ses affections. Il déplora d'une manière touchante la douloureuse situation d'un honnête homme, qui aime malgré lui une femme qu'il ne peut estimer. Alcioné, qui étoit à table à côté de lui, s'intéressoit visiblement à ses malheurs, le plaignoit moins en apparence que les autres, mais plus vivement sans s'en appercevoir. Elle rougissoit d'indignation aux détails des faussetés de son sexe, & ne pouvoit concevoir comment il étoit ailleurs si différent de ce qu'il est dans son pays. Les vices des hommes ne la chagrinoient pas moins sensiblement. Elle gémissoit de leur corruption & consoloit Alcimédon par la certitude de n'en plus trouver que de vertueux, s'il étoit résolu de fixer sa demeure dans l'isle où le sort l'avoit conduit.

Si j'y suis résolu, madame, s'écria-t-il ? J'aurois mérité plus de malheurs & de persécutions que je n'en ai essuyé dans le cours déja long de ma vie, si j'étois capable de quitter l'afyle où je suis parvenu, pour redescendre aux enfers ! L'expression est forte, dit Alcioné...... Pas encore assez, reprit-il, pour expliquer ce que j'éprouve dans ce moment. Il n'y a ni plus de beautés, ni plus de vertus au ciel que j'en vois ici, & je n'ai point d'autre comparaison pour me faire entendre. Il ne faut aux dieux que des hommages, de l'encens & des vœux. Tout ce que je connois ici n'est pas moins digne des miens. Nous demandons, interrompit Sophronie, plus de sentimens que de respects; ceux-ci gênent l'ame, ceux-là en sont les interprêtes. Ah ! madame, reprit Alcimédon, la mienne est remplie de ces sentimens que l'on estime tant chez vous, & qui m'ont toujours trahi ailleurs. Livrez-vous y sans contrainte, repliqua-t-elle, nous la connoissons aussi peu que la licence. Toujours tranquilles, toujours rassurées par les motifs, nous permettons un libre essor aux mouvemens du cœur & aux plus secrètes pensées de l'esprit. L'un est sincère, l'autre est droit; qu'aurions-nous à en redouter ?

On en étoit là quand le souper finit. Peu de tems après, chacun se sépara avant l'heure ordinaire, afin de procurer à l'étranger un repos que l'on croyoit lui être nécessaire. Il resta donc seul avec Charès. Ah ! seigneur, lui dit-il, avec une expression qui affecta le vieillard; seigneur, que votre peinture éloquente est encore au-dessous de la nature! Elle s'est épuisée en formant Alcioné. Rien n'avoit paru d'égal sur la terre, & rien n'y reparoîtra plus de semblable. On est accablé du pouvoir de ses charmes avant que l'on ait pu les admirer. Je ne sais si elle est blonde ou brune, grande ou petite ; je sais seulement que j'ai été ébloui, enyvré & embrâsé au premier coup d'œil. Que je vais être heureux ou infortuné! Si Alcioné dédaigne mes vœux, mes malheurs passés ne sont pas l'ombre de mes malheurs à venir. Je ne vois rien, interrompit le vieillard, qui doive vous donner lieu de redouter ce refus. Ou je me trompe fort, ou l'impression que vous avez faite sur Alcioné, ne tardera point à répondre ouvertement à la vôtre. Oui, seigneur, elle vous aimera ; je la connois assez pour oser vous le prédire. Son embarras & son air d'intérêt sont mes garans. Si votre âge trop peu avancé encore ne vous nuit point, je vous vois bientôt le plus heureux des hommes. Demain nous serons mieux instruits. Il faut vaincre votre timidité, & porter votre ame à ses pieds. C'est elle qui doit régler votre sort; ainsi c'est d'elle qu'il faut l'apprendre. A ces mots, il conduisit Alcimédon dans son appartement, & croyant le livrer au sommeil, en le livrant à lui-même, il le laissa en proie à tout ce que l'agitation de la passion la plus ardente & la plus impétueuse a de troubles, d'allarmes & de déchiremens.

Quelle nuit éternelle il passa ! j'en attesterois les amans les plus tendres, & je leur en demanderois la peinture, s'il y en avoit parmi nous qui pussent être comparés à Alcimédon. Mais que diroient-ils qui approchât de son tourment, qui donnât une idée de sa situation ? Il n'a pu la faire comprendre lui-même, & je ne suis pas assez éloquent pour y suppléer.

A peine le jour recommençoit-il à éclairer le sommet des côteaux charmans de l'isle de Philos, qu'il se leva, & descendit dans les jardins de Charés. Il n'y fut devancé que par mille oiseaux, dont les chants amoureux, & les caresses animées furent à son cœur & à ses yeux autant de symboles du bonheur général de tout ce qui respire sous ce climat chéri de la nature & des dieux. Tout portoit le feu dans ses sens, jusqu'à la fraîcheur & au murmure des eaux. Il erra long-tems dans les détours multipliés de ces jardins. Ils renfermoient mille beautés, mais il n'en remarquoit plus aucune, parce que celle qu'il cherchoit ne leur donnoit pas la vie. Situation étrange d'esprit & de cœur des amans! Sans Alcioné, il se croyoit dans un défert; devant elle, tout le reste se fut également évanoui.

Il y avoit déja plusieurs heures qu'il marchoit à l'aventure, & qu'il revenoit sur ses pas, en croyant avancer, lorsque les rayons du soleil commencèrent à échauffer affez la terre, pour que l'on cherchât des asyles contre leurs feux. Mais ceux d'Alcimédon étoient trop vifs pour qu'il fût averti par une ardeur étrangère de se couvrir des ombrages frais que mille réduits touffus lui présentoient. Il n'y pensa, au contraire, que pour redoubler la flamme qui le dévoroit. La grotte où Charés avoit commencé la veille à la faire naître, lui étoit trop chère, pour l'oublier. Il crut qu'un lieu qu'il avoit oui retentir du nom d'Alcioné étoit devenu un temple qu'il ne pouvoit assez fréquenter. Il y marcha pour le remplir de ses soupirs & de ses vœux : & déja il avoit mis un pied sur l'entrée, quand il entendit une voix inconnue de femme. La discrétion l'arrêta; mais une puissance secrette l'empêcha de se retirer.

« Ne résistez point à votre cœur, disoit cette voix ; votre jour de sensibilité est arrivé. Vous avez fait assez d'infortunés jusqu'à présent, pour jouir enfin de la douceur de faire des heureux & d'être heureuse vous-même. Tout ce que le sage Charés vous a dit de l'étranger, tout ce que vous en avez vu vous-même, ne vous laisse aucun doute d'en être adorée, quand vous n'auriez pas l'expérience constante de l'être par tous ceux qui osent élever un regard jusqu'à vous. Je suis son garant, répondit un homme, qu'Alcimédon reconnut pour Charés, autant que l'état de son cœur le lui permit dans ce moment inexprimable. Si vous aviez pu être témoin de ses transports, quand vous fûtes sortie de chez moi, la gloire & la satisfaction d'être aimée à cet excès par un homme vertueux, que toutes les adversités ont éprouvé, vous eussent décidée sur le champ en sa faveur. Il me faisoit autant de pitié que de plaisir. Toute la nuit j'ai partagé sa situation, à présent je suis inquiet de ses suites. Il a précédé l'aurore, & c'est en vain que je l'ai cherché. »

« Ce seroit en vain aussi, répondit Alcioné, car il est facile de juger que c'étoit à elle que ces discours s'adressoient, que je vous dissimulerois, ou que je combattrois le penchant qui m'entraîne vers cet étranger. Il est selon mon cœur, il réunit les choses que je voulois rassembler dans mon amant; mais, hélas, ajouta-t-elle ta-t-elle en foupirant, qu'il eft encore jeune!»

Alcimédon ne put tenir à cet aveu. Quoique le plaifir & la furprife lui dérobaffent prefque l'ufage de fes jambes, il entra & fe précipita aux genoux d'Alcioné. Ah! madame, lui dit-il, vous redoutez mon âge, & moi je regrette les jours écoulez loin de vos yeux. Peuvent-ils être trop longs, quand ils doivent vous être confacrés? Divine Alcioné, je venois ici par l'excès de mon amour animer & attendrir ces marbres, que j'y croyois mes feuls témoins, & j'y entends prononcer par vous-même l'excès de mon bonheur. En ratifierez-vous l'aveu aux yeux du plus paffionné de tous les hommes? Pourriez-vous craindre fon inconftance, vous née pour faire adorer la fidélité, & la rendre la vertu la plus facile de l'univers? Vous le favez, j'ai aimé fans partage des femmes volages & infidèles; pourrois-je trahir l'incomparable Alcioné? Non, puifque votre cœur m'eft favorable, votre raifon ne nous fait ni à l'un ni à l'autre une telle injuftice. Si un mortel peut être digne de vous intéreffer, j'ofe le difputer à tous les amans de l'univers, quand il ne faut, pour être préféré qu'une paffion fans bornes, une conftance fans altération, & des malheurs non mérités, foutenus fans foibleffe.

L'étonnement d'Alcioné à l'arrivée imprévue de son Amant, ne lui permit pas de l'interrompre. Elle garda même le silence encore quelques momens, après qu'il eut cessé de parler; & il attendoit à ses pieds l'arrêt de sa vie ou de sa mort. Mais pendant ce silence, ses yeux commençoient à expliquer les sentimens de son ame. Sans pouvoir vous soupçonner d'indiscrétion, lui répondit-elle enfin, vous avez surpris l'aveu de mon inclination. Mon dessein ne fut jamais de vous le dérober; incapable de déguisement, je me serois fait un mérite de ma sincérité, & de la promptitude de cet aveu, qui vous est si cher. Oui, poursuivit-elle, d'un ton enchanteur, oui, Alcimédon, je vous aime; vous allez faire désormais ma souveraine félicité, si je fais la vôtre. A ces dernières paroles, elle voulut le relever, mais il étoit évanoui à ses pieds; il n'avoit pu les entendre, sans être abandonné de tous ses sens retirés dans son ame. La pâleur de la mort avoit succédé au feu de l'amour; il ne falut pas moins que les mains d'Alcioné, qui pressoient tendrement les siennes, pour le rappeller à la vie. Il ouvrit les yeux. Quel spectacle! L'idole de son amour, allarmée de son état, & lui répétant les assurances de son bonheur! Il faudroit avoir brûlé à cet excès, pour juger de ce tableau.

Ma chère Alcioné, puisque ce titre m'est permis par vous-même, lui dit cet Amant d'une voix étouffée par le plaisir, connoissez ce qui se passe en moi par les effets que vous en avez vus ! Cette révolution de tous mes sens, parle mieux pour mon cœur que ma bouche, qui en fut toujours l'interprète fidèle. Je vous adore, vous devenez mon unique divinité. C'est-là ce que je sens de moins pour vous, & ce que je peux seulement vous dire. C'est-là ce que je vous répéterai mille fois, & ce que je vous prouverai, tant que mes jours seront prolongés.

Zélonide, c'est le nom de la confidente d'Alcioné, & Charés étoient témoins de cette scène d'attendrissement & de bonheur ; ils se sentoient heureux par celui de ces Amans. Alcimédon se jetta dans les bras du vieillard, & lui exprima sa reconnoissance par ses embrassemens & par des larmes de joie. Il devoit trop aussi à Zélonide pour oublier un tel bienfait. Que de choses senties & sensibles il lui dit ! Mais toutes se rapportoient au prix qu'il avoit obtenu par ses conseils ; & Zélonide n'en fut point offensée. Elle aimoit trop Alcioné, pour vouloir lui ravir les mouvemens même de la reconnoiſſance, dans un inſtant ſi doux.

Pour que ces amans y miſſent un ſceau, qui rendit à jamais durable & précieuſe l'union qu'ils venoient de former, Charés & Zélonide ſortirent de la grotte : l'amour ſeul y reſta avec eux, non pour animer leurs tranſports, ils étoient au-deſſus de ſes feux, mais pour en fermer l'entrée au reſte des humains.

C'eſt ici que le voile de Timante m'eſt encore plus néceſſaire qu'il ne le fût à ce peintre, quand il ſe trouva dans l'impuiſſance d'exprimer la violence de la douleur exceſſive d'Agamemnon. L'ivreſſe du cœur, le comble de la félicité, le ſein des délices ſont encore plus au-deſſus de l'art du pinceau. Je me tais, & je laiſſe ſentir.

Cependant Zélonide qui ſuivoit Charés, avoit cru reprendre avec lui, le chemin de ſa maiſon. Mais ce tendre vieillard, toujours entraîné par le ſouvenir de ſon Aglatide, la conduiſit aux pieds de ſa ſtatue. A cette vue ſes larmes coulèrent à l'ordinaire, ſes bras s'ouvrirent & ſerrèrent étroitement cette froide image de ſon amante.

Source jadis de mon bonheur, lui dit-il, tu le rendis égal à celui de ces amans, qui oublient à préfent l'univers, & peut-être même leur propre exiftence. De ce moment, ils commencent à vivre, & j'ai vécu. Jufqu'à quand, chère Aglatide, prolongeras-tu mon exil ! N'es-tu pas encore fatisfaite des preuves de conftance que je t'ai données depuis notre horrible féparation ? Il eft tems de nous réunir. Je viens de procurer à ma patrie un citoyen vertueux qui fuivra l'exemple de mon amour. L'union des cœurs que j'ai vu former, comble le mien d'une joie pure, mais elle y réveille celle qui l'enyvra. J'ai légué à Alcimédon & à Alcioné, qui te fut chère, tout ce que je tiens des mains de la fortune. Quel héritiers plus dignes de toi & de moi pouvois-je choifir de ce que tu m'as laiffé & de ce que je défire de quitter ? Que ce foit le dernier hommage que je rendrai à ta cendre ! Aglatide, chère Aglatide, entends mes foupirs, & remplis mes vœux. Que mon ame, qui m'échappe pour voler fur ces levres dont la pâleur me rappelle le coup fatal qui nous fépara, fatiguée de fa prifon détruite, s'exhale dans le fein des airs, pour aller fe renouveller dans le tien.

En achevant ces mots, Charés embraffa encore plus fortement l'ombre de fon Aglatide : & bientôt il parut aux yeux de Zélonide n'être devenu lui-même qu'une ſtatue. Le mouvement & la voix ſe perdirent enſemble. Zélonide approcha, & Charés ne vivoit plus.

Aux cris perçans que ce ſpectacle douloureux & touchant lui fit pouſſer, Alcioné & Alcimédon eurent la vertu de s'arracher des bras de l'amour, pour voler au ſecours de l'amitié. Quelle image pour des cœurs auſſi tendres ! Quel paſſage rapide des ſenſations les plus délicieuſes, aux regrets les plus juſtes ! Alcimédon inconſolable, ſe jetta ſur les reſtes inanimés de ſon ami. Il l'arroſa de ſes larmes, il en fit couler un torrent des yeux d'Alcioné & de Zélonide, par les choſes attendriſſantes que ſa vive douleur lui inſpira. Alcioné ſentit qu'il lui en devenoit plus cher. Elle ne pouvoit faire une épreuve nouvelle des qualités vertueuſes de ſon ame, qu'elle ne lui fournit un nouveau motif de s'applaudir de ſon choix. Mais craignant enfin que la violence de l'affliction de ſon amant ne devint funeſte à ſa ſanté, elle ſe ſervit de ſon pouvoir pour l'entraîner loin de l'objet qui la cauſoit. Malgré la vûe d'Alcioné, & tout brûlant encore de ſes careſſes, il crut que ſon ame s'arrachoit de ſon ſein, en s'éloignant du malheureux Charés.

C'eſt à lui que je vous dois, divine Alcioné,

lui disoit-il ; ne condamnez pas l'état où sa perte me réduit. Je lui dois plus qu'aux dieux. Qu'auroient-ils pu donner au mortel qu'ils eussent voulu combler de leurs bienfaits, si ce n'eût été vous ? Il n'y a qu'une Alcioné dans l'univers, & je la tiens de Charés. En disant ces mots, il fondoit en larmes ; & soutenu par sa maîtresse & par Zélonide, il arriva avec peine chez cet ami qui lui coûtoit des regrets si justement mérités. La vûe de sa maison les redoubla encore, & quand on lui présenta le don de tous ses biens que ce généreux vieillard avoit écrit le matin même en sa faveur, il n'en sentit le prix que par un nouveau déchirement de son ame.

Quelle maîtresse sous un autre climat eût pardonné à son amant une douleur si démesurée pour un ami, sur-tout en sortant de ses bras pour la première fois ? Les femmes auront peine à le croire : cependant Alcioné fut enchantée de celle d'Alcimédon. Tous deux à l'envi s'empressèrent à rendre à Charés les derniers devoirs de l'amitié, & à remplir ses volontés. Ils mêlèrent ses cendres à celles d'Aglatide, & consacrèrent à la fidélité le lieu qui renfermoit leur tombeau commun.

Sophronie, Pulchérie, & leurs amans instruits

par Zélonide du bonheur & de la douleur d'Alcioné & d'Alcimédon, vinrent pour partager l'un & l'autre avec eux. Alcimédon apprit de Zénoclés que les compagnons de son naufrage qui avoient pu s'en échapper, après avoir fait des efforts inutiles pour sauver les débris de leur fortune, étoient arrivés ce matin même sur la place principale de la ville ; & que le premier mouvement des habitans avoit été de les secourir & de les retirer chez eux; mais qu'ils avoient trouvé dans ces étrangers tant d'inconséquences, de légèreté, d'étourderie, de familiarité avec les femmes qu'ils vouloient honorer de leurs caresses, & d'arrogance avec les hommes, qu'ils sembloient déjà menacer, en se prévalant de ces armes meurtrières qui sont toujours prêtes à verser le sang dans le sein même de la société, que sur leur rapport, la police avoit jugé nécessaire, pour éviter le trouble que ces nouveaux hôtes pourroient causer, & plus encore pour se garantir de la contagion de leurs mœurs, de les pourvoir de toutes les choses qui leur manquoient, & de tirer du port un vaisseau léger qui put les porter dans cette même île d'où fondirent autrefois sur celle d'un peuple, aussi doux qu'heureux, les barbares que la valeur de Zénoclés repoussa.

Elle s'est ainsi peuplée de nos rebuts, ajouta-t'il. Notre force ne consiste pas dans le nombre, mais dans la vertu des citoyens; & nous donnons ce titre à tous ceux de l'univers qui nous paroissent le mériter. Nous conservons les hommes tels que vous, que le sort y conduit, poursuivit-il, & nous renvoyons à nos ennemis ceux qui sont indignes de vivre parmi nous. Vous avez été le seul dans cette occasion, digne d'être adopté avec gloire & avec avantage pour ce pays; & dans plusieurs naufrages nous n'en trouvons souvent pas un que nous puissions garder avec indulgence. Ces voisins dont je vous parle, continua-t'il, servent donc à nous purger des étrangers vicieux que le hazard nous amène. L'humanité nous défendroit de les détruire, tandis qu'une sage politique nous interdiroit le danger de les recevoir. Ce seroit une extrêmité fâcheuse dont nos ennemis nous débarrassent. Ils nous sont encore utiles d'une autre manière, pour la conservation de la pureté de nos mœurs. S'il étoit possible que l'air de cette île se corrompit par quelque maligne influence, au point de faire commettre un crime à un citoyen, quelque grand qu'il fût, les loix n'ont point trouvé de peine plus rigoureuse, que celle de l'exil du coupable dans cette île, où regnent les vices & les passions criminelles. Rendu à lui-même, à ses premiers sentimens, concevez quel supplice il souffriroit ! Nous n'avons heureusement point encore eu d'exemple de ce châtiment.

Il est moins que jamais à redouter que l'occasion de l'employer se présente, répondit Alcimédon : j'ai reçu assez d'instructions du sage Charés, pour savoir que si vos concitoyens eussent été susceptibles de corruption, les actions & les écrits de Zénoclés & d'Ariston les en eussent encore mieux préservés que la crainte de l'exil. Si Zénoclés est le héros de sa patrie, poursuivit-il, en s'adressant à Ariston, vous en êtes le législateur par vos sublimes écrits : je brûle d'impatience de les lire ; & c'est à vous-même, seigneur, que je m'adresse, pour vous prier de me les confier.

On vous les a trop exagérés, répliqua modestement Ariston ; mais s'ils obtiennent le suffrage d'un juge éclairé & philosophe, je les croirai bons à mon tour. Y verrai-je, reprit Alcimédon, les tables de vos loix ? Parlez-vous de votre culte, de votre jurisprudence, des mariages ? Pas un mot de tout cela, répondit Ariston. Vous avez pu remarquer que nous n'avons point ici de temples. Celui que l'on éleve à la divinité est dans le cœur. Nous n'avons point non plus de jurisprudence pour régler des droits contentieux, parce que tout le monde étant juste, personne n'a de procès. Quant aux mariages nous ne leur connoissons point d'autres nœuds que ceux que vous avez formés ce matin avec la belle Alcioné. Croyez-vous qu'elle ait jamais besoin de recourir à un acte authentique du don de votre cœur? ou s'il pouvoit arriver que vous le retirassiez, croyez-vous qu'elle se souciât de votre main? Nous n'avons point de ministres qui reçoivent nos sermens, ni de notaires qui les écrivent. Nous les faisons à l'objet de nos vœux, & ils sont sacrés.

Ah! Seigneur, pardonnez, s'écria Alcimédon tout confus, pardonnez aux notions communes qui m'ont captivé pendant quarante ans. Je me croyois philosophe; je ne suis encore que l'esclave des préjugés de mon éducation. Ma vie ne sera point assez longue pour adorer Alcioné, & pour admirer la pureté de la nature naissante, conservée dans cet asyle inviolable. Tous les jours augmenteront ma surprise, mon instruction & ma félicité. J'avois des livres que je croyois excellens, des manuscrits que l'amour propre me faisoit conserver avec complaifance, je les ai perdus dans mon naufrage; & tandis que je les regrettois comme un bien réel, je ne perdois en effet que la fource ou le dépôt de mes erreurs. Alcioné fera à jamais ma divinité, fes fœurs charmantes & leurs amans ma fociété, & les ouvrages d'Arifton mes feuls livres.

Leur converfation fut interrompue par l'arrivée de Cofroës que l'on annonça. Son nom fit regner un filence profond. Cet amant malheureux parut. Alcimédon ne put fe défendre d'un premier mouvement involontaire de jaloufie, en le voyant beau encore comme Narciffe, quoiqu'une langueur différente l'eût defféché plus que lui. Mais le fecond fentiment fut d'admiration pour Alcioné, que les charmes de la figure n'avoient pu féduire. Cofroës s'approcha d'elle, & d'une voix affoiblie par le défefpoir, il la félicita fur fon union, dont il étoit déjà inftruit, avec un étranger digne par fes vertus & fes infortunes d'intéreffer fon cœur. Il eut le courage de proférer ces mots: je me fais juftice, madame, fur ce que j'en ai oui dire. Il vous méritoit mieux que moi; & je fens que votre félicité adoucit mes peines. Alcioné fut fenfible à cette démarche généreufe. Alcimédon lui montra un défir fincère de mériter son amitié, après avoir obtenu son estime ; & il étoit aisé de lire dans les yeux de Zélonide qu'elle lui offroit une consolatrice. Cette fille charmante, qui n'avoit point encore quitté Alcioné, avoit senti un intérêt pour les maux de cet infortuné, dont la vivacité étoit trop grande pour n'être que de la pitié. Ma chere Zélonide, lui dit Alcioné d'un air enchanteur, je vous confie Cosroës. Ses sentimens éprouvés méritent que vous fassiez moins d'attention à sa jeunesse qu'à celle de tout autre. Par amitié pour moi, abrégez la durée de ses épreuves, & mettez-le en état de me revoir. Zélonide rougit & sourit. Serois-je digne qu'elle daignât en prendre la peine, répondit Cosroës embarrassé ? Un cœur qui a brulé pour une autre.... adorera de même Zélonide, interrompit Alcioné ; c'est une autre moi-même.

En effet quelques années après ces deux amans furent aussi charmés l'un de l'autre, que ceux qui leur avoient donné l'exemple & le conseil de s'aimer, l'étoient de leur choix.

Ici finissent les mémoires de l'historien d'Alcimédon. Il assure que l'on sait le reste de ses aventures, quand on est instruit du bonheur qu'il goûta dans la poſſeſſion d'Alcioné ; parce que les jours qui ſuivirent celui qui le mit dans ſes bras, furent tellement marqués & comptés par les mêmes délices & la même félicité, qu'ils ſe reſſemblèrent tous.

Fin des voyages d'Alcimédon.

LES ÎLES FORTUNÉES,

OU

LES AVENTURES DE BATHYLLE ET *DE CLÉOBULE.*

Par M. MOUTONNET DE CLAIRFONS, de plusieurs académies.

Cette édition a été revue & corrigée par l'auteur.

L'Isole di fortuna ora vedete,
Di cui gran fama a voi, ma incerta guinge.
Ben sono elle feconde, e vaghe, e liete,
Ma pur motto di falso al ver s'aggiunge.
Jérusalem délivrée, chant 15, octave 37.

AVERTISSEMENT.

AVERTISSEMENT.

Si j'avois voulu suivre la coutume usitée depuis long-tems, j'aurois assuré avec hardiesse, que cet ouvrage n'est que la traduction d'un manuscrit grec, trouvé dans les ruines d'Herculanum. J'aurois bâti cette hypothèse à ma fantaisie, & il seroit possible que j'en eusse imposé pendant quelque tems aux sots & aux ignorans : mais les gens éclairés n'en auroient voulu rien croire. J'avoue donc ingénument, que cette bagatelle est toute entière de moi, & que je suis seul responsable de tous les défauts qui la déparent (1). Je ne pardonne pas à Montesquieu d'avoir eu recours à ce misérable subterfuge, en donnant le Temple de Gnide. Quel auteur avoit moins besoin d'une pareille

___

(1) La première idée de ce roman m'est venue en lisant dans le Tasse les quatre vers italiens qui lui servent d'épigraphe.

G

ressource! Et quel ouvrage plus original & plus digne de sa réputation! Mon but n'a pas été de travailler dans le goût dominant du siècle. On ne sera point fatigué, effrayé, déchiré, suffoqué, anéanti, à la lecture de mon ouvrage. Mon dessein n'a pas été de composer un roman bien noir, bien lugubre, bien horrible, & bien dégoûtant. On ne conversera point ici avec des scélérats abominables, souillés, noircis d'horreurs & d'infamies. On ne sera point révolté par la peinture hideuse de personnages odieux & atroces, dont les actions affreuses devroient être ensevelies dans le plus profond oubli. Toute mon ambition, c'est d'intéresser les gens honnêtes ; de les attendrir ; de les occuper agréablement, en leur faisant verser quelques larmes. Si je réussis, je n'ai plus rien à désirer, & mon triomphe est complet.

Je crois devoir avertir le lecteur, que cet ouvrage fut composé pendant l'été de 1771. L'auteur étoit alors relégué au milieu des bois, sur une montage (1) élevée de neuf cens pieds au-dessus du niveau de la rivière qui coule au pied. C'est au fond de cette solitude, que, pour se distraire d'occupations sérieuses, & pour éloigner l'ennui, il s'amusoit à former la tissure de ce petit roman, dans lequel il tâchoit d'imiter la simplicité grecque, & d'écarter les sombres vapeurs de l'anglomanie, qui causent présentement des vertiges dans toutes les têtes ; tandis que le caractère de gaieté nationale s'affoiblit, se dénature & s'anéantit. Malgré toutes les brochures *sentimentales* dont la France est inondée, nous n'en sommes pas devenus plus sensibles & plus heureux. Cette épidémie littéraire est d'autant plus contagieuse, que les femmes, qui donnent actuellement le ton, la fomentent & la propagent. Elles enten-

---

(1) Montjeu, auprès de la ville d'Autun, en Bourgogne.

dent bien peu leur intérêt ! Tous ceux qui affichent le titre fastueux de *penseurs*, font tristes, égoïstes, insociables, pointilleux & arrogans. Quelle fatale révolution ! Quel puissant génie pourra nous guérir d'un travers aussi ridicule & aussi dangereux ?

LES ISLES FORTUNÉES,

OU

LES AVENTURES

DE BATHYLLE ET DE CLÉOBULE.

*Devenere locos lætos, & amœna vireta
Fortunatorum nemorum, sedesque beatas.*
Virgile. Énéide, liv. 6, vers 638.

LIVRE PREMIER.

BATHYLLE monté sur un vaisseau Tyrien, voguoit sans inquiétude, lorsqu'il s'éleva tout-à-coup une horrible tempête. Les vents sont déchaînés sur les mers : le ciel s'obscurcit : une nuit affreuse succède au plus beau jour. L'air siffle, l'onde bouillonne & mugit, il tonne, les éclairs brillent: les vagues deviennent & plus grosses & plus furieuses, les voiles sont déchirées, le mât rompu, les rames brisées. Le vaisseau devenu le jouet des aquilons fougueux, est emporté rapidement sur la pointe des rochers, s'entr'ouvre avec bruit, s'enfonce, & s'abîme en tournoyant au milieu des gouffres profonds. Quelques débris surnagent & présentent aux mourans un foible secours. Bathylle sans se troubler, s'élance sur une large planche, la saisit, fortement d'une main, & nage de l'autre. Accablé de lassitude, il ne perd pas courage ; élève sa tête au-dessus des flots, & apperçoit dans le lointain un endroit où il peut aborder sans danger. Il fait de plus grands efforts : un rayon d'espérance brille à ses yeux: une nouvelle force renaît dans ses membres fatigués. Enfin il arrive au pied d'une haute montagne, & s'accroche à des branches souples. C'est avec ce frêle appui qu'il parvient sur un quartier de roche. Inquiet, incertain, il doute quelque tems, s'il trouvera une habitation commode. Pendant qu'il étoit livré à ces inquiétudes, il découvre une grotte spacieuse, creusée dans le roc. Il s'avance de ce côté, & reconnoît avec plaisir, qu'il peut y entrer sans crainte, & faire sécher ses habits mouillés du naufrage.

Arraché à une mort presque inévitable, Bathylle fixe alors ses regards sur cette mer encore follement irritée, & considère avec étonnement la rage & la fureur de cet élément indomptable, mais qu'il ne craint plus. Il fait de sages réflexions sur les vicissitudes & l'instabilité de la fortune, aussi mobile, aussi changeante que les flots agités par les vents. Ambitieux courtisans, aveugles mortels, voilà votre fidelle image ! le destin vous élève aujourd'hui au sommet des grandeurs, & demain il vous renverse, & vous fait rentrer dans le néant d'où il vous avoit tirés.

Les premiers rayons du soleil levant doroient l'entrée de cette grotte. Sa position heureuse la mettoit entiérement à l'abri du souffle glacial des aquilons. Une douce chaleur y régnoit en tout tems. Une tendre verdure, émaillée de mille couleurs, en tapissoit agréablement les environs. Les fleurs répandoient les parfums les plus suaves, les plus délicats; & l'air étoit embaumé par les exhalaisons les plus odoriférantes. Des arbres chargés de fruits vermeils, réjouissoient la vue : le chant mélodieux & varié des oiseaux, flattoit délicieusement l'oreille. Tout ravissoit, tout enchantoit auprès de cette grotte champêtre. L'intérieur en étoit simple : l'art n'y avoit point donné le poli au marbre : les siéges étoient simplement taillés dans le roc. Une flute, une houlette, des vases de terre, des peaux moëlleuses, étendues sur des joncs frais, dans un petit enfoncement, compofoient les meubles & les richeffes les plus précieufes de cette demeure, où l'on ne voyoit étalés ni l'or, ni la pourpre. Tout annonçoit que cette grotte fervoit d'afyle à un fimple berger. Du fond de cette retraite jailliffoit une eau limpide, dont les flots argentés couloient avec un doux murmure, & offroient pour fe défaltérer, une boiffon pure & falutaire.

Bathylle entre avec fécurité dans cette grotte; la parcourt d'un œil avide & curieux. Rien ne l'intimide, rien ne l'effraye: tout l'invite au contraire à fe repofer avec confiance: la joie commence à renaître dans fon cœur. Il préfére bientôt cette retraite meublée fi fimplement, aux palais les plus vaftes & les plus magnifiques. Preffé par la faim & la foif, il prend un vafe rempli de lait, & répare fes forces épuifées. Un inftant après, fes paupières s'appefantiffent doucement. Accablé de fommeil, il fe couche fur le lit de joncs, & s'endort. La férénité de fon ame étoit peinte fur fon vifage: il fembloit fourire en dormant. Semblable au jeune enfant qui, après avoir pompé un lait pur & nourriffant, laiffe pencher mollement fa tête fur le fein maternel. L'homme jufte a feul l'avantage précieux de goûter les douceurs d'un fommeil calme &

des fortunées.

C. P. Marillier inv.　　　1787　　　R. Delvaux Sculp.

tranquile. Une ame souillée de crimes & de forfaits, est toujours plus tourmentée pendant les ombres de la nuit. Les inquiétudes & les craintes augmentent & redoublent avec les ténèbres. Les scélerats ne peuvent alors se distraire de leurs frayeurs, les remords les déchirent plus cruellement; & s'ils s'endorment, leurs songes sont affreux & terribles.

Pendant que Bathylle se livre aux charmes du sommeil, un berger vénérable, suivi d'un chien fidéle, s'avance à pas lents & fait répéter aux échos d'alentour, des chants mâles & animés. Sa barbe blanche, longue & touffue; son front large & serein, ses yeux vifs & perçans; sa démarche simple, noble, aisée, inspirent le respect. Il s'arrête, rassemble ses chèvres & ses brebis; les compte, les renferme dans une caverne spacieuse & profonde; en bouche l'entrée avec une grosse pierre, & cueille ensuite des fruits & les apporte dans sa grotte chérie. Mais quelle est sa surprise & son étonnement, à l'aspect d'un étranger, couché sur son lit! Il tressaille, recule, approche, regarde, considère attentivement Bathylle. Que vois-je? Quelle agréable surprise, dit-il en lui-même! Quel sommeil paisible! Il annonce la candeur d'une belle ame. C'est un infortuné qui, sans doute, vient d'échouer sur ces côtes. La tempête aura brisé & englouti son vaisseau. Je suis trop heureux de pouvoir être utile à ce mortel. Un Dieu bienfaisant me l'envoye, afin que j'aie le plaisir d'exercer envers lui les droits sacrés de l'hospitalité. Telles étoient les réflexions de cet admirable vieillard. Elles prouvent combien le malheur a toujours été respectable pour une ame pure, exempte des passions tumultueuses, qui tyrannisent la plûpart des hommes.

De peur de réveiller son nouvel hôte, le berger marche légérement: prépare sur une table de pierre, un repas simple & frugal; mais apprêté par les mains de l'amitié. Il le compose de lait, de fromage, de dattes, d'olives, de raisin, de figues, & d'autres fruits excellents, nouvellement cueillis. Il arrange & dispose tout dans le plus grand silence : à peine il se permet de respirer : il craint que le moindre bruit n'interrompe le sommeil de ce jeune étranger. Il sourit de tems en tems : il semble s'applaudir de le surprendre agréablement à son réveil. Enfin Bathylle s'agite légérement, & ouvre les yeux. Quel pinceau pourroit peindre sa surprise & son étonnement, lorsqu'il vit ce vieillard respectable qui le considéroit avec attendrissement? Il doute s'il est bien éveillé. Il s'imagine rêver encore, & que tout ce qu'il apperçoit, n'est qu'un vain songe qui va disparoître & s'évanouir. Il veut parler, & ses paroles expirent sur ses lèvres. Il est plus aisé de sentir son embarras, que de l'exprimer. Bannissez la crainte, de votre cœur, aimable jeune homme, s'écrie le berger, & soyez tranquile. Ne laissez point abattre votre courage, vous n'avez rien à redouter. Je tâcherai d'adoucir l'amertune, de diminuer les rigueurs de votre sort, & de vous faire oublier vos infortunes. Si la mer en courroux a submergé votre vaisseau, je réparerai ce malheur, autant qu'il me sera possible. Vous n'êtes point au milieu de peuples cruels & sauvages. On sait ici respecter les malheureux, & leur procurer les secours nécessaires. Vous avez sans doute entendu parler des îles fortunées : on vous a peut-être entretenu de la douceur, de la concorde, de la paix, & de l'humanité qui règnent parmi leurs habitans ? Vous respirez dans cette heureuse contrée de la terre. Levez-vous maintenant, & soyez désormais sans inquiétude. Que la joie & la sérénité brillent sur votre front ! oubliez vos chagrins.

Bathylle surpris & enchanté de ce discours, interrompt le berger en ces termes : généreux vieillard, qui peut vous inspirer en ma faveur de pareils sentimens ? comment pourrai-je vous en marquer ma reconnoissance ? quelle preuve, hélas ! vous en donnerai-je ? Il ne me reste rien, les flots ont englouti ce que je possédois. La misère seule est mon partage. Je ne puis vous offrir qu'un cœur sensible & reconnoissant. Il faut que vous ayez vous-même éprouvé l'injustice du sort, puisque vous êtes touché de mon état, & que vous voulez partager les malheurs d'un infortuné. A ces mots il se tait, se lève, serre étroitement entre ses bras le vieillard attendri, l'embrasse, & l'inonde de ses pleurs. Larmes délicieuses pour des cœurs purs & innocens ! ils restent tous les deux immobiles & sans voix ; mais leur silence est plus énergique & plus touchant que les discours les plus étudiés. Il peint merveilleusement ce qui se passe au fond de leur ame. Que ce langage muet a d'éloquence, qu'il est sublime ! leurs yeux baignés de douces larmes, leurs tendres soupirs, leurs embrassemens mutuels, prouvent que leurs cœurs sont vivement émus, & que l'amitié leur fait déja goûter ses délices les plus pures. Quelques instans après, le berger prend Bathylle par la main, le conduit vers la table couverte de mets naturels, délicats, savoureux, & lui adresse le premier la parole. Asseyez-vous, jeune étranger ; & chassez loin de vous toutes les pensées qui pourroient troubler votre tranquilité. Puiffiez-vous trouver fur cette table une nourriture agréable ! je vous préfente ces aliments, que j'ai cueillis & apprêtés moi-même. Voilà mes plus riches tréfors: voilà mes provifions les plus exquifes. Choififfez: vous devez être preffé par la faim : c'eft le meilleur affaifonnement. Bathylle ravi de ce langage & de cette fimplicité, femble avoir oublié fes malheurs. La joie & la gaieté pétillent dans fes yeux : il mange avec appétit : favoure avec plaifir ces fruits & ces mets champêtres, & fe défaltère avec l'eau puifée à une fource claire & pure. Il ne regrette point ces feftins fomptueux, où règnent au milieu de l'abondance, l'ennui & la fatiété. Il préfere ce repas fans apprêts, fans cérémonie, à des viandes recherchées, à des affemblées bruyantes & tumultueufes, dans lefquelles l'homme fenfé fe trouve abfolument feul parmi une foule de gourmands importuns, & de vils parafites. L'amitié qui lie déja étroitement Bathylle avec ce fage vieillard, le dédommage & lui tient lieu des biens qu'il a perdus. Que ce doux penchant fe fait fentir avec force ! que fes charmes ont de pouvoir fur des cœurs pleins de candeur & de franchife ! que l'amitié a de puiffans appas ! elle fait feule le bonheur de la vie. C'eft elle qui anime pour nous la nature entière,

L'homme qui ne connoît pas ses plaisirs, ressemble à un mort ; c'est un cadavre ambulant. Fuyons comme des serpens cruels, ces ames dures & insensibles, qui n'ont jamais aimé : rien n'est plus dangereux.

Après ce léger repas, le berger adresse ces mots à Bathylle : jeune étranger, daignez me regarder désormais comme votre plus cher ami. Je crois mériter ce titre auguste, que tant de lâches & tant de perfides profanent & déshonorent. Je suis digne de votre confiance. Epanchez tous vos sentimens dans le sein de l'amitié. Racontez-moi les divers événemens de votre vie. Dites-moi par quel enchaînement fatal de circonstances bizarres & malheureuses, vous avez été jetté sur ces bords. Je brûle de l'apprendre. Allons nous asseoir auprès de cette fontaine ; le calme & le silence, dont nous jouissons dans ce lieu, sont très-favorables à mon dessein. Je vous peindrai moi-même à mon tour les malheurs que j'ai essuyés. En butte aux coups de la fortune, & le jouet de ses caprices les plus cruels, j'ai parcouru autrefois des contrées entièrement inconnues : mais commencez votre récit : je vais vous prêter une oreille attentive.

LIVRE SECOND.

Bathylle, après s'être assis sur les bords de cette source limpide, s'exprima en ces termes : je suis né à *Téos* ville d'*Ionie*, fameuse par la naissance du voluptueux & de l'immortel *Anacréon*. L'on m'appelle Bathylle. Mes parens, distingués par leur naissance & par leurs grandes richesses, le sont encore plus par leurs vertus & par leur intégrité. J'ai passé mes premières années dans le sein de ma famille. Que les jours étoient purs & sereins pour moi ! La joie franche & naïve brilloit sur mon front, & chaque instant de ma tendre jeunesse, étoit consacré alternativement à des occupations utiles, à des plaisirs innocens. Aucun nuage n'obscurcissoit la sérénité de mon ame. Je me livrois avec vivacité aux divertissemens de mon âge. Naturellement doux & caressant, j'obéissois sans peine, comme sans contrainte. On n'eût jamais recours aux menaces, encore moins aux châtimens, pour me conduire dans mon enfance. Mes parens m'idolâtroient : j'adorois mes parens. Les maîtres que l'on me donna, me furent attachés par le sentiment, & j'aimai par un retour sincère ceux qui m'instruisirent. Mon éducation ne fut point négligée. On n'épargna rien pour y réussir. On choisit dans tous les genres les hommes les plus honnêtes & les plus instruits. J'ai eu le bonheur de profiter de leurs leçons, de leurs exemples, & de leurs conseils. Comment aurois-je pu les négliger ? on se servit des deux moyens les plus efficaces : on employa la douceur & l'émulation. Heureux mélange qui dompte insensiblement les caractères même les plus farouches. Pour recueillir des fruits mûrs & abondans, le laboureur habile souhaite tour-à-tour des pluies bienfaisantes & des chaleurs tempérées.

Mes études étant finies, mon père résolut de m'envoyer à Athènes, pour m'y perfectionner dans les exercices du corps & de l'esprit. Athènes est le rendez-vous de toute la Grèce. C'est-là seulement, que l'on trouve rassemblés les philosophes les plus profonds, les orateurs les plus distingués, les poëtes les plus célèbres, & les artistes les plus habiles. Les sciences & les arts y sont portés à un degré de perfection, que l'on désireroit inutilement de trouver dans une autre ville. J'avois toujours eu la plus forte envie de voir & de connoître cette capitale si renommée de l'Attique. Je m'en formois l'idée la plus avantageuse. Je la regardois comme la meilleure école en tout genre ;

genre; & j'espérois y faire les plus grands progrès, & acquérir les plus belles connoissances. Cependant, que mes adieux furent tristes ! Je ne pus quitter un père & une mère que j'aimois si tendrement, sans verser un torrent de larmes. J'allois, à la vérité, à la source de toutes les sciences; mais j'abandonnois le séjour de la candeur, de l'innocence, de l'amour conjugal & du bonheur. J'avois le cœur gros de soupirs: un tremblement violent & involontaire agitoit tous mes membres : je ne pouvois proférer une seule parole. Mon père plus ferme en apparence, n'étoit pas moins triste ; mais il avoit la prudence de renfermer sa douleur au fond de son ame, & me donnoit, en m'embrassant, des conseils que je n'oublierai jamais. Pour ma mère, se livrant à toute sa tendresse, elle ne put que me serrer tristement entre ses bras. Le chagrin dont elle étoit pénétrée, la rendoit muette : elle m'inondoit de ses pleurs. En me voyant partir pour Athènes, elle s'imaginoit que l'on me portoit sur le bûcher. Que ma position étoit accablante! Combien je souffrois! Toutes mes idées se boulversoient & se détruisoient mutuellement. J'étois incertain, si je devois rester ou m'arracher des bras maternels. Les soins, l'amitié de ces parens respectables, les obligations que je leur avois, tout s'offroit

H

en même tems à mon esprit irrésolu. Je craignois d'être ingrat en les quittant. L'amour filial refroidissoit mon ardeur pour les sciences. J'étois dans la plus cruelle perplexité. Mon père fit cesser cette scène attendrissante, en emmenant ma mère. Je partis enfin; mais en m'éloignant, je me retournois sans cesse pour revoir un lieu que je chéris & que je regrette toujours. Que l'amour pour le pays qui m'a vu naître se réveille vivement dans mon cœur! O jour trop malheureux!....... Ecartez ces idées, dit le Berger, en interrompant Bathylle; ne vous livrez point à votre douleur; éloignez ce cruel ressouvenir, & continuez, je vous en conjure, votre récit m'intéresse & m'attendrit.

Deux jours après mon départ, je m'embarquai sur la mer Egée. Un vent favorable enfle nos voiles, & nous pousse rapidement vers les Cyclades. Nous cotoyâmes l'île de Samos, consacrée à Junon. Bientôt nous apperçûmes celle de Délos, où l'infortunée Latone devint mère d'Apollon & de la chaste Diane. Apollon y rend des oracles fameux, & l'on célèbre en son honneur des fêtes magnifiques. Nous rengeâmes quelques autres îles peu connues, & nous abordâmes sur les côtes de l'Attique.

Tous les objets que j'apperçus alors, me

parurent nouveaux. J'admirois les chemins larges & commodes que je parcourois. Des arbres choisis & bien alignés, les bordoient dans toute leur étendue, & procuroient aux voyageurs fatigués, une ombre salutaire. Des campagnes riantes, cultivées avec beaucoup de soin, & couvertes de riches moissons ; des villages nombreux, une population prodigieuse annonçoient l'opulence & la richesse. J'appercevois avec surprise une quantité innombrable de maisons de campagnes, bâties avec élégance. Des tapis de gason, des arbres fruitiers, des bosquets fleuris, de belles statues en rendoient le séjour le plus agréable. Je croyois que l'on ne pouvoit imaginer rien de plus parfait ; mais tout cet éclat, toute cette pompe, diminuèrent beaucoup à mes yeux, lorsque j'approchai davantage d'Athènes, & que j'eus considéré les ouvrages merveilleux qui décorent & embellissent ses environs. Quelle fut ma surprise, en entrant dans cette superbe ville ! Je crus être dans un monde nouveau & enchanté. Je ne savois où porter mes pas. Je marchois au milieu de chefs-d'œuvre, qui de tous côtés attiroient mes regards. Mon ame étoit, pour ainsi dire, fatiguée de ses jouissances. Les merveilles de l'art sont en si grand nombre, qu'il est pénible

& presque impossible de les voir toutes; le choix même en est difficile. J'emploiai plusieurs jours à visiter les promenades, les places publiques, les atteliers, le port & l'arsenal d'Athènes. Je voulus connoître d'abord l'étendue du commerce, l'industrie & les ressources des habitans de cette ville opulente, afin de me livrer ensuite tout entier & sans distraction, à l'étude des sciences; d'approfondir le caractère des Athéniens, d'en saisir les ridicules, & de les comparer avec ceux des étrangers qui s'y rendent en foule de toutes parts. C'est le meilleur moyen d'apprécier les différentes Nations, & de les juger sans partialité.

Je suivis pendant quelque tems les philosophes les plus fameux, & j'écoutai attentivement leurs leçons. Divisés en plusieurs sectes ennemies, ils se haïssoient & se critiquoient mutuellement d'une manière outrageante & grossière. Ils débitoient leur morale fausse & dangereuse d'un ton tranchant & emphatique. Leur orgueil étoit insupportable. Je dévoilai bientôt les paradoxes & le charlatanisme de ces philosophes turbulens: j'eus bientôt de l'éloignement pour leurs disputes injurieuses, & j'abandonnai sans hésiter ces écoles du mauvais goût, de la licence & de l'athéïsme. J'allois renoncer pour toujours à l'étude de la philosophie, lorsque j'eus le bonheur de connoître un homme d'un caractère doux & sociable, d'un esprit élevé, & d'un génie sublime. Il fuyoit les assemblées; vivoit seul & retiré: méditoit continuellement sur les merveilles de la nature; sondoit, approfondissoit ses mystères les plus impénétrables; ne s'attachoit qu'à l'évidence, & ne se repaissoit point d'illusions & de vaines chimères. Il chérissoit la vertu, & nourrissoit son ame des connoissances les plus précieuses. Ce sage philosophe vivoit inconnu dans Athènes, dédaignoit la célébrité & la renommée, & passoit tous ses jours dans l'obscurité: semblable à cet insecte rampant & vil en apparence; mais qui brille & forme un phosphore lumineux au milieu des ténèbres de la nuit. Théophante (c'est-là le nom de mon nouveau guide), après s'être assuré que je cherchois sincérement à m'instruire, me promit de m'aider de ses lumières, de ses conseils, & de me conduire dans la recherche de la vérité.

Théophante dans ses différens entretiens, suivit une route tout opposée à celles des autres philosophes qu'il méprisoit. Il réfuta d'une manière solide & convaincante, le système absurde des disciples voluptueux d'Epicure; le doute révoltant & insensé des aveugles Pyrrhoniens; le sentiment trop rigide des

H iij

Stoïciens insensibles. Il sappoit par les fondemens, & faisoit crouler de fond en comble les édifices ruineux, élevés par ces philosophes inconséquens. Quelles merveilles il développoit à mon esprit étonné ! Il me donnoit une idée claire, noble & précise de l'être suprême. Sa volonté, me disoit-il, est éternelle & immuable, ainsi que son essence. Son pouvoir ne peut être limité. Il voit tous les siècles réunis dans un seul point indivisible : le tems n'a point de succession pour lui, & il embrasse du même coup-d'œil, s'il est permis de s'exprimer ainsi, le présent, le passé & l'avenir. D'un seul mot il a créé tout ce vaste univers, qu'il soutient sans effort, comme une plume légère. L'homme comparé à ces globes innombrables & immenses, n'est qu'un atôme imperceptible, un être dépendant. Il naît sans sa participation, respire quelques instans, & la mort le moissonne sans l'avertir. Pendant qu'il végéte sur cette terre étrangère, c'est un mêlange monstrueux de bassesse & de grandeur, de savoir & d'ignorance, de force & de foiblesse ; ensorte que l'homme est la plus inconcevable de toutes les énigmes. Il s'ignore lui-même ; marche à tâtons au milieu des objets qui l'environnent. Sa vue foible & débile, ne peut soutenir l'éclat d'une vive lumière : ses connoissances sont très-bornées, & il prétend expliquer les difficultés les plus insolubles. Son amour-propre voudroit lui faire oublier sa petitesse & son néant. En effet, veut-il former des projets ambitieux, s'illustrer par des actions brillantes, goûter même le plaisir : la mort se présente à l'instant, l'arrête au milieu de sa course, le frappe & l'abbat. Insensés que nous sommes, & d'où peut donc naître notre orgueil ! Imbécilles & pusillanimes conquérans, comment osez-vous fonder des espérances sur un long avenir ? Votre vie n'est qu'un souffle léger, & votre existence qu'un moment rapide, qui passe comme l'éclair.

Théophante vengeoit l'être suprême des absurdités innombrables que l'on a débitées en son nom, soit par intérêt, soit par ignorance. Il déploroit amèrement la cruauté sacrilège de ces prêtres barbares & aveugles, qui immolent des victimes humaines sur des autels sanglans, érigés à des dieux fantastiques. Il peignoit l'être suprême dans toute sa pureté, sans avilir, ni dégrader la nature humaine, à laquelle il accordoit la liberté, ce présent inestimable qui nous fait en quelque sorte participer à la divinité. J'écoutois les discours de Théophante avec la plus grande attention. Chaque mot faisoit naître dans mon esprit de nouvelles idées, &

aggrandiſſoit la ſphère de mes connoiſſances. Quel heureux changement ! Je rampois autrefois, & je commençois à planer dans des régions qui m'étoient abſolument inconnues auparavant. Théophante me conduiſoit, pour ainſi dire, au pied du trône majeſtueux de l'éternel. Je me trouvois au centre de la lumière ; j'en étois inondé. Il me recommandoit ſur-tout, une ſoumiſſion aveugle aux décrets éternels ; beaucoup de modeſtie & de modération dans la bonne fortune ; de la patience, de la douceur, & du courage dans l'adverſité. Il m'inſpiroit du goût pour la vertu, & de l'horreur pour le crime. La vertu par ſes charmes divins, s'écrioit-il avec enthouſiaſme, épure, élève, anoblit les penſées ; tandis que le vice de ſon ſouffle impur, ternit & ſouille l'ame.

Théophante m'expliqua d'une manière admirable les myſtères les plus cachés de la génération. Il me démontra par des expériences ſûres & réitérées, la néceſſité de germes préexiſtans, contenus dans les ovaires des femelles : ces eſpèces d'œufs doivent être fécondés par le mâle ; & c'eſt de ce mélange & de cette union que naiſſent toutes les différences, & toutes les variétés que l'on remarque dans chaque individu. Il me fit encore part d'un syftême bien merveilleux, & affez vraifemblable, fur la palingénéfie (1). Il prétendoit que notre corps renferme fous fes enveloppes groffières, un atôme indeftructible, un abrégé invifible de l'homme matériel. Pour me faire comprendre plus aifément fon opinion, il fe fervoit de comparaifons tirées de l'hiftoire naturelle. Examinez, me difoit-il, confidérez attentivement cette chenille velue; elle rampe maintenant : dans peu de jours elle fe renfermera dans une efpèce de fac, paroîtra fans mouvement, & comme enfevelie dans un fommeil léthargique. Attendez quelque tems, & cette chryfalide informe fe dépouillera de fa peau, fubira une brillante métamorphofe, & fe transformera en infecte aîlé, qui s'élèvera légèrement dans les airs, pompera le fuc des fleurs, après avoir rongé fous une forme hideufe les feuilles des arbres. Sans les preuves multipliées que nous en avons fous les yeux, nous ne voudrions pas croire qu'une chenille rampante fe métamorphofe en léger papillon. Il en eft de même de l'homme, quelqu'inconcevable que vous paroiffe cette affertion. Pendant que nous vivons, nous reffemblons à la

---

(1) Cette expreffion eft compofée de deux mots grécs, qui fignifient *nouvelle vie, renaiffance, réfurrection*.

chenille : le trépas est l'état de la chrysalide, & nous quittons alors notre dépouille mortelle, pour reparoître sous une forme plus parfaite. Frappé de ces raisons lumineuses, j'aurois penché volontiers pour le sentiment de Théophante ; mais quel mortel peut expliquer clairement une énigme aussi difficile ?

Les entretiens de Théophante augmentèrent mon aversion pour les autres philosophes d'Athènes. Ce sage vertueux défrichoit en ma faveur un terrein aride & négligé : augmentoit mes richesses & multiplioit mes connoissances. Sa morale pure & céleste fortifioit mon ame contre les attaques de l'infortune, & contre les charmes séduisans de la volupté. C'étoit pour moi un guide sûr & fidèle, au milieu de chemins tortueux & difficiles : c'étoit un flambeau qui brilloit dans la nuit, & dissipoit les ténèbres, dont la vérité est obscurcie. Que ses leçons étoient claires & sublimes ! avec quelle avidité je les écoutois ! Combien Théophante m'étoit cher ! Je le regardois comme un second père. Quelles obligations ne lui ai-je point ! Sans lui mon esprit seroit encore plongé dans l'ignorance, & rempli de préjugés. Quand pourrai-je embrasser cet ami rare & précieux, & puiser dans son sein ces douces consolations qui élevoient autrefois mon ame en l'écoutant !

Le berger ému, attendri, laisse échapper quelques larmes. Bathylle sans s'en appercevoir, continue ainsi: Théophante, doué d'une pénétration & d'une sagacité merveilleuses, débrouilloit aisément les matières les plus abstraites, & les expliquoit avec clarté & précision. Je passois avec lui les jours entiers sans m'ennuyer. Tous ses discours rouloient sur des objets piquans, utiles, neufs & intéressans. Il étoit également versé dans la connoissance des belles-lettres, & instruit dans l'étude de la morale. Nous lûmes ensemble les poëtes, les orateurs & les historiens. J'ai retiré de cette lecture les plus grands avantages, par les remarques sensées & judicieuses dont Théophante savoit l'assaisonner. Ce philosophe éclairé, profond & modeste, formoit en même-tems mon esprit & mon cœur, en inculquant dans mon ame les connoissances les plus précieuses, & en m'inspirant des sentimens généreux.

Je sortois rarement, & je ne me répandois dans la société, que pour approfondir de plus en plus les mœurs des habitans d'Athènes. Doux, affables, honnêtes, ils ont l'esprit délicat & cultivé; mais naturellement portés au plaisir & à la volupté, ils consacrent tous leurs momens aux femmes, & passent leur vie dans l'intrigue & la mollesse. L'amour, cette passion si forte, si violente & si impétueuse dans d'autres climats, est traité à Athènes avec légèreté & en badinant : les cœurs se donnent sans s'aimer, & s'éloignent sans se haïr. C'est un commerce. On ne connoît point les transports, les emportemens d'une passion naissante; encore moins la rage & la fureur de la sombre jalousie. On s'aime, ou plutôt on se voit, tant que l'on se convient, & dès que l'ennui se fait sentir, l'on se quitte sans éclat & sans reproche. Il sembleroit que les cœurs, ou, pour mieux dire, que les corps se loüent pour un an, pour un mois, pour un jour. Quel trafic honteux & révoltant! Les voluptueux Athéniens ne veulent cueillir que la fleur du plaisir; ils en redoutent les épines. Le même instant voit naître, & s'éteindre leur flamme. Les femmes sur-tout aiment à voltiger d'intrigues en intrigues. Elles ont l'ambition d'enchaîner en même tems à leur char, un grand nombre d'esclaves & de soupirans. Elles les rendent heureux tour-à-tour. Souvent elles ignorent elles-mêmes celui qu'elles préfèrent. Le plaisir seul les conduit, & les empêche d'avoir de la délicatesse. Elles négligent, ou méprisent cet art merveilleux d'irriter, d'enflammer les desirs. Leur manière indécente de s'habiller, ou, pour parler plus vrai, de se découvrir, ne laisse rien à deviner à l'imagination. La satiété & le dégoût s'emparent aussitôt de l'ame de leurs amans blasés; & ces Athéniennes ne peuvent se plaindre de la légèreté & de l'inconstance des hommes : ce sont elles malheureusement qui en donnent l'exemple avilissant; & une conduite aussi étrange ne les déshonore point, tant elle est ordinaire.

Les promenades publiques, les jardins mêmes des particuliers, annoncent que la pudeur est entièrement bannie d'Athènes. On y voit des statues, admirables à la vérité, quant à la perfection du travail; mais elles présentent des nudités & des attitudes qui allument le feu des passions dans les jeunes cœurs, les brûlent & les consument. La jeunesse respire la volupté, avant que ses organes trop délicats soient entièrement développés. Voilà pourquoi elle s'énerve, s'épuise, & languit au milieu d'inutiles desirs. Enfin ces frêles machines, sans avoir joui, pour ainsi dire, chancellent, tombent & se détruisent.

Les maisons des riches Athéniens, bâties avec beaucoup de goût, & à grands frais, renferment toutes les commodités raffinées du luxe & de la volupté. Des jardins spacieux, agréables, variés, offrent à l'œil surpris & étonné, les fleurs du printems, les fruits de l'automne, des plantes curieuses & des arbres étrangers. Que dirai je des grottes, des cabinets de verdure, des bosquets de toutes les saisons, des labyrinthes qui procurent un asyle favorable aux doux mystères. C'est dans ces retraites enchantées, que les Athéniennes, vêtues légèrement, vont entretenir leurs tendres rêveries, en attendant l'heure du plaisir.

Les Athéniens énervés dès leur plus tendre enfance; fatigués, accablés du poids de leur propre existence; insensibles aux charmes durables de l'amitié; dévorés d'ambition; fastueux par goût, & plus souvent encore par ton, ne consultent jamais leur cœur, quand ils veulent subir le joug de l'hymen. Ils calculent les richesses, pèsent l'or; & c'est ce métal funeste qui décide toujours de l'union des époux qui ne se connoissent point particulièrement & même qui ne se sont jamais vus. De-là naissent bientôt l'indifférence, la tiédeur, le dégoût & la haine. C'est une suite naturelle de ces mariages aussi mal assortis; tandis que la nature cruellement offensée, perd ses droits les plus sacrés. C'est de cette source fatale que naît le libertinage le plus effréné. Voilà pourquoi les courtisannes sont si nombreuses, si riches, si brillantes à Athènes. Qu'il est difficile à un jeune homme désœuvré, de résister à leurs charmes trompeurs, à leurs feintes caresses, à leurs paroles séduisantes ! Les sons enchanteurs des redoutables syrènes, étoient moins à craindre. Cependant quel nouvel Ulysse prendra soin de fermer les yeux & de boucher les oreilles de cette jeunesse téméraire, bouillante & insensée? Quelques-unes de ces Laïs & de ces Phrynés, jouent un rôle important, & envié même par des femmes d'une naissance très-distinguée. Quelle horrible dépravation de mœurs ! Nulle retenue, plus de frein.

Les Athéniens disent qu'ils aiment passionnément la musique : mais leur goût dans ce genre n'est ni sûr, ni formé; s'il faut en juger par leur engouement pour toutes les nouveautés étrangères, l'affaire la plus importante, & qui les occupe le plus sérieusement, c'est le théâtre. Quand il paroît une tragédie ou une comédie nouvelles, on se ligue alors, comme s'il s'agissoit de repousser l'ennemi commun de la patrie. Les esprits s'échauffent & fermentent. Tout est en mouvement, tout est en combustion; & souvent de quoi s'agit-il ? D'une pièce détestable. J'assistai à la représentation d'une tragédie que l'on vantoit beaucoup. Je bâillai, je m'ennuyai. Elle étoit si compliquée, si embrouillée, si chargée d'incidens & d'épisodes étrangers au sujet, que les cinq actes auroient aisément fourni de la matière pour composer cinq pièces différentes. Quelle stérile fécondité! Le théâtre est maintenant en proie à des poëtes ignorans, sans verve, sans enthousiasme, sans génie. Jamais ils ne sont échauffés par ce feu divin qui produit des chef-d'œuvres, des merveilles. Ces foibles écrivains, ces avortons du Pinde, ne savent débiter que de froides sentences, & ne peuvent peindre le sentiment. Nulle gradation dans les passions : tous leurs personnages parlent le même langage. C'est toujours le poëte essoufflé qui nous refroidit par la peinture de son amour glacial & romanesque. Ces tragédies monstrueuses ne doivent leur existence éphémère, qu'aux brigues & aux cabales; mais le tems venge enfin le bon goût, en les plongeant dans le gouffre de l'oubli. Cet abus, cet avilissement & cette dégradation de l'art dramatique, présagent la décadence prochaine, & l'anéantissement entier du théâtre d'Athènes. On néglige malheureusement le seul moyen qui auroit pu retarder sa destruction. On ne représente plus, comme autrefois, des tragédies sublimes & héroïques; tendres & harmonieuses; sombres & terribles. On néglige, on oublie les pièces immortelles d'Eschyle, d'Eschyle, d'Euripide, & de Sophocle.

Les frivoles Athéniens sont tellement changés, que les comédies d'Aristophane & de Ménandre, quoiqu'assaisonnées du sel le plus piquant de la plaisanterie, les ennuyent, & ne peuvent exciter le plus léger sourire. Ils préfèrent aujourd'hui des pièces écrites d'un style lourd, pesant, lâche, entortillé, boursoufflé, sans comique, sans intérêt & sans agrément. Thalie devenue triste, larmoyante & rêveuse, s'occupe à filer de longues sentences, & à dire de graves inepties. Cette muse vive, enjouée, maligne & légère, a perdu toute sa gaieté, toute sa finesse. Son sel s'est entièrement affadi; & par une révolution incroyable, arrivée au théâtre, on pleure actuellement à la représentation des comédies, & l'on rit à celle des tragédies. Quel renversement inoui! Le bon goût en gémit. Aveugles Athéniens, jusqu'à quand durera le prestige qui vous fascine les yeux?

Depuis quelque tems les jeunes Athéniens ont une passion effrénée pour les chevaux. Qu'elle est dangereuse & meurtrière! Ils courent à toute bride au milieu des rues. Ils font plus encore: ils conduisent avec la célérité, le bruit, l'éclat & l'impétuosité de la foudre des chars très-élevés qui effrayent, & mettent en fuite le citoyen modeste qui marche paisiblement à pied. Rien ne peut mettre à l'abri de ces chars rapides, & roulans avec fracas sur le pavé. On a déja porté quelques loix pour les défendre; mais inutilement. Le comble de la déraison, de la folie, de l'indécence & du scandale; c'est que souvent de jeunes étourdies tiennent les rênes, dirigent, & font voler ces voitures si mobiles, si fragiles, si légères; au risque de les briser, de se froisser elles-mêmes dans leur chûte, & d'écraser en tombant les enfans, les femmes enceintes, & les vieillards. Ce nouveau goût, ou plutôt cette fureur dévoile clairement l'inconstance de leur caractère pétulant, volage & frivole.

Après avoir passé deux ans au milieu du bruyant tourbillon d'Athènes, je formai la résolution de parcourir des pays éloignés, afin de juger & de comparer ensemble les loix & le gouvernement des peuples étrangers. Mon dessein étoit de revenir ensuite à Téos, ma patrie, & d'y passer des jours heureux auprès de mes parens. Vains projets! O foiblesse humaine, un souffle dissipe & détruit nos résolutions! Téos semble fuir devant moi. Tous les jours de nouveaux obstacles s'élèvent & m'éloignent de cette contrée chérie. Ne pourrai-je donc jamais serrer tendrement dans mes

bras, ceux qui m'ont donné la naissance ! essuyer leurs larmes ! calmer leurs ennuis !...
Le berger voyant que Bathylle s'attendrissoit, l'interrompit en ces termes : Cessez de vous affliger inutilement : un jour vous arriverez dans votre patrie : le sort se lassera de vous poursuivre. Les Dieux sont justes. Calmez vos inquiétudes ; mais vous devez être fatigué : reposez-vous. Le murmure de cette claire fontaine, vous invite à vous rafraîchir. Vos discours sont plus agréables pour moi, que la rosée ne l'est pour les troupeaux altérés, & que le suc odoriférant des fleurs, pour la diligente abeille.

LIVRE TROISIÈME.

Après un moment de silence, Bathylle continua le récit de ses voyages, & s'exprima de la sorte. En quittant Athènes, je portai mes pas du côté de la Béotie. Dès que je fus arrivé à Thébes, je me rendis à la Cadmée, cette citadelle fameuse. J'allai visiter ensuite, avec respect & vénération, la petite maison où vécut dans la médiocrité le célèbre Epaminondas, ce héros philosophe, l'honneur de l'humanité. Les Thébains sont simples, francs, généreux, intrépides, & soldats excellens sous un chef habile. Cadmus, le premier fondateur de leur ville, effrayé des malheurs qui menaçoient sa postérité, s'exila volontairement. Amphion rebâtit les murs de Thébes, & en rassembla les habitans épars & dispersés. Les poëtes ont feint, que les pierres sensibles aux accords mélodieux de sa Lyre, se mouvoient & s'élevoient d'elles-mêmes pour former de hautes murailles. Belle & ingénieuse allégorie du pouvoir & des charmes invincibles de l'éloquence & de l'harmonie. Je séjournai fort peu de tems à Thébes, & je m'embarquai pour la seconde fois sur la mer Egée. L'horizon paroîssoit tout en feu ; le soleil commençoit à lancer obliquement ses premiers rayons, & nous annonçoit une heureuse navigation. Les matelots poussoient des cris de joie, se courboient en cadence sur leurs rames, & sillonnoient la mer à coups redoublés. La terre disparoît bientôt à nos yeux, & les vents poussent notre vaisseau avec la rapidité d'une flèche, lancée avec effort par un bras vigoureux. Nous rangeons l'Eubée, & nous commençons à découvrir dans l'éloignement un point presque imperceptible. Il augmentoit à mesure que nous avancions, & nous offrit bientôt distinctement la pointe d'un rocher. C'étoit le mont Athos. Nous en approchâmes. Je n'apperçus que des roches noircies & brûlées par la foudre qui les frappe souvent. Le ciel semble d'airain pour cette contrée inculte, couverte de pierres & de sables arides. La nature, avare de tous ses trésors, lui refuse les productions les plus nécessaires.

Les vents nous portèrent vers l'île de Lemnos : nous y débarquâmes. Nous n'entendîmes point gémir les enclumes sous les pesans marteaux des horribles Cyclopes. Nous ne trouvâmes plus ces forges souterraines, où l'ardent Vulcain fabriquoit les foudres redoutables de Jupiter. Il n'en restoit point de vestiges ; &

l'on ne voyoit aucune trace des sentiers tortueux de l'ancien labyrinthe. Le coup-d'œil des campagnes est riant : les vallées produisent de riches moissons, & les côteaux sont couverts de pampres verdoyans & de raisins colorés. Les Lemniens forts, robustes & laborieux, cultivent la terre avec beaucoup de soin : elle leur rend avec usure le fruit de leurs travaux. Tout annonce l'abondance & la fertilité de cette île, peuplée de femmes, dont la peau blanche, les traits délicats, la taille légère, les graces de la figure, charment les regards, & causent de douces émotions.

En laissant l'île de Lemnos, nous dirigeâmes notre course du côté de la Phrygie. Nous jettâmes l'ancre vis-à-vis les ruines de l'ancienne Troye, cette ville devenue si fameuse par la brillante imagination d'Homère. Je reconnus le Scamandre, qui promène lentement ses ondes dans un canal étroit. Il semble par ses longs circuits, se jouer dans la plaine, & la quitter à regret. Autrefois on livra sur ses bords des combats terribles, & ses flots furent souvent ensanglantés, pendant que l'acharnement, la rage & la fureur, mettoient aux prises les hommes & les dieux. Aujourd'hui des troupeaux nombreux paissent tranquillement dans les lieux, où de farouches guerriers avoient dressé leurs tantes, se défioient au combat, en venoient aux mains, & s'égorgeoient impitoyablement. De simples cabanes de chaume couvrent l'espace immense qu'occupoit le vaste palais du malheureux Priam. Les temples & les édifices anciens, offrent à peine des ruines. Que les ouvrages des hommes sont fragiles ! qu'ils sont peu durables ! Les plus solides monumens de l'art, sont condamnés à être renversés tôt ou tard; & quelques siècles suffisent pour les détruire & les anéantir entièrement. Que la nature travaille avec bien plus de solidité ! ses ouvrages sont parfaits, portent une empreinte durable, & bravent la révolution des années. Je retrouvai encore le Xanthe & le Simoïs, quelque foible que soit leur cours. Je parcourois avec plaisir ces lieux si vantés. Je montai sur le sommet élevé du mont Ida, & je promenai sans obstacle mes regards sur un pays immense. C'est sur cette montagne que la jalouse Junon, la chaste Pallas, & la charmante Vénus, disputèrent le prix de la beauté. Le berger Pâris fut pris pour juge de leurs appas. Les voiles tombent & disparoissent. Pâris ému, transporté, laisse errer ses regards enchantés; dévore des yeux les charmes secrets des trois déesses. Il s'approche, recule, hésite, balance..... Enfin il s'incline respectueusement devant l'épouse de Jupiter, regarde tendrement Pallas, & tombe ivre d'amour aux pieds de la mère des graces, & lui présente la pomme fatale. Junon fronce le sourcil d'indignation ; Minerve, rougit, & Vénus sourit malicieusement de son triomphe.

Les matelots impatiens déploient toutes les voiles : on lève l'ancre : l'onde écume & blanchit : la cime du mont Ida se perd dans les nues. Nous rangeons la côte de Lesbos. Cette île est connue par la naissance de l'immortelle Sapho, dont les vers brûlans prouvent de quels feux elle étoit consumée. Les froideurs dédaigneuses de l'insensible Phaon, causèrent la mort tragique de cette dixième muse. Livrée au désespoir, elle se précipita du saut de Leucade dans la mer, & termina ainsi le cours de sa vie malheureuse.

Nous mouillâmes près de Chio, cette île si renommée par ses vins excellens. Nous y prîmes terre. Les montagnes sont couronnées de forêts odoriférantes, d'orangers, de mûriers, de citronniers & de jasmins. Il n'y tombe jamais de neige, & l'hiver n'y fait point sentir ses rigueurs. Un printems éternel sourit à cette agréable contrée, où les pluies sont inconnues; mais d'abondantes rosées désaltèrent la terre, & rafraîchissent les plantes & les arbres. La mer envoie des vents tempérés qui adoucissent les chaleurs de l'astre brûlant du jour. La nature a prodigué dans cette île toutes ses richesses : des troupeaux nombreux paissent & bondissent dans les vallons, au milieu de gras pâturages. Les côteaux sont chargés des riches présens de Cérès & de Bacchus. Des sources pures & limpides jaillissent, s'épanchent, bouillonnent, & murmurent à travers les rochers couverts d'une mousse toujours fraîche. Les chansons rustiques des bergers, les concerts amoureux des oiseaux, la douce haleine des zéphirs, le parfum des fleurs, la beauté des femmes, leur tendre sensibilité, rendent le séjour de cette île enchanteur. Heureux habitans de Chio, vous ne connoissez ni les meurtres sanglans, ni les guerres destructives, ni les calomnies atroces ! vous goûtez sans amertume & sans remords des plaisirs toujours nouveaux : vous menez une vie calme, tranquille ; vos mœurs douces & innocentes, retracent le tableau des jours fortunés de l'âge d'or.

Je quittai l'île de Chio en soupirant, & je tournai souvent mes regards vers ses hautes montagnes, ombragées d'épaisses forêts. Des zéphirs badins se jouoient en folâtrant dans nos voiles, & faisoient voler légèrement notre vaisseau. Nous cotoyâmes les Cyclades, &

nous traversâmes les Sporades sans nous y arrêter. Nous vîmes Gnide, recommandable par son temple fameux, érigé en l'honneur de Vénus. Nous découvrîmes Rhodes & son coloſſe énorme, ſtatue monſtrueuſe & gygantesque du ſoleil. La terre de cette île eſt naturellement fertile, & n'attend que la main du cultivateur, pour produire d'abondantes moiſſons; mais les lâches habitans redoutent la plus légère fatigue : leur pareſſe étouffe en eux tout ſentiment. Ils n'ont pas le courage de labourer & de cultiver les campagnes. Ils aiment mieux languir dans la miſère, que de ſe procurer l'aiſance par des travaux modérés. Ils dégénèrent, & leur population diminue conſidérablement. Ils ſe nourriſſent de fruits ſauvages, de lait & de poiſſon. Si les Rhodiens vouloient un peu travailler, ils deviendroient bientôt opulens & heureux.

De Rhodes nous cinglâmes vers l'île de Cypre, & nous mouillâmes dans ſon port le plus commode. Deux ſuperbes temples élevés l'un à Paphos, & l'autre à Amathonte, prouvent combien le culte de Vénus eſt en honneur chez les Cypriens. La joie, l'allegreſſe, le plaiſir, éclatent dans toute l'étendue de l'île, où règne en tout tems une chaleur tempérée. Les habitans livrés à la volupté, la célèbrent chaque jour par des fêtes & des sacrifices. Rien ne trouble leur repos & leur molle indolence ; jamais la bêche, la herse, les rateaux & les instrumens de labour, ne sont maniés par leurs mains débiles. Jamais les bœufs ne gémissent sous le joug pesant de la charrue, pour tracer de pénibles sillons. La terre produit sans culture, & en abondance, des fruits de toutes espèces, & les plaines sont dorées de moissons jaunissantes. Tout inspire l'amour dans cette île. Les Cypriennes le disputent aux lys & aux roses. Leur beauté est éblouissante, & le feu voluptueux qui brille dans leurs tendres regards, brûle, enflamme le cœur de ceux qui les regardent. Les échos ne répètent que les tendres gémissemens de la tourterelle, que les sons attendrissans du rossignol. Les zéphirs légers agitent mollement les fleurs, les caressent, & chargent leurs aîles des plus doux parfums. Les êtres même inanimés, paroissent sensibles. Les ruisseaux qui serpentent dans les vallées, semblent murmurer d'amour, en baignant les fleurs qui couronnent leurs bords. On diroit que les arbres se courbent & s'attirent mutuellement. Les rosiers, les jasmins, les chèvrefeuilles s'entrelacent & forment des berceaux odorans. On respire la volupté avec l'air parfumé par ces exhalaisons suaves & balsamiques. Chaque moment de la vie de ses habitans est joyeux & agréable : un plaisir succède à un nouveau plaisir. Leur amour, bien loin de s'éteindre, augmente & s'accroît. Vénus n'a point de sujets plus fidèles. Si mon cœur n'avoit été armé contre les impressions funestes de cette passion efféminée, par les leçons de Théophante, j'aurois succombé. Une jeune Cyprienne, embellie de tous les charmes, ornée de tous les attraits, aussi fraîche que la rose, aussi blanche que le lys, aussi piquante que les graces, belle comme Vénus, attira toute mon attention. La douceur de son visage, ses yeux languissans, sa timidité modeste, sa taille haute & riche, les boucles flottantes de ses beaux cheveux blonds, la distinguoient de ses autres compagnes. Assis auprès d'elle sur un siège de gazon, au milieu d'un bosquet de myrtes & d'orangers fleuris, je la regardois voluptueusement. Mon cœur s'attendrissoit. Le silence, la solitude, tout augmentoit le trouble de mon ame : ma raison s'égaroit : j'allois tomber aux genoux de cette adorable Cyprienne, & lui faire l'aveu de ma défaite. A l'instant la vertu brille d'un nouvel éclat à mon esprit. Une voix intérieure se fait entendre, & me crie de prendre la fuite. Je m'arrache aussi-tôt d'un lieu si dangereux. Je regagne le vaisseau : les vents enflent les voiles,

& j'abandonne sans regret une île où j'aurois langui honteusement dans la molesse, & oublié mes devoirs les plus sacrés, ma patrie & mes parens.

Nous gagnons la pleine mer, & le pilote dirige notre course du côté de Tyr. Nous commençâmes bientôt à découvrir les tours élevées de cette ville immense. Les vaisseaux rangés dans le port, ressembloient à une cité flottante. Par sa position favorable Tyr est devenue l'entrepôt des autres nations : on s'y rend de toutes les parties de l'univers. On rencontre dans les rues une foule innombrable d'étrangers. Les boutiques sont remplies de riches marchandises, d'étoffes brillantes, des productions les plus rares, & des ouvrages les plus recherchés. La paix & le bon ordre, dont jouit cette ville si commerçante, font le plus bel éloge de la police & du gouvernement. Des magistrats éclairés veillent continuellement, pour empêcher le trouble, & entretenir la tranquillité. On reçoit, & l'on traite les étrangers avec beaucoup de politesse, & on leur procure toutes les commodités. C'est cette sage conduite qui attire une si grande affluence à Tyr. Comme la différence des langages est aussi nombreuse que celle des habillemens, on s'imagine, en parcourant les rues, être transporté dans le même instant chez des peuples divers. Les Tyriens ont toujours ambitionné l'empire de la mer ; voilà pourquoi ils entretiennent des flottes bien équippées. Ils ont l'art de former d'excellens matelots, en les encourageant par des récompenses proportionnées à leurs services ; c'est ainsi qu'ils ont sçu étendre leur commerce, amasser des richesses incroyables, & se faire craindre & respecter des autres puissances, par la meilleure & la plus formidable marine.

Pendant que j'étois à Tyr, je me liai d'amitié avec un carthaginois, d'un caractère froid, mais plein de franchise & de sincérité : il avoit fait de longs voyages sur terre & sur mer. Les détails curieux & intéressans dont il m'entretenoit, augmentèrent encore le desir que j'avois de voyager. Cet homme instruit me conseilla de visiter les côtes baignées par la mer Adriatique, & de remonter jusques dans la Bétique, cette contrée admirable & merveilleuse par la pureté de l'air, la fécondité de la terre, la douceur & la bonté de ses habitans. Un vaisseau tyrien étoit prêt à faire voile pour ces climats éloignés : je profitai de cette occasion favorable, & je m'embarquai sans délai.

Nous cotoyâmes long-temps la Phénicie & l'Egypte ; nous passâmes devant les sept bouches du Nil, qui arrose & fertilise un pays immense, en y déposant un limon précieux. Ce fleuve célèbre prend sa source dans les hautes montagnes de l'Abissinie, se précipite avec un horrible fracas du sommet de rochers escarpés. Devenu moins orageux, il roule tranquillement ses eaux, partage en deux la Nubie, descend dans l'Egypte, se divise en mille canaux, & porte l'abondance jusqu'aux extrémités les plus reculées de ce puissant empire. L'affreux & redoutable crocodile infecte les bords de ce fleuve : malheur à ceux qu'il peut surprendre ! il les déchire, & les dévore.

Un jeune enfant se promenoit un jour sur le rivage du Nil : des sons plaintifs frappent son oreille, il écoute, s'avance, & devient la triste victime de son imprudente sensibilité. Un crocodile énorme se jette la gueule béante sur ce jeune infortuné, le met en pièces, & l'engloutit dans son large ventre. La mère entend, & reconnoît les cris de son fils mourant. Tremblante, désolée, elle accourt, mais trop tard, pour le sauver. Elle voit encore la terre ensanglantée, & connoît tout son malheur. Furieuse à cette vue, elle se précipite courageusement sur le crocodile. Vains efforts ! inutile tendresse ! cris superflus ! le farouche reptile la saisit, la broie sous ses dents tranchantes, &

semble se préparer encore à un nouveau carnage. Instruit de sa double perte, le mari s'arme aussi-tôt d'un long épieu, & vole à l'instant pour venger sa femme & son fils. Quel état horrible pour un père, pour un époux ! animé par la douleur & le désespoir, il s'élance hardiment sur le crocodile, l'attaque, le harcèle, le combat sans relâche, & lui porte des coups terribles. L'animal blessé, hérisse ses dures écailles, ouvre sa gueule sanglante, roule des yeux rouges & enflammés, avance, recule, fuit, s'arrête, fond sur l'Egyptien, & le renverse. Celui-ci ramasse toutes ses forces, fait un dernier effort, se débarrasse, se relève, presse vivement à son tour le crocodile, attend un moment favorable, & lui enfonce son épieu jusqu'au fond du gosier. Le reptile vomit à l'instant des flots de sang noirâtre, se roule avec fureur, bondit horriblement. Sa rage impuissante expire enfin, & son corps monstrueux reste étendu sur le sable sans vie & sans chaleur. L'homme blessé dangereusement, & inconsolable, ne put survivre à son infortune ; mais avant de rendre le dernier soupir, il demanda instamment que l'on renfermât son corps dans un même tombeau avec le crocodile, auteur de tous ses maux, & qui receloit dans ses entrailles les deux objets de son amour & de sa tendresse,

tendresse. On éleva ce monument singulier sur les bords du Nil, dans l'endroit où s'étoit passée cette scène horrible & sanglante; & l'on grava sur la pierre la fin tragique & lamentable de ces trois infortunés Egyptiens.

Je n'entrerai dans aucun détail sur l'Egypte. Je ne vous parlerai point de ses obélisques, de ses pyramides, du lac Mœris, de ses caractères hiéroglyphiques, du commerce & des mœurs de ses habitans: cet empire vous est sûrement connu; ce que je trouve de plus étonnant, c'est que les Egyptiens aient été aussi superstitieux. On vante beaucoup leur sagesse & leur sagacité; ils ont cultivé les premiers les sciences & les arts; se sont adonnés sur-tout à la géométrie, à l'astronomie, & cependant aucun peuple ne s'est plus avili par le nombre & la qualité de ses dieux; preuve bien convaincante que ceux qui savent lire dans les astres, & débrouiller les calculs les plus difficiles & les plus compliqués, n'en sont pas plus pénétrans, quand il s'agit de sonder les profondeurs de la divinité; c'est un labyrinthe dans lequel s'égarent également le savant & l'imbécile, l'aveugle & le plus clair-voyant.

Un vent impétueux emporta notre vaisseau vers les côtes de la Crète, & nous relâchâmes dans cette île, qui, suivant les poëtes, a servi de berceau au puissant Jupiter. De combien de scènes tragiques n'a-t-elle pas été témoin ! Idoménée, en revenant du siége de Troye, fut près de périr dans une affreuse tempête. Saisi de frayeur, & pour appaiser les dieux, il fit un vœu imprudent, qu'il eut la cruauté de remplir. Père barbare & dénaturé, il trempa ses mains dans le sang innocent du jeune Idamante son fils. Les Crétois indignés de ce meurtre atroce, se révoltent, poursuivent Idoménée, & le chassent de ses états. Pour accomplir un vœu indiscret, ce prince aveugle foule aux pieds les droits les plus sacrés de la nature: quelle religion insensée !

Je retrouvai encore quelques légers vestiges du labyrinthe, cet ouvrage merveilleux de Dédale, & si funeste à son fils Icare. Ce jeune téméraire oubliant, ou plutôt dédaignant les sages conseils de son père, s'élève trop haut dans les airs. Ses aîles se fondent & se détachent. Il tombe & se noie dans la mer, qui de son nom est appellée Icarienne.

Pasiphaé, femme de Minos, conçut une passion infâme pour un taureau, & donna le jour au minotaure, cette production monstrueuse, formée d'un commerce encore plus monstrueux. Cet animal redoutable, renfermé au milieu des détours inextricables du labyrinthe, ne se repaissoit que de chair humaine. L'invincible Thésée purgea la terre de ce monstre sanguinaire. Guidé par l'amour, & par un peloton de fil, ce Héros sortit aisément de ce dédale tortueux. Mais que Thésée fut ingrat! il oublia dans la suite tout ce qu'il devoit à la trop sensible Ariane. Il eut la cruauté de l'abandonner seule sur un rocher désert. Sourd aux plaintes & aux prières de cette princesse désolée, il vit couler ses larmes, sans en être attendri.

L'île de Crète est fort considérable par son étendue, sa fertilité, & le grand nombre de ses laborieux habitans. L'air qu'on y respire est pur & salutaire. Les vallons sont arrosés & fertilisés par des ruisseaux limpides. Le gibier abonde dans les campagnes. Les abeilles composent le miel le plus délicat. Les côteaux produisent des vins très-estimés. Des troupeaux de brebis paissent sur les montagnes, & fournissent une laine fine, & recherchée par les autres nations. La soie & l'huile font encore une branche considérable & très-étendue de commerce.

Les vents ayant changé, les matelots commencent à appareiller: nous nous éloignons du rivage, & notre vaisseau vole légèrement sur les flots mollement agités. Nous apperçûmes de loin l'île de Cythère, si favorisée de Vénus. Les vents étoient calmes, le ciel pur & serein : les monstres marins quittent leurs grottes profondes, s'attroupent, se jouent, & bondissent sur la surface unie de la plaine liquide. La ville d'Itaque, perchée comme un nid, sur la cime d'un rocher escarpé, frappe nos regards. Itaque est devenue immortelle par les vers harmonieux d'Homère, qui célèbre dans son Odyssée, la prudence, les longs voyages, les malheurs, le courage d'Ulysse, & l'attachement inviolable de la chaste Pénélope, pour ce Héros éloquent.

Nous continuons de voguer tranquillement; nous appercevons le rivage des Phéaciens, nous en approchons, pour y descendre. Une forêt épaisse couronne les montagnes voisines, & forme un vaste amphithéâtre. Ces arbres paroissent aussi anciens, que la terre qui les a produits. Un fleuve majestueux roule lentement ses ondes au pied de ces monts, & va porter à la mer le tribut de ses eaux. Je vis sur ses bords fleuris un palmier antique, & un vieux olivier : ils entrelaçoient ensemble leurs branches touffues, & formoient un berceau impénétrable aux rayons du soleil. Alors je me rappellai le naufrage d'Ulysse. Ce Héros nud, & couvert d'écume salée, se retira dans un semblable asyle, après avoir essuyé une tempête & un naufrage affreux; & comme il étoit accablé de fatigue, il y goûta les douceurs du sommeil. Je crus reconnoître l'endroit du rivage, où la belle & simple Nausicaa, suivie de ses femmes, venoit laver elle-même ses vêtemens. Près de la ville on trouve les restes du palais d'Alcinoüs. On admire encore son jardin délicieux. Je ne puis vous tracer qu'une esquisse imparfaite des beautés naturelles qui l'embellissent. Les arbres & les fleurs ne redoutent ni les froids rigoureux de l'hyver, ni les ardeurs brûlantes de l'été. Les zéphirs de leurs tièdes haleines entretiennent perpétuellement une douce chaleur. Le printems réunit ses fleurs aux fruits de l'automne. Des pommes mûres & colorées courbent sous leur poids des branches fleuries. Le poirier, le prunier, chargés de fruits vermeils, étalent en même tems des fleurs odorantes. L'olivier verdoyant, le figuier couvert de figues rafraîchissantes, forment de longues allées. La vigne embrasse amoureusement de ses branches flexibles l'ormeau voisin, & porte des raisins couleur de pourpre, & des grappes naissantes. La rose & le lys fleurissent dans le même buisson, mêlent & nuancent leurs belles couleurs, & embaument l'air des parfums les plus exquis. La vue

& l'odorat sont également satisfaits dans ce jardin. L'art en est entièrement banni. Une seule fontaine s'y fait distinguer par son architecture noble & simple. Le travail en est assez fini, & la forme élégante. Un pélican s'éleve, au-dessus, & la couronne agréablement. Cet oiseau merveilleux déchire avec son bec ses entrailles, pour en nourrir ses petits. Emblême juste & admirable de la tendresse paternelle ! une eau limpide & salutaire jaillit en abondance de cette belle fontaine, tombe dans un large bassin, formé de grandes pierres polies, & unies ensemble, coule dans différens canaux, se distribue dans mille endroits, arrose & fertilise les différentes parties de cet immense jardin, que l'on ne se lasse point de parcourir, & d'où l'on s'éloigne toujours à regret.

Déja notre vaisseau sillonne les flots, les montagnes des Phéaciens disparoissent à nos regards. Le soleil près de finir sa carrière, lançoit ses rayons agités sur les vagues. La mer sembloit un déluge de feu, & réfléchissoit une lumière si vive, que l'œil ébloui n'en pouvoit soutenir l'éclat. Des nuages d'un sombre azur, rouloient confusément à l'horizon, présentoient un contraste singulier, par leurs formes variées & pittoresques. Dès que l'astre du jour eût disparu, les vents se turent, la mer devint calme, ces montagnes mobiles se dissipèrent, & la voûte céleste fut semée d'étoiles brillantes. Les matelots se livrent au sommeil, tandis que le sage pilote veille seul & dirige notre course. Pour moi, ne pouvant alors fermer l'œil, en proie aux plus vives inquiétudes, je me rappellois Téos. Mes parens, me disois-je à moi-même en soupirant, doivent être plongés dans la plus grande tristesse. Leur cœur est dans de continuelles allarmes: ils ne reçoivent aucune nouvelle d'un fils unique, qu'ils aiment avec tendresse. Peut-être que dans ce moment leurs yeux baignés de larmes, se refusent au sommeil. Mais quel noir pressentiment vient troubler mon ame! s'ils étoient malades?...... S'ils avoient malheureusement terminé leur carrière? quel seroit mon désespoir? je me regarderois comme un parricide. Eloignons ces idées funestes; elles me tuent. Je veux abréger mes voyages, & retourner à Téos, le plutôt qu'il me sera possible, afin de faire le bonheur de leur vieillesse. Accablé de lassitude, je m'endormis au milieu de ces tristes pensées. Je fus bientôt réveillé en sursaut, par les cris redoublés des matelots. Un vent violent s'étoit élevé tout-à-coup, souffloit avec fureur, & nous emportoit contre les rochers. Le pilote effrayé, fait plier promptement les

K iv

voiles ; nous gagnons à force de rames une anse qui nous mit à l'abri du naufrage. Nous nous trouvâmes au pied des hautes montagnes qui bordent l'île d'Ogygie, si célèbre par le séjour de la Nymphe Calypso. Pendant que l'on radouboit notre vaisseau endommagé par la tempête, j'eus la curiosité de parcourir cette île, de traverser ses forêts, de gravir sur ses rochers : & dans cette course rapide, je ne rencontrai que des daims légers, des chèvres farouches, & des bœufs sauvages. Tout étoit agreste & inculte. Les choses merveilleuses que l'on raconte de la grotte de Calypso, n'ont existé que dans l'imagination brillante & féconde du chantre sublime d'Achille.

Les vents nous appellent : on tend les cordages : on s'empresse. Nous fendons les flots, & nous commençons à découvrir les montagnes élevées de la Sicile, qui sembloient se mouvoir & s'avancer au-devant de notre vaisseau. On distinguoit déja le Mont Etna. Son sommet étoit couvert de tourbillons ondoyans de flamme & de fumée. Un feu souterrain gronde dans ses abîmes, & lance avec une explosion épouvantable, un nuage épais de cendres brûlantes. Le ciel en est obscurci : la terre tremble & mugit. On diroit qu'elle va s'écrouler sur ses fondemens. Les entrailles de l'Etna bouillonnent comme une fournaife ardente : une lave enflammée s'épanche par une large ouverture, avec un bruit horrible, & porte au loin le défaftre, la mort, & d'affreux incendies. Les hommes, les animaux, les campagnes, des villes entières, font enfevelis fous cette matière liquide & embrafée. La confternation & l'effroi fe répandent dans tous les lieux voifins. On n'ofe donner du fecours aux malheureux qui périffent. Quelqu'un eft-il affez courageux pour l'entreprendre ? il eft auffitôt englouti & dévoré par une nouvelle éruption, encore plus terrible que la première.

Pour éviter les feux de l'Etna, nous nous éloignons des côtes de la Sicile. Nous perdions à peine de vue cette île, que les vents nous emportent fur la gauche, & nous laiffons à droite les îles Baléares, où l'on élève des frondeurs fi adroits. Après avoir vogué quelque tems, nous paffons le détroit des colonnes d'Hercule, & je me trouve pour la première fois fur le vafte Océan, dans la mer Athlantique. C'eft-là que je devois éprouver l'inconftance de la fortune. Des vents impétueux affemblent les tempêtes & les orages, nous dérobent la lumière, des éclairs redoublés fillonnent les nues, la foudre gronde fur nos têtes. Tous les efforts des rameurs font inutiles. Notre vaisseau battu des aquilons, se brise contre des rochers. J'ignore absolument le sort de mes autres compagnons. Pour moi, après avoir lutté long-tems contre la fureur des flots, j'ai eu le bonheur d'aborder au pied de cette montagne, & de découvrir cette grotte, l'asile de la candeur & de l'humanité. Ma confiance a commencé dès-lors à renaître, & je suis entré sans crainte & sans hésiter, dans cette paisible retraite. J'ai lieu de m'en applaudir. Vous m'avez reçu & accueilli avec tant de bonté, que j'oublie maintenant les périls que je viens d'essuyer. Vous adoucissez la rigueur de ma situation, & vous calmez toutes mes inquiétudes. Puissiez-vous recevoir un jour la juste récompense de vos bienfaits ! comment pourrai-je trouver des expressions assez fortes, pour vous peindre ma reconnoissance de vos soins paternels ! je vous regarde comme un Dieu tutélaire. J'ai été sensible à vos malheurs, dit le berger ; mais les autres habitans de cette île, en auroient été attendris également, & vous en auriez reçu les mêmes secours. Je rends graces au ciel qui vous a conduit dans ma grotte ; puisque cet événement me procure l'occasion de vous connoître & de vous témoigner mon attachement. L'astre qui mesure les jours, ne dore plus ces côteaux ; la nuit vient levons-nous : il est tems de vous reposer, & vous devez en avoir grand besoin. Que Morphée repande sur vos paupières ses pavots assoupissans, & qu'il ne vous offre que des songes agréables.

LIVRE QUATRIÉME.

Déja l'Aurore vermeille ouvroit les portes étincelantes du palais du soleil. Déja les oiseaux, en agitant leurs aîles humides, annonçoient par leur gazouillement le retour de la lumière. Le berger réveillé par le bêlement continuel de ses brebis impatientes, se lève, court les mettre en liberté, & les conduit sur le penchant de la colline, à travers les gazons encore humectés d'une abondante rosée. Le petit troupeau se disperse aussi-tôt au milieu des herbes fleuries, & le berger les confie à la garde seule de Mélanpe, chien fidèle & vigilant. Il retourne ensuite vers sa grotte, & trouve Bathylle occupé dans ce moment à mettre un appui, pour soutenir des branches courbées sous le poids de leurs fruits. Ils se saluent réciproquement, & se donnent des marques de la plus tendre & de la plus vive amitié. Trop généreux berger, dit Bathylle, je me ressouviens que vous m'avez promis de me faire le récit des malheurs que vous avez essuyés autrefois. Daignez me raconter toutes vos aventures, rendez-vous à mon empressement, satisfaites ma curiosité, tandis que nous sommes seuls sous ce berceau touffu. Le lieu & l'occasion ne peuvent être plus favorables. J'ai le plus grand desir de connoître vos infortunes, & de savoir par quel hasard singulier vous vous trouvez dans ces climats heureux. Le berger après s'être recueilli un instant, s'exprime ainsi.

J'ai pris naissance à Corinthe, cette ville riche & puissante de la Grèce, notre patrie commune. Mon nom est Cléobule. Né avec des passions vives & impétueuses, je me livrai dans ma jeunesse à bien des excès. Lorsque je perdis les auteurs de mes jours, j'étois dans un âge trop tendre, pour être sensible à ce malheur. Mon éducation confiée à des mains étrangères, fut entièrement négligée. Quand j'arrivai à l'époque du développement & de l'effervescence des passions, personne n'en modéra la fougue & l'emportement. N'étant arrêté par aucun frein, je franchissois tous les obstacles. Rien ne s'opposoit à mes goûts, à mes fantaisies. J'errois, je flottois au gré de mes caprices. Je ne suivois que l'impression du plaisir, & je me plongeois sans remords, comme sans retenue, dans la dissolution la plus effrenée. Héritier d'une fortune considérable, je ne trouvai, au lieu d'amis sincères, que de vils adulateurs, & des corrupteurs infâmes, au lieu d'amis fidèles. Ils ont empoisonné la moitié de ma vie. L'infortune seule a pu me désiller les yeux, & me faire rougir de mes déréglemens.

Je passois les jours & les nuits au milieu des festins & des plaisirs. Je ne refusois rien à l'ardeur impétueuse de mes désirs. J'étois dans l'enivrement. Malheur aux jeunes Corinthiennes, dont les charmes avoient frappé mes regards ! Je mettois tout en œuvre pour corrompre leur innocence, & assouvir ma passion. Je n'épargnois pour y réussir, ni soins, ni démarches, ni argent. Quelles ruses, quels détours n'aurois-je pas inventés, pour déshonorer une jeune personne ? Corinthe retentissoit du bruit de mes désordres. L'on me regardoit comme une peste publique. L'on gémissoit en secret sur ma conduite scandaleuse, & personne ne s'opposoit publiquement aux progrès du mal. Cependant la contagion se répandoit dans toute la ville. Séduits, entraînés par mon exemple, les jeunes Corinthiens commençoient à me prendre pour modèle. Les mères de famille me fuyoient avec horreur. Elles craignoient toujours que je ne m'introduisisse dans leur maison, & que leurs filles ne devinssent les victimes malheureuses de mes intrigues & de ma passion. Malgré leurs précautions, j'eus le talent d'approcher d'une jeune beauté, l'art de lui plaire, & d'attendrir son cœur.

Je lui jurai mille fois de l'aimer seule & toujours. Rassurée par mes promesses & par mes sermens, elle succomba, & eut la foiblesse de m'accorder ses faveurs. Glorieux de ce nouveau triomphe, je publiai par-tout, dès le lendemain, sa défaite & ma victoire. Cet événement fit beaucoup de bruit. La jeune Corinthienne étoit de la naissance la plus illustre. Elle fut anéantie à cette nouvelle. Furieuse, elle m'envoya des tablettes, dans lesquelles on lisoit sa douleur & son désespoir, qu'elle exhaloit en ces mots terribles : monstre exécrable, que ton procédé est lâche, odieux, infâme ! Que je te hais ! combien je te déteste ! ton nom seul me fait frissonner. Je ne veux plus souiller ma pensée de ton ressouvenir honteux. Je t'oublie pour toujours. O moment d'erreurs & de foiblesse, que tu me couteras de larmes ! mais plutôt tarissons-les. Puis-je survivre à mon déshonneur. O douce mort, viens finir mes tourmens, & ensevelir ma honte dans un éternel oubli ! homme abominable & perfide, mon ombre te poursuivra sans relâche. Ton ame atroce, en proie aux plus noires furies, sera déchirée, mais trop tard, par les plus cruels remords. Cette idée seule peut adoucir l'horreur de mes derniers momens. Déja la mort me saisit. Déja mes forces s'affoiblissent ; un nuage épais couvre mes yeux : un froid mortel se glisse dans tous mes membres, & ma haine est toujours la même. Mon cœur est glacé : j'expire, & mon dernier soupir est une imprécation contre le scélérat qui eut la cruauté de m'abuser, & la barbarie de divulguer ma honte...... Cette infortunée périt en effet, peu de jours après, victime de mon horrible indiscrétion. Tout Corinthe la pleura. Je fus moi-même effrayé, attendri d'une mort aussi subite, aussi violente. Cette aventure funeste fit grand bruit, & mit le comble à mes infamies. La justice Divine, trop lente à me punir, fit enfin éclater sa vengeance. Puissent les malheurs que j'ai éprouvés, effrayer & corriger ceux qui mènent une vie souillée par un libertinage honteux & avilissant.

Je dissipai en fort peu de tems ma fortune. Je tombai tout-à-coup dans la plus affreuse misère ; mes faux amis se démasquèrent dans ce moment critique, s'éloignèrent promptement, & m'abandonnèrent dans la plus grande solitude. Je n'avois plus de ressources. Je fis alors de tardives réflexions ; une lumière importune vint briller à mes yeux fascinés, jusqu'à cet instant fatal. Mon repentir amer m'arracha des larmes. J'eus horreur de mes désordres passés. Le chagrin, le désespoir s'emparèrent

parèrent de mon ame : les remords vengeurs me pourſuivoient par-tout : plus de relâche, plus de repos : la vie m'étoit odieuſe. Je n'eus pas la force & le courage de ſoutenir cette épreuve terrible : je languis quelque tems, & j'eſſuyai une cruelle maladie. Privé d'amis, de ſecours, dénué de tout, ma miſère étoit à ſon comble, & j'allois périr, lorſque d'honnêtes citoyens, touchés de compaſſion à la vue de ma jeuneſſe & de mon état déplorable, me procurèrent les remèdes & les ſecours propres à ma guériſon, & me retirèrent des portes du trépas. Dès que mes forces commencèrent à renaître, & que mes idées devinrent plus nettes, je m'imaginai ſortir d'un ſonge long & pénible. J'admirois l'humanité généreuſe de ceux qui venoient de me ſecourir, ſans me connoître ; je la comparois avec la conduite atroce & intéreſſée des amis perfides, qui avoient développé mes paſſions, flatté baſſement mes goûts, partagé mes plaiſirs, & fomenté mes vices, en diſſipant mes biens. Quel contraſte ! Quelle différence ! Ce reſſouvenir humiliant empoiſonnoit tous les inſtans de ma vie ; & je regrettois ſincèrement la mort. Cependant les réflexions, les conſeils, le tems, diſſipèrent, quoique lentement, ces idées ſombres & lugubres, & ramenèrent un peu

L.

le calme dans mon ame. A peine étois-je forti de cet état de langueur, que je pris le parti de quitter Corinthe, qui étoit devenue le théâtre de mes fcènes déshonorantes. Je crus que c'étoit le feul moyen de guérir radicalement ; j'étois dans la ferme réfolution d'effacer les défordres de ma jeuneffe, par une conduite foutenue, fage & réglée.

Sans faire part à perfonne de mon projet, j'abandonne Corinthe : je traverfe l'Ifthme, & je me rends à Epidaure, brûlant d'impatience de m'éloigner de la Grèce, afin d'oublier moi-même, s'il étoit poffible, la caufe de mon exil volontaire. Epidaure eft recommandable par le temple fameux d'Efculape. Si ce dieu eût guéri les maladies de l'ame, comme celles du corps, j'aurois pu lui adreffer mes vœux, & lui offrir des facrifices. J'eus le bonheur de trouver un vaiffeau prêt à faire voile pour l'Egypte. Je profite avec joie d'une occafion auffi favorable. Je fens naître pour la première fois l'honneur au fond de mon ame : il m'échauffe & m'enflamme. Mes penfées s'épurent : j'aime, je chéris la vertu. Ce n'eft point un goût paffager : je vais enfin parcourir une nouvelle carrière. Que la vertu a de charmes & d'attraits ! que fon empire eft doux & confolant ! depuis cette époque & cette heureufe révolution, je n'ai point abandonné son sentier.

Nous avions à peine quitté le rivage, que notre pilote apperçut un vaisseau monté par des Corsaires. Il crie aux rameurs de redoubler leurs efforts, afin de nous dérober à la poursuite d'ennemis qui alloient nous attaquer, & contre lesquels il faudroit chèrement disputer la victoire. Leur navire s'avançoit vers nous avec la rapidité de l'aigle, qui s'élance fièrement du creux des rochers, plane dans les airs, & se précipite d'un vol assuré au milieu d'un troupeau tremblant de brebis. Avec la même célérité ces Corsaires fondent sur notre vaisseau, & le heurtent avec l'impétuosité de la foudre. A ce choc terrible nous sommes tous renversés. Nos ennemis poussent des hurlemens affreux, lancent sur nous une grêle de traits : nous accrochent avec des crampons de fer, & se présentent au combat d'un air menaçant. De notre côté nous nous mettons en défense, & nous les recevons à coups d'épées. L'on se bat, l'on se mêle, le sang coule & ruisselle ; la mer est couverte de morts ; aucun parti ne veut céder, l'acharnement est incroyable ; le cliquetis des armes, les cris des mourans, le bruit des flots ne sont point entendus : on ne voit que le péril : rien ne peut rallentir le carnage. La fureur, la rage, le désespoir, la vengeance, immolent toujours des victimes : c'est une horrible boucherie. Le nombre l'emporte enfin sur la valeur : nous succombons ; & ces infâmes Corsaires, maîtres de notre vaisseau, nous chargent de chaînes pesantes. Ces tigres altérés de sang nous dépouillent, & nous déchirent la peau avec des fouets, armés de pointes de fer. C'est avec cette barbarie révoltante, qu'ils vengent la mort de leurs compagnons, & qu'ils assouvissent sur nous leur brutale férocité. Un prompt trépas eût été préférable à ce traitement indigne. Ces Corsaires nous conduisent vers les côtes de la Lybie, & abordent auprès d'une petite ville. Quand on nous arracha du fond du vaisseau, nous pouvions à peine marcher. Notre corps étoit couvert de plaies. Nous ne revîmes la lumière que pour en être privés un instant après. On nous traîna dans une prison souterraine, où la clarté du jour ne pénétra jamais. On nous laissa languir pendant six mois au fond de ce noir cachot. Nous y éprouvâmes les besoins les plus pressants de la soif & de la faim. On ne nous donnoit tous les trois jours qu'un peu de pain & d'eau : nous aurions dévoré les pierres, & bu les liqueurs les plus immondes. Les expressions les plus fortes ne peuvent donner qu'une idée imparfaite de l'état horrible où nous nous trouvions. La chaleur devenoit de jour en jour plus insupportable, dans un lieu trop étroit pour le nombre des malheureux que l'on y tenoit renfermés. Nous étions entassés les uns sur les autres : nous étouffions. La plupart de mes compagnons infortunés, succombèrent sous le poids de ces maux terribles. Notre situation en devint encore plus cruelle. Leurs cadavres pourrissoient dans notre cachot, nous infectoient, & nous rappelloient sans cesse la mort, & ce qu'elle a de plus hideux. Quelle plus affreuse position ! c'étoit une longue & douloureuse agonie : nous mourions lentement & en détail, tandis que nous aurions voulu hâter l'instant de notre trépas. Tous nos vœux étoient de mourir. Jamais la barbarie la plus atroce n'inventa de pareils supplices. Enfin, nos bourreaux lassés eux mêmes des tourmens dont ils nous accabloient, nous tirèrent de notre prison. Nous étions si foibles, si languissans, que plusieurs d'entre nous ne purent supporter ce retour subit à la lumière ; ils expirèrent, & je fus inconsolable de leur survivre. Nous fûmes vendus à des marchands d'esclaves, & j'eus le malheur de tomber entre les mains d'un maître dur & féroce. Son plus

L iij

grand plaisir étoit de tourmenter ses esclaves, & de les punir avec une rigueur barbare. Je traînois languissamment les chaînes dont mes pieds étoient chargés; je les soulevois en soupirant: je les arrosois de mes larmes, & je tournois ensuite mes regards vers les bords de la mer. Son voisinage m'empêchoit de me livrer au désespoir. Je nourrissois toujours au fond de mon cœur la douce espérance de m'arracher un jour à ce dur esclavage. Cette pensée consolante relevoit mon courage abattu. Je formai le hardi projet de briser mes fers, dès que l'occasion s'en présenteroit. Je dissimulai mon dessein : j'usai de prudence : je feignis dès ce moment d'être plus content de mon sort: je ne murmurois point : je ne me plaignois point : je m'acquittois de mes devoirs avec l'exactitude la plus scrupuleuse. Je tâchai de gagner l'amitié & la confiance des autres esclaves. Quand il survenoit entr'eux quelque dispute, quelque contestation, on s'en rapportoit à mon équité; on me prenoit pour arbitre : on suivoit mes décisions. Quoiqu'enchaîné, je ressemblois à un juge qui dicte ses arrêts irrévocables. Tous s'intéressoient à mon sort, & cherchoient à l'adoucir. Je me fis des amis dans un lieu, où je n'avois d'abord rencontré que des délateurs & des bourreaux. J'opérai un miracle : j'eus le bonheur de rendre mon maître plus traitable ; c'étoit un prodige. Il me permit de quitter de tems en tems mes chaînes. Cette distinction n'excita aucun murmure parmi mes autres compagnons. Ma conduite sage fit taire la jalousie. Je n'étois plus surveillé avec le même soin. Je voyois approcher le moment de recouvrer ma liberté, & j'attendois avec impatience le retour d'une fête solemnelle que l'on célébre chaque année dans ce pays. Enfin cet heureux jour arriva. Mon maître, après s'être livré aux plus honteux excès de la débauche, s'enivra & s'endormit profondément.

Dès que la nuit eut déployé ses voiles les plus sombres, je me dérobai secrétement de la maison. Je marchois en tremblant : je craignois à chaque pas d'être poursuivi, reconnu, arrêté. Le moindre bruit me faisoit frissonner. Je gagnai au milieu de ces terreurs, les bords de la mer ; je gravis avec beaucoup de difficulté sur la pointe d'un rocher qui dominoit sur les flots, & j'attendis dans la plus grande inquiétude, le lever du soleil. A peine l'aurore commençoit à dissiper les ténébres, que je distinguai un vaisseau qui côtoyoit le rivage. A l'instant je me précipite dans l'onde. Je fus un moment étourdi de ma chûte. Les mate-

L iv

lots s'appercevant que je nageois, dirigèrent leurs voiles de mon côté, & m'encouragèrent par leurs cris redoublés. Ils m'eurent bientôt donné du secours, & tiré du danger qui menaçoit mes jours. Je repris mes esprits, & je reconnus avec satisfaction, que j'étois avec des Carthaginois. Mes craintes se dissipèrent alors, & je leur racontai en peu de mots tous les tourmens que j'avois enduré, & de quelle manière je venois d'échapper à mon honteux esclavage. Ces Carthaginois me plaignirent, louèrent mon courage & ma hardiesse, & tachèrent de me consoler. Nous allons, me dirent-ils, dans l'Hespérie; nous vous débarquerons où vous le desirerez: vous pouvez nous l'indiquer sans crainte: nous serons trop heureux de vous être utiles. Parlez Magnanimes Carthaginois, si vous le permettez, leur répondis-je, mon dessein est de vous accompagner & de vous suivre. Je verrai avec bien du plaisir les fameuses contrées que vous allez visiter. Ils applaudirent à mon projet. Qu'une seule nuit avoit apporté de changement dans ma situation, & que mon sort étoit différent! je me trouvois libre avec des hommes honnêtes, polis, humains & sociables. Avec quelle complaisance je faisois la comparaison de mes nouveaux compagnons, avec le maître cruel

& farouche qui m'avoit traité si cruellement.

Après une navigation heureuse, nous arrivâmes le cinquième jour sur les côtes de l'Hespérie. Je remerciai alors les Carthaginois du secours qu'ils m'avoient donné, je pris le parti de voyager seul : je leur fis mes adieux & je les quittai. Entraîné par l'ardeur de connoître ce pays riche, abondant & fécond, j'avançai dans les terres, & je reconnus avec surprise, qu'un peuple que les grecs regardoient comme barbare, étoit policé & gouverné par des loix excellentes. Je m'enfonçai de plus en plus dans ces campagnes fertiles, arrosées par un grand nombre de fleuves & de ruisseaux. Je parcourus pendant plusieurs jours des plaines riantes & bien cultivées, & je me trouvai au pied de hautes montagnes, dont le sommet toujours couvert de neige, se perd dans les nues. Je crus être au bout de l'univers. Cette grande chaîne de rochers m'opposoit une barrière insurmontable. J'étois effrayé, en mesurant de l'œil ces hauteurs inaccessibles. Je voulus cependant les franchir. La peine, la fatigue, le froid, rien ne me rebuta. Je grimpai sur ces rochers arides, environné de précipices de tous les côtés, souvent menacé d'être entraîné par les torrens qui se précipitent avec bruit du sommet de ces montagnes. Quelquefois la terre molle fuyoit sous mes pas, & j'étois sur le point d'être englouti. Je surmontai toutes ces difficultés, tous ces obstacles. Las, harrassé, hors d'haleine, je parvins enfin avec des périls toujours renaissans, sur la cime de ces monts. J'en fus bien dédommagé. Quel brillant spectable! Quel immense tableau! quel vaste horizon! je découvrois en même-tems des campagnes couvertes de troupeaux bondissans, des forêts sombres & épaisses, des moissons ondoyantes, des rivières larges & profondes, qui serpentoient à travers de vertes prairies, des lacs unis comme une glace, des villages nombreux, & des villes opulentes. Je dominois, pour ainsi dire, sur le globe entier de la terre. Ma tête touchoit les cieux; je foulois dédaigneusement sous mes pieds les nuages, & la foudre grondoit sous mes pas. Après avoir joui de ce coup-d'œil unique, je descendis de l'autre côté de ces montagnes. Je me traînois de rocher en rocher, à travers la neige. A tout instant j'étois près de tomber dans des précipices. Je marchois lentement, & avec précaution. Quand un monceau de neige se détachoit du haut de ces roches, il acqueroit un volume considérable, en roulant sur le flanc de ces monts. J'en étois couvert, enveloppé.

Le seul moyen d'éviter le péril, c'étoit de me coucher & de m'attacher fortement à un quartier de roche. Un moment après, je me relevois, & je continuois de descendre toujours au milieu des mêmes dangers. A chaque pas je me trouvois entre la vie & la mort. J'oubliai tous ces maux; je fus bien récompensé de ma curiosité.

Je connus dans ces montagnes des peuples excellents, de mœurs douces, simples & frugales. Leurs richesses principales consistent en de gras pâturages, dans lesquels ils nourrissent des taureaux & des génisses d'une grosseur prodigieuse. Ils vivent de lait, de fromage & de viande salée. Le courage, l'intrépidité, la bravoure, la sobriété, forment le caractère dominant de ces peuples, qui portent toutes les vertus sociales, jusqu'à l'héroïsme. Leurs corps durs & robustes soutiennent aisément les plus grandes fatigues. Leur simplicité, leur candeur, leur bonne-foi, les font aimer & respecter des peuples voisins. La nature les a mis à couvert des insultes & des entreprises des autres nations. Ils ne craignent point pour leurs propres foyers les fureurs & les désordres qui accompagnent la guerre. Naturellement braves & courageux, ils se mettent à la solde des princes étrangers, & composent ordinairement leurs meilleures troupes. La garde des rois leur est confiée, & elle ne peut être remise en des mains plus sûres & plus fidelles. Leurs femmes sont chastes, laborieuses, attachées à leur ménage. Comme ce peuple n'a point d'ambition, & qu'il dédaigne par goût les distinctions, les grandeurs & les richesses, il leur préfère sans peine ses toits rustiques, sa nourriture grossière, & sa médiocrité. On peut dire avec vérité, que ces montagnes sont faites pour cette nation, & qu'elle est née pour y vivre. Je passai des jours délicieux dans ces climats, & je ne les quittai qu'après un long séjour.

Je marchai long-tems; j'essuyai beaucoup de fatigues, & j'arrivai dans un pays humide & marécageux, où l'art avoit par-tout forcé la nature. Un peuple commerçant & industrieux, le dispute aux plus puissans potentats, qui dans leurs guerres ruineuses, ont recours à la bourse de ces riches négocians. Les villes sont nombreuses, superbes, magnifiques, coupées de larges canaux, & ornées de quais & de ponts très-hardis, de ports vastes, sûrs, bien entretenus, & d'arsenaux immenses. Toute cette contrée est couverte de digues, élevées à grands frais, pour contenir les eaux dans leur lit, dessécher le terrein, l'améliorer, & faciliter le transport des marchandises. Des marais fangeux, convertis par la main de quelques hommes, en un sol habitable, offrent présentement des palais élégans, des jardins agréables, embellis par l'art, & dans lesquels on est étonné de voir les fleurs les plus rares, les plus curieuses & les plus chères. Une nation nouvelle & intelligente travaille, s'enrichit, amasse des trésors considérables, se fait craindre & respecter dans des lieux où l'on n'entendoit autrefois que le coassement rauque des grenouilles, & le sifflement importun des reptiles aquatiques. Quels prodiges n'enfantent pas l'industrie, un travail opiniâtre, & sur-tout, l'amour de la liberté ! ces hommes, sobres, économes, sages & prudens, ne prennent ouvertement aucun parti dans les querelles de leurs voisins. Ils continuent leur commerce, pendant que les autres peuples s'affoiblissent & se détruisent par des guerres sanglantes. Leur politique merveilleuse de neutralité apparente leur réussit, & leur produit les plus grands avantages. Ils jouissent de la paix & de l'abondance, au milieu des secousses violentes qui agitent & bouleversent les autres états. Ce petit continent nourrit une multitude innombrable d'habitans; & quoique le sol soit naturellement ingrat & stérile ; il n'y a point de pays plus abondant & plus riche. Les femmes sont simples, modestes, & ne connoissent que le travail, l'occupation, & leur ménage. Tous les bras sont employés : la paresse est en horreur : tout agit ; tout est en mouvement. Telles, pendant les beaux jours, les fourmis laborieuses & prévoyantes, se répandent dans les champs, & cherchent des provisions nécessaires pour la saison rigoureuse de l'hyver. Elles les apportent, les entassent dans leurs magasins souterrains, & vivent dans l'abondance, tandis que les autres insectes paresseux périssent de faim.

Quand j'eus bien approfondi les mœurs, les loix, & connu le commerce & les richesses de ce peuple unique & singulier; je m'embarquai pour de nouvelles contrées. Je traversai un détroit, & je me trouvai dans une île absolument séparée du reste de l'univers. On s'imagine être dans un autre monde, & sous un nouvel hémisphère. Des chevaux fins, vîtes & légers paissent dans de vastes pâturages. Les brebis sont couvertes d'une laine exquise par sa qualité ; les chiens fiers, pleins d'ardeur & de feu, ont un jarret infatigable. On déclare dans ce pays une guerre ouverte aux loups, aux ours, aux renards : on les poursuit sans relâche. Le nombre de ces animaux voraces & destructeurs diminue tous les jours, & leur espèce sera bientôt anéantie. On reçoit des récompenses pour les détruire. Croiriez-vous que les habitants de cette île possèdent à peine quelque seps de vigne qu'ils cultivent, comme une plante rare & curieuse ? Les mines de différens métaux sont abondantes, & l'on travaille l'acier avec la dernière perfection. Le commerce de ces fiers insulaires est immense. Ils parcourent toutes les mers, & rentrent dans leurs ports chargés de riches marchandises, qu'ils apportent des extrémités de la terre. Jaloux de leurs moindres priviléges, ils poussent l'amour de la liberté, jusqu'à la licence. Leur ambition, leur hauteur dédaigneuse, leurs railleries amères, leur mépris insultant révoltent les étrangers, & rendent désagréable le séjour de leurs villes. Ils s'imaginent être le premier peuple de la terre, regardent les autres nations comme de vils esclaves, & veulent toujours les dominer. La populace insolente & brutale, aime les factions, & se porte à des excès énormes ; ensorte que cette île est aussi sujette aux orages & aux révolutions, que la mer qui baigne ses côtes. Deux traits que je vais vous rapporter, suffiront pour vous faire connoître le caractère altier, turbulent, & vindicatif de cette nation remuante & inquiète. Cette république, quoique libre, est gouvernée par un roi ; mais qui n'est en effet qu'un simulacre, un phantôme de roi.

Un simple particulier sut à force d'intrigues & de cabales s'élever au premier rang, & gouverner avec gloire cette puissante république. Ce fourbe cruel, cet hypocrite raffiné, ce dévot sombre & farouche, cette ame atroce & froide ; cet esprit artificieux & délié, ce génie vaste & profond, assemblage monstrueux & bizarre de vices & de vertus, de bravoure & de timidité, eut le talent d'en imposer à ses concitoyens, & de se rendre nécessaire, après avoir tout bouleversé, & brisé les liens sacrés qui unissoient le prince & ses sujets. En flattant le peuple, en feignant de lui rendre sa liberté, il s'empara de tout le pouvoir, régna en despote, & fit périr injustement sur un échafaud son maître & son roi. Mais une énigme encore plus inexplicable, c'est qu'un peuple aussi séditieux, & aussi terrible dans ses transports, vit de sang-froid trancher la tête d'un prince qu'il chérissoit, & ne mit pas en pièces l'auteur exécrable de cette sanglante tragédie. L'infâme régicide mourut tranquilement dans son lit, & laissa les rênes du gouvernement entre les mains de son fils, qui, né plus humain, & sans ambition, les abandonna aussitôt volontairement.

Une place très-forte, & regardée comme imprenable, située dans une île alors dépendante de ces Républicains, fut attaquée par une nation voisine & belliqueuse. Les assiégés, pressés de tous côtés, envoyèrent demander du secours : on donna le commandement de quelques vaisseaux à un capitaine brave, courageux, expérimenté. Il s'avance en bon ordre vers la place, essaye d'y faire passer des vivres & du renfort, mais inutilement : les ennemis sur leurs gardes, l'obligèrent de s'éloigner, sans avoir pu exécuter son dessein ; & poussèrent le siège avec tant de vigueur, qu'ils forcèrent les assiégés à capituler, & à se rendre. Quand on apprit cette triste nouvelle, le peuple devint furieux. On accusa de lâcheté & de perfidie le général de la flotte : on lui fit son procès : on le condamna, comme traître envers la patrie. Ce capitaine intrépide au milieu des combats, ne se démentit point, & conserva dans le malheur toute sa fermeté. Il écouta son arrêt de mort, sans être ému ; protesta hautement contre l'injustice de ce jugement, prouva son innocence, & en appella à la postérité. Cependant on eut la cruauté inique de le faire mourir ignominieusement. Les soldats chargés de cette odieuse commission versèrent des larmes, quand ils apperçurent ce général qui s'avançoit sur le vaisseau, avec un front serein. Lorsqu'il fut à l'endroit, où il devoit perdre la vie, ce héros vraiment philosophe prononça un discours noble, précis, & touchant; pardonna à ses ennemis, déplora leur aveuglement barbare, se recueillit un instant, & donna lui-même le signal de sa mort. Aussi-tôt les flèches partent en sifflant, & le percent. Ainsi périt cette victime malheureuse de la haine, de la politique, & de la calomnie. Les pleurs & les regrets sincères de tous les bons citoyens font son éloge, & publient son innocence.

Ces Insulaires ont des goûts bien singuliers: ils prennent beaucoup de plaisir à voir combattre ensemble, ou des taureaux, ou des dogues, ou même des coqs. Le sang qui ruisselle leur fait pousser des cris de joie. Tous leurs divertissemens annoncent la cruauté. Leurs tragédies monstrueuses, & sans vraisemblance, les occupent agréablement. Les ombres, les spectres, les ossemens, les tombeaux, sont pour eux un spectacle divertissant. Ils outrent toutes les passions. L'amour chez eux est sombre & mélancolique, & les porte aux plus grands excès: il dégénère souvent en fureur, en frénésie. Lorsque ces peuples sont ennuyés de leur existence, & las de vivre, ils se donnent froidement la mort. Ils calculent les avantages, & les incommodités de la vie ; si le mal fait pencher la balance, ils tranchent aussi-tôt le fil de leurs jours. Cette odieuse manie, bien loin de prouver de la fermeté & du courage, annonce au contraire un lâche désespoir.

Dès que j'eus vu les villes & les ports les plus considérables de cette île, je me préparai à partir, & je m'embarquai dans l'intention d'aller connoître les pays situés au fond du Nord. J'essuyai bien des périls dans ces courses maritimes. Nous nous trouvâmes dans un endroit, où un froid si piquant se faisoit sentir, que nous pouvions à peine avancer : des montagnes de glace, poussées par des vents impétueux, s'y opposoient : elles fondirent sur notre vaisseau, le brisèrent, & l'engloutirent dans la mer. Heureusement je me trouvai sur un morceau de glace d'une largeur prodigieuse : j'étois porté dessus au gré des vagues & des aquilons. Je voyois passer auprès de moi des ours, des renards, des loups, des rennes, emportés également sur des quartiers énormes de glace. Ce tableau mouvant & pittoresque, m'auroit été agréable, si je n'avois été que simple spectateur : mais je n'entrevoyois aucun moyen de fuir le danger, dont j'étois menacé. L'esprit rempli de crainte, le corps transi de froid, je passai la nuit entière dans cette pénible & inquiétante situation. Je tremblois à tout moment, qu'un glaçon ne vînt heurter, & briser celui qui jusques-là m'avoit préservé de la mort. J'étois sur-tout effrayé de la fin malheureuse d'un de mes compagnons. Après avoir essayé de se sauver à la nage, deux gros morceaux de glace se rapprochent avec violence, le pressent, & lui coupent la tête. Ce spectacle me fit frissonner, & je vois encore cette tête séparée du tronc, cette bouche entr'ouverte, ces yeux éteints, ces cheveux souillés de sang, ce cadavre méconnoissable & flottant, qui devient la proie d'un avide poisson. Livré à de tristes réflexions, absorbé dans la douleur, je m'oublie alors moi-même; je perds l'équilibre, & je glisse dans les flots. Je fus obligé pendant long-tems de nager d'une seule main, & d'écarter de l'autre les glaçons qui s'opposoient à mon passage. Ils me heurtoient rudement, & m'entraînoient malgré ma résistance. Mes forces m'abandonnoient, & je connoissois toute l'horreur de ma position. Froissé, meurtri, accablé de fatigue, j'arrive enfin sur une côte affreuse & déserte. Je n'apperçois que des montagnes & des rochers couverts de neige. Un vent glacial souffloit avec impétuosité. J'étois gelé, & je ne trouvois aucune habitation.

Après une marche longue, dure & pénible à travers cette contrée inculte, j'entrevis un peu de fumée. Je me hâte d'arriver dans cet endroit. Je diſtingue une mauvaiſe cabane, creuſée dans la terre au pied d'un rocher. J'approche, j'entre : elle étoit habitée par des ſauvages d'une taille extrêmement petite ; & d'une figure hideuſe. Je les effraye : ils ſe lèvent précipitamment, & prennent la fuite. Je les appelle, & je tâche de leur faire comprendre par mes geſtes, qu'ils n'ont rien à craindre. Ils ſe raſſûrent, reviennent, & me regardent avec ſurpriſe. Je leur fais entendre par des ſignes, que j'ai beſoin de manger. Ils m'apportent a lieu de pain, de la poudre de poiſſon deſſéché, leur nourriture ordinaire. Ces ſauvages mal-propres, ſuperſtitieux, plongés dans les ténèbres les plus épaiſſes de l'ignorance, ſont entièrement abrutis. Leur légèreté à la courſe eſt incroyable, ils devancent les animaux les plus vîtes. Ils menent une vie errante & vagabonde ; changent ſouvent d'habitation, & logent toujours ſous des chétives cabanes. Leur miſère, & leur aveuglement égalent la rigueur, & l'âpreté de ces climats glacés. Cependant ils ſont tellement attachés à leur pays natal, qu'ils ne voudroient pas fixer leur demeure dans des contrées plus douces & plus abondantes. Ils ont sans interruption trois mois de jour, & trois mois de nuit. La terre est presque toujours engourdie par un froid rigoureux. J'abandonnai, le plutôt qu'il me fut possible, ces malheureux Sauvages. J'errai pendant long-tems à travers des régions inconnues. J'ai parcouru, pour ainsi dire, tous les empires, tous les royaumes, tous les états. La vengeance céleste lasse de me poursuivre, m'a fait aborder sur les rivages fortunés de cette île. L'air pur que l'on y respire, la beauté de la situation, la fertilité de la terre, la douceur des habitans, tout m'a déterminé à passer ici le reste de mes jours. Je me suis creusé moi-même cette grotte, j'ai planté & cultivé de mes mains ces arbres. Mon cœur est exempt de passions ; la paix règne dans mon ame ; tous les instans de ma vie sont heureux ; je goûte le bonheur, & j'ai oublié pour toujours la ville de Corinthe. Voilà le tableau fidèle des égaremens de ma jeunesse, de mes voyages, & de mes infortunes. Je suis enfin arrivé au port depuis long-tems, & jamais je ne me rembarquerai sur la mer orageuse. J'atteste le ciel que je n'abandonnerai point ma grotte chérie, cette tranquille retraite que j'ai créée, embellie, comme vous le voyez ; c'est mon ouvrage ; quels doux instans j'ai passés sur cette montagne ! quels trésors pourroient m'en dédommager? mon ame est aussi pure que l'air que l'on y respire. Combien mes idées sont changées! Ah! Bathylle, partagez avec moi cette habitation le plus long-tems qu'il vous sera possible; vivons ensemble: vous trouverez ici la vraie félicité. J'ai un pressentiment que la fortune ne vous a conduit sur ces bords, que pour vous rendre les biens qu'elle vous a enlevés. Votre jeunesse embellira ce séjour, & vous aurez pour amis tous les habitants de cette île.

LIVRE CINQUIÈME.

Le berger ayant fini font récit, Bathylle l'embraffe, & le remercie de fa complaifance & de fa bonne volonté. Que vous êtes heureux, ô mon cher Cléobule, d'être forti de l'abîme où vous étiez englouti ! Le calme a fuccédé à la tempête. Vous êtes maintenant libre. Avec quel courage vous avez brifé les liens du vice ! par combien de vertus n'avez-vous pas fait oublier quelques inftans de foibleffe ! Un pareil repentir efface tous les crimes. A ces mots ils fe lèvent, & quittent le berceau qui leur avoit prêté fon ombre. Le foleil avoit bientôt fourni la moitié de fa brûlante carrière. Les fleurs fraîchement éclofes, entr'ouvroient leurs calices encore humectés des brillantes pleurs de l'aurore, & exhaloient de tous côtés les plus doux parfums. La rofe élevée fur fa tige épineufe, étaloit avec complaifance fa pompe orgueilleufe : on reconnoiffoit facilement la reine des fleurs, agitée légèrement par l'haleine des Zéphirs, elle balançoit mollement fa belle tête, répandoit au loin une odeur fuave, & préfentoit à l'œil, des feuilles entr'ouvertes, & d'une fraîcheur éclatante. Bathylle & Cléobule marchoient en s'entretenant à travers ces riantes campagnes, émaillées des plus vives couleurs, & fouloient sous leurs pieds les plus riches présens de Flore. Je vous conduis au milieu de cette île, dit Cléobule; on doit y célébrer aujourd'hui une fête agréable & bien singulière, & dont nous n'avons point d'idée en Grèce. Vous allez en juger vous-même. Elle obtiendra, je crois, aisément votre approbation. Les habitans des îles fortunées ont coutume de s'assembler tous les cinq ans, pour couronner la vertu & la beauté réunies dans la même bergère. Celle qui remporte ce prix, est ordinairement aussi belle que Venus, aussi chaste que Minerve. Cette couronne est préférable aux lauriers ensanglantés dont on ceint le front des guerriers. Cette victoire est plus glorieuse que celle qui coûte la vie & le repos à tant de malheureux. On ne peut découvrir l'origine d'une coutume aussi louable, aussi précieuse; elle est si ancienne, qu'elle se perd dans les tems les plus reculés. Comme la vertu & la beauté sont, pour ainsi dire, héréditaires parmi les habitans de cette île; il est assez vraisemblable que cette fête aura pris naissance dans le berceau de ce peuple heureux. A peine Cléobule achevoit de parler, qu'ils apperçoivent s'avancer & se réunir dans un vallon délicieux toutes les bergères, parées des seuls charmes de la nature, & ornées de simples bouquets, qu'elles ont cueillis elles-mêmes dans la prairie. Leur démarche est grave, noble & modeste. Les graces, la candeur, l'innocence, siègent sur leur front : la joie & le contentement brillent dans leurs yeux. Elles vont se rendre dans un grand sallon de verdure, formé par des palmiers, des orangers & des myrtes très-élevés. Au milieu sont suspendues plusieurs couronnes de lys & de roses, qui marient ensemble leurs belles nuances, & mêlent leurs douces odeurs. De gros bouquets sont attachés à chaque arbre. L'esprit le plus pur & le plus suave des plantes nouvelles forme un parfum odoriférant, & embaume les environs. L'émail éclatant & varié des fleurs, le murmure enchanteur des ruisseaux, la tendre harmonie des habitans de l'air, la sérénité du ciel, la beauté du lieu, tout semble favoriser cette fête, & y prendre part. Jamais ces bergères n'ont été aussi belles & aussi charmantes que dans cette circonstance importante. Elles entrent avec respect & en silence, dans le sallon de verdure. On y parvient par quatre portiques majestueux. Des colonnes de marbre n'en soutiennent point la voûte large & élevée : le ciseau n'a point sculpté des feuilles légères d'Acanthe ; on n'y voit régner ni l'ordre ionique, ni le dorique : le sculpteur habile n'a pas fait respirer le marbre, & le pinceau délicat n'a point animé la toile, pour décorer & embellir ce sallon champêtre, simplement orné de guirlandes de fleurs naturelles. Les mêmes arbres avec leurs tiges hautes & droites, composent les colonnes, & forment avec leurs têtes touffues, un dôme mobile qui laisse pénétrer à travers le feuillage, quelques rayons de soleil, qui rendent cette assemblée encore plus brillante. La nature seule a été le sublime architecte de cet édifice singulier, & le peintre fécond & hardi de cette décoration pompeuse, sans être recherchée. Ce beau sallon va devenir pour ces bergères, le temple le plus auguste. C'est-là qu'elles doivent recevoir l'hommage le plus distingué & le plus flatteur. La beauté jointe à la vertu, règne toujours en souveraine. Tout se soumet sans murmurer à son joug aimable. Ses chaînes sont douces & légères: on les porte avec plaisir, & on ne songe guères à les briser. C'est un esclavage que l'on chérit plus que la liberté. Une femme vertueuse & belle, est une divinité. Ses paroles sont des oracles ; sa volonté des commandemens. Tout lui obéit, tout lui cède & lui rend les armes. Elle tient les cœurs doucement enchaînés. Elle fait, quand il lui plaît, foumettre, dompter, & vaincre les esprits les plus rebelles & les plus intraitables. O charmes vainqueurs! ô pouvoir invincible de la vertu & de la beauté réunies!

Toutes les bergères fe tiennent debout & par la main, & forment le cercle le plus beau, le plus voluptueux. On diroit que les graces fe font multipliées. L'œil eft enchanté d'un fpectacle auffi rare, auffi raviffant. Le cœur des fpectateurs tendrement émus, eft entraîné tour-à-tour vers chaque bergère. L'efprit héfite, refte en fufpens, & ne peut adjuger le prix de la beauté. Une bergère charmante eft à côté d'une bergère aimable. La beauté fe trouve auprès de la beauté. Une grace touche une grace. Ici une chevelure blonde & flottante couvre de blanches épaules. Là, c'eft une bergère, dont les cheveux d'ébène tombent à groffes boucles ondoyantes fur un fein de lys. Celle-ci a les yeux bleus, pleins d'une tendre flamme, & les joues nuancées de rofe & d'albâtre. Celle-là, plus blanche que le lait, brille par un grand œil noir, vif & perçant. Elles fe font encore remarquer par une fimplicité piquante, une candeur ingénue, une gaieté naïve, un fourire délicat. Elles n'ont employé aucun art pour fe rendre plus belles. La nature feule formé leur plus riche parure, &

leur donne leurs plus brillans attraits. Quelques fleurs simples accompagnent les graces & les charmes qui les embellissent. Cette chaste assemblée ressemble à un magnifique parterre, dans lequel on voit entremêlés la rose vermeille, le lys éclatant, la douce violette, l'œillet parfumé, le suave aneth, le souci doré, la jacinthe pourprée, la tendre giroflée, la tulippe orgueilleuse, & le pavot superbe.

Une femme recommandable par son grand âge & sa rare vertu, suivie d'une foule innombrable d'habitans, s'avance à pas lents, un sceptre & une couronne de fleurs à la main. Elle entre dans le sallon. A son aspect auguste & vénérable, ces jeunes bergères s'inclinent modestement : leurs joues se colorent d'un vif incarnat : leur cœur palpite, leur inquiétude redouble à l'approche du couronnement : un silence profond & respectueux règne dans l'assemblée : on attend en suspens. Cette femme respectable, après avoir parcouru plusieurs fois de l'œil le cercle charmant qui l'environne, semble encore hésiter. Enfin elle se décide : embrasse tendrement la jeune & belle *Ada*, (*a*)

---

(1) Les Assyriens & les Babyloniens nommèrent originairement le soleil *Ada*, c'est-à-dire *l'unique*, parce qu'aucun des astres ne lui est comparable en éclat & en utilité : c'est par la même raison qu'ils avoient nommé la lune *Ada*, c'est-à-dire *l'unique*.

lui met la couronne fur la tête, & le fceptre fleuri dans la main. Quel triomphe ! Quelle victoire ! On pouffe tout-à-coup des cris de joie & d'allégreffe : les montagnes & les vallons en retentiffent. Tous les bergers, toutes les bergères, dépofent à l'inftant des bouquets & des guirlandes de fleurs, aux pieds de celle qui vient de remporter un prix auffi ineftimable ; en forment une efpèce de trône, y placent Ada, & fe profternent pour lui rendre hommage. Ils la regardent comme leur reine, comme leur fouveraine. Qu'il eft doux, qu'il eft glorieux de régner ainfi fur les cœurs, fans exciter la jaloufie ! Quel pinceau pourroit peindre avec des couleurs vraies, cet enthoufiafme de la vertu, & fur-tout l'enchantement des parens d'Ada, qui pleuroient de plaifir & de tendreffe, en couvrant de baifers leur fille auffi belle qu'elle eft vertueufe. Quel moment délicieux pour un cœur paternel !

Ada avoit la taille légère & dégagée, de beaux yeux noirs, pleins de vivacité, de fineffe & d'efprit ; les dents blanches comme l'yvoire ; le fourire doux & gracieux ; la bouche fraîche & jolie ; la jambe fine & le pied petit. Ses cheveux d'ébène flottoient voluptueufement fur fes belles épaules, & tomboient jufqu'à terre. Les graces accompagnoient tous fes mouvemens: elle étoit remplie de charmes & d'attraits. La sérénité de son ame, & sa modestie, étoient peintes sur son visage, au milieu même de son triomphe.

Les bergers & les bergères, transportés de joie, mêlent leurs voix aux sons mélodieux des musettes, des flûtes, des hautbois, & des autres instrumens champêtres; forment différens chœurs, & célèbrent ainsi par leurs chants & par leurs danses, cette victoire glorieuse. Tout respire la gaieté & l'allégresse. Déja le soleil commençoit à se plonger dans l'océan, & l'étoile de Vénus annonçoit le retour des ténèbres. Les chœurs cessent de danser; on se rassemble; on se presse au tour de la jeune Ada; on l'assied; on l'élève sur un brancard jonché de fleurs odorantes. Six bergers vigoureux portent sur leurs épaules ce précieux fardeau, & traversent la prairie, suivis d'un cortège nombreux. Pendant cette marche triomphale, des instrumens de musique font résonner les échos, & les bergères manifestent leur satisfaction par des chansons agréables & conformes à cette fête. On arrive au bas d'une colline. Là, se présente humblement une petite cabane couverte de chaume. C'étoit la demeure, le palais de la bergère couronnée. Aussitôt on la tapisse avec des bouquets & des guirlandes de fleurs. On la transforme dans un temple, où l'on révère, où l'on adore la modeste Ada. Ses brebis chéries accourent, se rassemblent auprès d'elle, & paroissent marquer leur joie par leurs doux bêlemens. Une génisse superbe, les délices de sa belle maîtresse, semble toute orgueilleuse de son triomphe, s'approche & la caresse. A l'instant ses cornes, qui imitent un beau croissant, sont ornées de couronnes de roses par cette aimable bergère, qui la flatte doucement de sa main délicate.

Bathylle, témoin de cette fête auguste, étoit en extase ; il pouvoit à peine respirer, tant il étoit ému, transporté de plaisir. Jamais, disoit-il, je n'aurois pu me former une véritable idée de cette cérémonie, aussi utile que respectable ! Je ne puis me lasser d'admirer une fête & des divertissemens auxquels président la décence & l'honnêteté. Ces danses légères, ces chansons rustiques, cette gaieté pure, cette simplicité, ces mœurs ingénues rappellent les plus beaux jours de l'âge d'or. Heureux bergers, s'écrioit-il, dans son ravissement, vous seuls jouissez des plaisirs vrais & solides ! Vos cœurs innocens ne sont jamais troublés par de noirs soupçons. La sombre jalousie ne peut se glisser dans votre ame, & la déchirer avec ses affreux serpens. Vos épouses sont toujours chastes & fidelles.

delles. Vous goûtez les pures délices de l'amour: vous ne ressentez ni le dégoût, ni la satiété! vous ignorez les rafinemens des cœurs usés. Rien ne peut altérer votre bonheur. Que la vie est un songe doux, agréable & flatteur, au milieu de votre île! Puissiez-vous conserver long-tems cette innocence & cette candeur, source intarissable de tranquillité & de contentement; Puissent vos bergères, être toujours belles, toujours chastes, toujours aimables! Cléobule vint rejoindre Bathylle, & interrompre ces réflexions. Déja la lune répandoit ses rayons argentés. Déja les danses que l'on avoit recommencées, à la porte de la cabane d'Ada, étoient finies. On se disperse à travers la plaine, & chacun se retire dans son habitation. Cléobule, accompagné & suivi de Bathylle, s'en retourne vers sa grotte, pour y passer tranquillement la nuit.

Un mois après cette fête admirable, celle qui a remporté le prix de la chasteté & de la beauté, peut habiter, si elle le désire, dans un lieu consacré & destiné aux seules bergères couronnées. Cette délicieuse retraite, formée par la nature elle-même, est située sur le penchant d'une haute montagne. L'art tâcheroit en vain d'en imiter les beautés & les agrémens. On y pénètre par des sentiers tortueux, tapissés de gazons toujours verds, & rafraîchis par l'eau claire & pure de petits ruisseaux, qui coulent & serpentent, avec un doux murmure, sur un sable léger. Après s'être partagés, divisés en plusieurs canaux étroits, ils se réunissent, produisent une cascade brillante, & forment un brouillard humide, en se précipitant avec bruit au milieu de deux énormes quartiers d'un rocher couvert de mousse, de ronces & d'arbustes rampans. Il semble que cet immense rocher va se détacher du flanc de la montagne, s'écrouler & s'abîmer dans les vallons. On trouve au pied un phénomène surprenant ; c'est une grotte spacieuse, creusée par la nature, & remplie de coquilles rares & précieuses. Elle est arrosée par une fontaine limpide, dont la surface n'est jamais ridée, pas même par le souffle le plus léger des zéphirs. Cette belle source entretient dans les plus grandes chaleurs une fraîcheur délicieuse. Des arbres élevés ombragent de leurs rameaux touffus une cabane simple, propre, modeste, embaumée par le parfum des roses & des fleurs de différentes espèces, qui fleurissent à l'entour. On lit ces mots, gravés au-dessus de la porte en gros caractères : *cet asyle est consacré à la vertu, à la beauté*. Jamais cette demeure n'a été souillée par des regards profanes, & l'on y passe les jours les plus purs &

les plus heureux. Les points de vue font riches, étendus, variés & pittoresques. Les vallons, les montagnes & les bocages des environs, semblent placés & distribués pour être considérés de cette habitation enchantée, que l'on voit toujours avec un nouveau plaisir; que l'on ne peut se rassasier d'admirer, & que l'on ne quitte point, sans le desir de la revoir encore.

LIVRE SIXIÉME.

Les îles fortunées sont au nombre de sept; celle où se trouve la grotte de Cléobule, s'elève au-dessus de six autres, tel qu'un cerf, armé de son grand bois rameux, surpasse les jeunes faons & les biches; de même qu'un chêne antique & majestueux domine avec sa tête orgueilleuse tous les arbustes qui l'environnent. La température de l'air est douce, & la fécondité de la terre merveilleuse. Des forêts épaisses ombragent le sommet des montagnes. Les vallons sont toujours rafraîchis par des ruisseaux qui coulent, serpentent & murmurent doucement au milieu des prairies verdoyantes. Les campagnes couvertes de riches moissons, & les arbres chargés de fruits colorés, annoncent l'abondance & réjouissent la vue. Les orangers, les citronniers, les grenadiers & les myrtes embellissent & parfument les côteaux. Tout rend ce climat préférable aux autres contrées de l'univers. On admire dans ces îles un petit oiseau charmant, dont le plumage est du plus beau jaune. Il l'emporte sur le rossignol lui-même, par la douceur, la force & la flexibilité de son gosier. On l'instruit aisément. Rien de plus docile. Il répète, sans se tromper, tous les tons; imite toutes les inflexions; surpasse dans ses chants l'harmonie, la justesse & la précision des instrumens de musique, & fait les délices des jeunes bergères, qui cueillent elles-mêmes les plantes & les graines dont il se nourrit. Elles le caressent, lui donnent de tendres baisers. Il y paroît sensible, & les becquète doucement à son tour, en agitant légèrement ses petites aîles.

Les habitans des îles fortunées vivent entr'eux dans la plus parfaite union. Chaque père de famille est respecté, honoré de ses enfans, qui regardent ses conseils comme des oracles. Ils ne font rien, n'entreprennent rien, sans le consulter auparavant; & ils ne se décident que d'après ses avis. La confiance, l'amitié, & la tendresse resserrent les nœuds du sang qui les unit, & entretiennent une harmonie merveilleuse parmi ces sages citoyens, qui goûtent sans interruption & sans mélange les douceurs de la paix, de la concorde & de la tranquilité. Ils ne se livrent point aux mouvemens violens de la haine; ils détestent les dissentions & abhorrent les poisons de la calomnie. Jamais ils ne commettent de crimes, de meurtres, de forfaits. Chez eux toutes ces abominations, toutes ces horreurs sont absolument inconnues. La candeur, la probité, la vertu règnent dans tous les cœurs. Les terres partagées également, n'ont ni bornes, ni limites ; & cependant personne n'empiète sur l'héritage de son voisin. La bonne foi & la justice qui président à toutes leurs actions, maintiennent un juste équilibre & une parfaite égalité dans les fortunes. Naturellement sensibles & bienfaisans, ils se prêtent mutuellement du secours, s'aident & se soulagent dans leurs travaux. Lorsqu'ils veulent se marier, ils consultent toujours leur cœur & suivent son impulsion. L'ambition & les richesses n'exercent aucun empire sur leur esprit, & ne peuvent les décider à profaner des nœuds sacrés. Ils choisissent pour épouse, la bergère qui a su leur plaire, & qu'ils aiment le plus. Ces mariages sont heureux & féconds. Le père, qui se reconnoît dans ses enfans, les chérit, & adore leur mère vertueuse & sage, qui les a nourris de son lait. La plus grande confiance règne dans ces ménages. Le doute le plus léger ne peut en troubler le repos. Leur estime réciproque & si bien fondée, entretient & augmente leur tendresse & leur amour. Epoux fortunés, vous n'avez rien à desirer ! Vos plaisirs sont purs & inaltérables. Votre bonheur est à son comble.

Comme l'air est pur, salubre, & la conduite des habitans sage & réglée, leur santé se soutient long-temps robuste & inaltérable ; c'est le seul pays au monde où l'on rencontre à la fois un aussi grand nombre de vieillards respectables & vigoureux. La vieillesse y fut toujours en honneur : les jeunes gens sont accoutumés à lui obéir, à l'aimer, à l'honorer : ils sucent avec le lait ces sentimens respectueux. Dans chaque maison l'on voit ordinairement un enfant à la mamelle porté, caressé par un vieillard en barbe & en cheveux blancs. Ce personnage auguste, père de plusieurs générations qui vivent ensemble sous ses yeux, leur donne le premier l'exemple & le modèle de la douceur, de la justice, de la bienfaisance & de l'affabilité. Son expérience consommée, ses réflexions judicieuses leur sont très-utiles pour se conduire. La famille entière, par un retour sincère, chérit, révère, adore l'auteur de ses jours ; c'est sa divinité. Ce spectacle touchant pénètre le cœur, l'émeut, élève l'âme & aggrandit les idées. Quel peuple ! quelles mœurs !

Bathylle n'avoit pu fermer l'œil pendant toute la nuit. L'image de la bergère couronnée, toujours présente à son imagination, l'empêchoit de se livrer au sommeil. Son cœur avoit reçu une blessure profonde. Son ame étoit émue, attendrie; il soupiroit. Il sentoit que les charmes de la belle Ada alloient troubler son repos & sa raison: il vouloit combattre cette passion naissante; mais inutilement. L'amour l'emporte sur tous ses raisonnemens. Pourquoi m'opposerois-je, dit-il enfin en lui-même ? Pourquoi résisterois-je à ce doux penchant ? Jamais on ne brûla d'une ardeur & si pure & si belle ! Quel objet peut être plus digne de mes hommages ? Il est glorieux, il est honorable d'aimer la chaste Ada. C'est la vertu, c'est la beauté couronnées par un peuple nombreux. Si Ada n'inspire pas l'amour, quelle femme pourra le faire ressentir? Je préfère pour épouse cette jeune bergère, dénuée de biens, mais riche en vertus, aux partis les plus considérables de la Grèce. Combien je me trouverois heureux d'être uni pour toujours avec elle ! Quel bonheur ! quelle félicité ! Je veux confier mon amour à Cléobule, & lui faire part des mouvemens qui agitent mon cœur. Pourquoi lui cacherois-je ce qui se passe au fond de mon ame ? Il faut qu'il connoisse ma nouvelle situation. Son amitié désintéressée & sincère le rend digne d'une telle confidence. Il ne pourra d'ailleurs blâmer une passion aussi honnête, aussi décente. Il approuvera sûrement mon choix, & m'aidera de ses conseils.

Bathylle se lève alors promptement, va trouver Cléobule, qui conduisoit déja son troupeau sur le penchant de la montagne, & l'aborde en rougissant. O mon cher Cléobule, dit-il, comment pourrai-je vous avouer le trouble de mon ame! Je ne suis plus libre : mon cœur, hélas, trop sensible, est enchaîné; & je ne puis, ni ne veux briser mes liens! Je les chéris : j'aime mon esclavage. La jeune & belle Ada règne impérieusement sur tous mes sens. C'en est fait; je suis son esclave. Sa beauté, ses graces, sa modestie, son triomphe, tout a fait sur mon ame l'impression la plus forte & la plus durable. Tout en elle me ravit : tout m'enchante. Je suis ivre d'amour; & si mon sort n'est uni au sien, plus de repos, plus de tranquillité pour moi dans la vie. O mon cher Cléobule, ne m'abandonnez pas, je vous en conjure, dans une circonstance aussi essentielle au bonheur de mes jours. Je ne puis vous exprimer avec assez de chaleur, de force & d'énergie, l'amour que je ressens pour cette bergère divine. Les paroles animées, les gestes rapides, le visage enflammé, & tout l'extérieur de Bathylle, font vivement sentir l'ardeur du feu qui le consume & le dévore.

Cléobule touché de l'etat, & flatté de la confidence de Bathylle, l'embrasse avec attendrissement, & lui dit, qu'il approuve son amour & son choix. Tâchez cependant, ajoute-t-il, de calmer les transports de cette passion tumultueuse, & d'être un peu plus tranquille. J'ose espérer que vous ne rencontrerez point d'obstacles insurmontables. Essayez sur-tout de gagner la confiance d'Ada, de toucher son cœur, & de l'attendrir. Si cette Bergère devient sensible à votre amour, & vous voit avec plaisir, vous n'aurez plus de difficulté à vaincre : je vous réponds du succès, & vos vœux seront remplis. Je connois depuis long-temps les parens d'Ada. L'amitié qui nous unit, n'a point encore éprouvé d'altération. Ils ont beaucoup de confiance en moi, & je suis sûr d'obtenir en votre faveur leur consentement. Je veux désormais vous servir de père : soyez mon fils. A ces mots Bathylle s'élance au cou de Cléobule, le serre, l'embrasse, & le remercie. Cléobule continue de parler en ces termes: Bathylle, si vous le désirez, je vais vous conduire à l'instant dans la cabane qui sert de retraite à la beauté qui vous fait soupirer ; nous verrons quelle impression causera votre présence sur cette jeune bergère : je vous présenterai à ses parens ; je leur ferai votre éloge ; je mettrai tout en œuvre pour vous les rendre favorables, & pour procurer votre félicité. Bathylle, pendant ce discours, flottoit entre la crainte & l'espérance. Il étoit dans une agitation violente. Les paroles de Cléobule auroient dû répandre la joie dans son ame ; mais il craignoit que les événemens ne lui fussent contraires. Il ne pouvoit s'imaginer qu'il seroit assez fortuné pour devenir un jour l'époux d'Ada : un tel bonheur lui paroissoit impossible. Il n'osoit se livrer à une illusion si chère : au milieu de ces incertitudes, il s'adresse ainsi à Cléobule : ô vous, en qui je retrouve un tendre père, comment pourrai-je vous remercier d'une manière digne de vos généreux bienfaits ! Si vous pouviez lire dans mon cœur, vous y verriez gravés profondément les sentimens de la vive reconnoissance que je vous dois. Je remets mon destin entre vos mains ; soyez l'artisan de mon bonheur. En vous le devant, il en sera plus grand à mes yeux, & je m'en croirai plus heureux. Allons, mon cher Cléobule, puisque vous le permettez, conduisez-moi vers la demeure d'Ada. Partons. Ils dirigent aussi-tôt leur marche de ce côté, traversent légèrement la plaine, & arrivent bientôt auprès de la cabane. Cléobule entre le premier. La jeune Ada étoit absente ; elle faisoit paître son troupeau dans un champ voisin. Mirta sa mère, étoit restée seule, & Palémon, son père, étoit occupé à élaguer des arbres. Bathylle, en posant le pied dans la cabane, respiroit à peine, ses genoux se déroboient sous lui. Quelle fut son émotion, quand il apperçut les guirlandes de fleurs & les couronnes encore suspendues çà & là! Ces marques récentes du triomphe de la bergère, excitent son respect & sa vénération : il est tenté de se prosterner : il s'imagine être dans un sanctuaire auguste. Occupé tout entier de ces idées, il ne prenoit aucune part au discours de Cléobule, & de la respectable Mirta. Il ne pensoit qu'à l'objet de son amour. Quoique absente, il ne voyoit que la jeune Ada. Eloigné d'elle, privé de sa vue, que les momens lui paroissoient longs! Enfin on entendit les échos répéter des chants naturels & agréables : c'étoit la voix de la charmante Ada, qui conduisoit lentement devant elle son cher troupeau; la candeur & la modestie étoient empreintes sur son visage; elle sembloit avoir oublié sa victoire. Dès qu'elle s'approcha, un trouble subit s'éleva dans l'ame de Bathylle: les mots inarticulés expirèrent sur ses lèvres tremblantes. Ses regards errèrent, & moururent. Ada se colore des plus belles couleurs, reste un moment interdite ; regarde Bathylle avec douceur, démêle son embarras, n'en triomphe point, mais paroît en être flattée.

Cette première entrevue fut courte. Bathylle se retira plus passionné qu'auparavant, si l'amour parvenu à son dernier période, peut encore croître & augmenter. En s'éloignant, il se retourna plusieurs fois, pour revoir Ada. Depuis ce moment il chercha toutes les occasions de la rencontrer & de l'entretenir de sa passion. Il rendoit des visites fréquentes à Palémon & à Mirta, leur marquoit beaucoup d'attachement & de respect, gagnoit de jour en jour leur confiance, & leur inspiroit pour lui du goût & de l'amitié. Ils paroissoient le voir avec plaisir, & être dans les meilleures dispositions à son égard. Ada elle-même, la trop sensible Ada, étoit plus gaie lorsque Bathylle arrivoit : dès qu'il s'absentoit, la tristesse & la mélancolie s'emparoient de son ame. Rêveuse, inquiète, elle commençoit à fuir les assemblées ; elle cherchoit la solitude, soupiroit tristement, quand elle étoit seule ; tâchoit de se déguiser à elle-même l'état de son cœur, & vouloit étouffer un sentiment qui troubloit son repos. Plus elle opposoit de résistance, plus le trait meurtrier s'enfonçoit. La plaie devenoit incurable ; les roses de ses belles joues s'effaçoient ; elle languissoit : la pâleur de son visage, ses yeux éteints, sa langueur même, la rendoient encore & plus belle & plus touchante.

Cléobule s'apperçut le premier de ce changement subit, & devina aisément la cause. Cette découverte lui fit le plus grand plaisir: elle annonçoit qu'Ada étoit devenue sensible, & que Bathylle ne lui étoit pas indifférent. Il résolut alors d'en faire part aux parens de cette bergère, & de leur dévoiler tout ce qui se passoit dans le cœur de leur fille. Mirta & Palémon furent surpris & attendris, en apprenant de la bouche de Cléobule, quelle étoit l'origine de la langueur d'Ada. Ils en avoient cherché long-tems le principe, sans avoir pu le découvrir. Ada gardoit le plus profond silence sur cet article important. Elle n'osoit s'avouer à elle-même la situation de son ame. Elle rougissoit, soupiroit, versoit un torrent de larmes, & cachoit obstinément son secret au fond de son cœur. Au lieu de guérir, elle aigrissoit, elle augmentoit son mal. Quelle position plus cruelle! Un excès de pudeur & de délicatesse la rendoit malheureuse. Elle aimoit tendrement Bathylle, & trembloit de peur qu'on ne s'en apperçût.

Cléobule parla vivement à Palémon & à Mirta; leur fit entrevoir par ses réflexions, le bonheur de leur fille dans son union avec Bathylle. Ils consentirent enfin à cet hymen, si Ada aimoit véritablement Bathylle. Charmé du succès de cette démarche, Cléobule court promptement vers Bathylle, pour lui annoncer cette heureureuse nouvelle, & l'embrasse en l'abordant. Vous touchez enfin, ô mon cher Bathylle, vous touchez au moment que vous désirez avec tant d'ardeur. Les parens d'Ada vous choisissent pour son époux. Tous vos vœux, tous vos souhaits sont accomplis. Il ne faut plus que le consentement d'Ada. Vous seul pouvez la déterminer à cette alliance. Allez vous jetter à ses genoux. Priez, conjurez cette aimable bergère. Vous serez aisément éloquent auprès d'elle. Son cœur n'est point insensible : il parlera en votre faveur. Ada vous aime..... Cléobule alloit continuer; mais Bathylle, sans lui répondre, part comme un trait, & vole dans un bocage solitaire, où il est sûr de trouver Ada. Il la cherche des yeux, & l'apperçoit assise au pied d'un platane, plongée, absorbée dans une douleur profonde, la tête appuyée sur une de ses mains, & toute baignée de larmes. Quel spectacle touchant pour Bathylle ! Il se précipite à ses genoux. Ada pousse un cri aigu, se lève toute en désordre, & veut prendre la fuite. Bathylle la retient, &

lui adresse ces mots : Pourquoi me fuir, adorable Ada ? Demeurez, je vous en conjure ; vous voyez à vos pieds un malheureux qui ne vit, qui ne respire que pour vous. Si vous méprisez mon amour, la vie me devient à charge ; c'est un fardeau pénible dont je veux me débarasser. Daignez jetter sur moi un regard favorable. Vos parens viennent de consentir à notre union ; il ne faut plus que votre aveu. Parlez. Ada émue, troublée, attendrie, ne pouvoit répondre. Après s'être un peu remise de cette violente agitation, levez-vous, dit-elle d'une voix tremblante : levez-vous, Bathylle éloignez-vous de moi. Oubliez une bergère, hélas, trop sensible, & qui ne peut vous haïr ! Fuyez : abandonnez-moi, & cessez par votre présence de troubler plus long-tems mon repos...... Ada, ma chère Ada, puis-je m'éloigner de vous. Est-il dans mon pouvoir de vous oublier. Puis-je désormais être privé du bonheur de vous voir, d'admirer vos charmes & de vous adorer ? Laissez-vous attendrir : ayez pitié de mon tourment. Vous détournez les yeux. Ah, cruelle ! vous voulez donc ma mort. Ordonnez ; & j'expire à vos pieds. Ces mots prononcés avec tout l'emportement de la douleur & du désespoir, percent le cœur d'Ada. Elle en est effrayée & tremblante ; elle soupire

pire tendrement, étend les bras vers Bathylle, & l'aide à se relever, en laissant tomber sur lui un regard languissant. Ah! trop dangereux Bathylle, vous triomphez, & vous arrachez le secret de mon cœur. Je ne desire point votre mort. Vivez. Je partage toute votre tendresse. Hélas! vous ne le voyez que trop; & mon trouble doit vous en convaincre: allons trouver mon père: dites-lui...... ou plutôt ne lui dites rien. Mon désordre, ma confusion, seront plus expressifs que vos discours. Puisse-t-il consentir à notre hymen! Ada prononça ces derniers mots d'une voix étouffée & en rougissant. La pudeur austère reprenoit ses droits dans son cœur innocent. Elle brûloit intérieurement d'être l'épouse de Bathylle, & craignoit de l'avouer. Ces deux jeunes amans s'avancent ensemble vers la cabane de Palémon. Bathylle, enflammé d'amour, ressentoit la joie la plus vive, & goûtoit déjà d'avance tout son bonheur. Ada marchoit les yeux baissés; le plaisir se glissoit au fond de son ame, & une rougeur modeste étoit répandue sur son visage. Ils trouvent en entrant dans la cabane, Cléobule qui s'entretenoit avec Palémon & Mirra. Ada se précipite dans les bras de sa mère, cache son embarras & son désordre dans le sein maternel, & l'inonde de ses pleurs. Bathylle embrasse Palémon, le conjure dans les termes les plus forts, de mettre le sceau à leur félicité. Cléobule se joint à son ami, presse, supplie, conjure Palémon de consentir à l'hymen de ces deux jeunes Amans. Quel tableau délicieux ! Quelle scène attendrissante ! Palémon s'approche d'Ada, lui prend la main, & la met dans celle de Bathylle. Puisque vos cœurs brûlent d'une ardeur mutuelle, dit-il, je vous unis : soyez époux. Bathylle, faites le bonheur de ma fille : attestez-en le ciel..... Embrassez votre épouse. Bathylle serre dans ses bras sa chère Ada, & lui donne mille ardens baisers. Ce jeune couple fait alors éclater sa joie & sa reconnoissance. Cléobule attendri, embrasse les nouveaux époux, & les appelle ses enfans.

Dès que les habitans de l'île apprennent cet heureux mariage, ils s'empressent de témoigner combien ils approuvent cette alliance, formée par la tendresse, la vertu & l'amour. Les jeunes bergers & les jeunes bergères enchantés de cette union, interrompent à l'instant leurs travaux, s'attroupent, se rassemblent & viennent danser auprès de la cabane de Palémon, pour célébrer ce bel hyménée.

Fin des Isles Fortunées.

HISTOIRE DES TROGLODITES.

Par Montesquieu.

HISTOIRE
DES TROGLODITES.

Il y avoit en Arabie un petit peuple, appellé Troglodite, qui descendoit de ces anciens Troglodites, qui, si nous en croyons les histoires, ressembloient plus à des bêtes qu'à des hommes. Ceux-ci n'étoient point si contrefaits; ils n'étoient point velus comme des ours; ils ne sifloient point: ils avoient des yeux; mais ils étoient si méchans & si féroces, qu'il n'y avoit parmi eux aucun principe d'équité, ni de justice.

Ils avoient un roi d'une origine étrangère, qui, voulant corriger la méchanceté de leur naturel, les traitoit sévérement; mais ils conjurèrent contre lui, le tuèrent, & exterminèrent toute la famille royale.

Le coup étant fait, ils s'assemblèrent pour choisir un gouvernement; &, après bien des discussions, ils créèrent des magistrats; mais à peine les eurent-ils élus, qu'ils leur devinrent insupportables; & ils les massacrèrent tous.

Ce peuple, libre de ce nouveau joug, ne consulta plus que son naturel sauvage; tous les particuliers convinrent qu'ils n'obéiroient plus à personne; que chacun veilleroit uniquement à ses intérêts, sans consulter ceux des autres.

Cette résolution unanime flattoit extrêmement tous les particuliers; ils disoient : « qu'ai-je à faire d'aller me tuer à travailler pour des gens dont je ne me soucie point ? Je penserai uniquement à moi; je vivrai heureux, que m'importe que les autres le soient? Je me procurerai tous mes besoins; & pourvu que je les aie, je ne me soucie point que tous les autres Troglodites soient misérables. »

On étoit dans le mois où l'on ensemence les terres, chacun dit : « je ne labourerai mon champ, que pour qu'il me fournisse le bled qu'il me faut pour me nourrir; une plus grande quantité me seroit inutile : je ne prendrai point de la peine pour rien. »

Les terres de ce petit royaume n'étoient pas de même nature : il y en avoit d'arides & de montagneuses; & d'autres qui, dans un terrein bas, étoient arrosées de plusieurs ruisseaux. Cette année la sécheresse fut très-grande, de manière que les terres qui étoient dans les lieux élevés, manquèrent absolument, tandis que celles qui purent être arrosées furent très-fertiles; ainsi les peuples des montagnes périrent presque tous de faim, par la dureté des autres, qui leur refusèrent de partager la récolte.

L'année suivante fut très-pluvieuse, les lieux élevés se trouvèrent d'une fertilité extraordinaire, & les terres basses furent submergées; la moitié du peuple cria une seconde fois famine; mais ces misérables trouvèrent des gens aussi durs qu'ils l'avoient été eux-mêmes.

Un des principaux habitans avoit une femme fort belle; son voisin en devint amoureux, & l'enleva : il survint une grande querelle; & après bien des injures & des coups, ils convinrent de s'en remettre à la décision d'un Troglodite qui, pendant que la république subsistoit, avoit eu quelque crédit. Ils allèrent à lui, & voulurent lui dire leurs raisons : « que m'importe, dit cet homme, que cette femme soit à vous ou à vous? J'ai mon champ à labourer; je n'irai peut-être pas employer mon tems à terminer vos différens, & à travailler à vos affaires, tandis que je négligerai les miennes; je vous prie de me laisser en repos, & de ne m'importuner plus de vos querelles. » Là-dessus il les quitta, & s'en alla travailler ses terres. Le ravisseur, qui étoit le plus fort, jura qu'il mourroit plutôt que de rendre cette femme ; & l'autre, pénétré de l'injustice de son voisin, & de la dureté du juge, s'en retournoit désespéré, lorsqu'il trouva dans son chemin une femme jeune & belle, qui revenoit de la fontaine : il n'avoit plus de femme ; celle-là lui plut ; & elle lui plut bien davantage, lorsqu'il apprit que c'étoit la femme de celui qu'il avoit voulu prendre pour juge, & qui avoit été si peu sensible à son malheur ; il l'enleva, & l'emmena dans sa maison.

Il y avoit un homme, qui possédoit un champ assez fertile, qu'il cultivoit avec grand soin : deux de ses voisins s'unirent ensemble, le chassèrent de sa maison, occupèrent son champ : ils firent entr'eux une union pour se défendre contre tous ceux qui voudroient l'usurper ; & effectivement ils se soutinrent par-là pendant plusieurs mois ; mais un des d'eux, ennuyé de partager ce qu'il pouvoit avoir tout seul, tua l'autre, & devint seul maître du champ. Son empire ne fut pas long : deux autres Troglodites vinrent l'attaquer : lui se trouva trop foible pour se défendre ; il fut massacré.

Un Troglodite presque tout nud, vit de la laine

qui étoit à vendre : le marchand dit en lui-même : « naturellement je ne devrois espérer de ma laine, qu'autant d'argent qu'il en faut pour acheter deux mesures de bled ; mais je vais la vendre quatre fois davantage, afin d'avoir huit mesures. » Il fallut en passer par-là, & payer le prix demandé. « Je suis bien aise, dit le marchand, j'aurai du bled à présent. Que dites-vous, reprit l'étranger, vous avez besoin de bled ? j'en ai à revendre ; il n'y a que le prix qui vous étonnera peut-être : car vous saurez que le bled est extrêmement cher, & que la famine regne presque par-tout : mais rendez-moi mon argent, & je vous donnerai une mesure de bled ; car je ne veux pas m'en défaire autrement, dussiez-vous crever de faim. »

Cependant une maladie cruelle désoloit la contrée : un médecin habile y arriva du pays voisin, & donna ses remèdes si à propos, qu'il guérit tous ceux qui se mirent dans ses mains. Quand la maladie eut cessé, il alla chez tous ceux qu'il avoit traités demander son salaire ; mais il ne trouva que des refus ; il retourna dans son pays, & il y arriva accablé de fatigues d'un si long voyage ; mais bientôt après, il apprit que la même maladie se faisoit sentir de nouveau, & affligeoit plus que jamais cette terre ingrate; ils allèrent à lui cette fois, & n'attendirent pas qu'il vînt chez eux: « allez, leur dit-il, hommes injustes, vous avez dans l'ame un poison plus mortel que celui dont vous voulez guérir ; vous ne méritez pas d'occuper une place sur la terre, parce que vous n'avez point d'humanité , & que les regles de l'équité vous sont inconnues; je croirois offenser les dieux qui vous punissent, si je m'opposois à la justice de leur colère. »

De tant de familles troglodites, il n'en resta que deux qui échappèrent aux malheurs de la nation. Il y avoit dans ce pays deux hommes bien singuliers : ils avoient de l'humanité ; ils connoissoient la justice ; ils aimoient la vertu. Autant liés par la droiture de leur cœur, que par la corruption de celui des autres, ils voyoient la désolation générale, & ne la ressentoient que par la pitié ; c'étoit le motif d'une union nouvelle ; ils travailloient avec une sollicitude commune ; ils n'avoient de différends que ceux qu'une douce & tendre amitié faisoit naître ; &, dans l'endroit du pays le plus écarté, séparés de leurs compatriotes indignes, ils menoient une vie heureuse & tranquille ; la terre sembloit produire d'elle-même, cultivée par ces vertueuses mains.

Ils aimoient leurs femmes, & ils en étoient tendrement chéris : toute leur attention étoit d'élever leurs enfans à la vertu : ils leur repréfentoient fans ceffe les malheurs de leurs compatriotes, & leur mettoient devant les yeux cet exemple fi touchant : ils leur faifoient furtout fentir, que l'intérêt des particuliers fe trouve toujours dans l'intérêt commun ; que vouloir s'en féparer, c'eft vouloir fe perdre ; que la vertu n'eft point une chofe qui doive nous coûter ; qu'il ne faut point la regarder comme un exercice pénible, & que la juftice pour autrui, eft une charité pour nous.

Ils eurent bientôt la confolation des pères vertueux, qui eft d'avoir des enfans qui leur reffemblent. Le jeune peuple qui s'éleva fous leurs yeux, s'accrut par d'heureux mariages ; le nombre augmenta, l'union fut toujours la même ; & la vertu, bien-loin de s'affoiblir dans la multitude, fut fortifiée, au contraire, par un plus grand nombre d'exemples.

Qui pourroit repréfenter ici le bonheur de ces Troglodites ? Un peuple fi jufte devoit être chéri des dieux. Dès qu'il ouvrit les yeux pour les connoître, il apprit à les craindre ; & la religion vint adoucir dans les mœurs, ce que la nature y avoit laiffé de trop rude.

Ils inftituèrent des fêtes en l'honneur des

dieux : les jeunes filles, ornées de fleurs, & les jeunes garçons les célébroient par leurs danses, & par les accords d'une musique champêtre : on faisoit ensuite des festins où la joie ne régnoit pas moins que la frugalité : c'étoit dans ces assemblées que parloit la nature naïve : c'est-là qu'on apprenoit à donner le cœur & à le recevoir : c'est-là que la pudeur virginale faisoit, en rougissant, un aveu surpris, mais bientôt confirmé par le consentement des pères: & c'est-là que les tendres mères se plaisoient à prévoir par avance, une union douce & fidèle.

On alloit au temple pour demander les faveurs des dieux ; ce n'étoit pas les richesses & une onéreuse abondance ; de pareils souhaits étoient indignes des heureux Troglodites ; ils ne savoient les desirer que pour leurs compatriotes : ils n'étoient aux pieds des autels que pour demander la santé de leurs pères, l'union de leurs frères, la tendresse de leurs femmes, l'amour & l'obéissance de leurs enfans. Les filles y venoient apporter le tendre sacrifice de leur cœur, & ne leur demandoit d'autre grace, que celle de pouvoir rendre un Troglodite heureux.

Le soir, lorsque les troupeaux quittoient la prairie, & que les bœufs fatigués, avoient ramené la charrue, ils s'assembloient ; &, dans un repas frugal, ils chantoient les injustices des premiers Troglodites & leurs malheurs, la vertu renaissante, avec un nouveau peuple, & sa félicité. Ils chantoient ensuite les grandeurs des dieux, leurs faveurs toujours présentes aux hommes qui les implorent, & leur colère inévitable à ceux qui ne les craignent pas; ils décrivoient ensuite les délices de la vie champêtre, & le bonheur d'une condition toujours parée de l'innocence; bientôt ils s'abandonnoient à un sommeil que les soins & les chagrins n'interrompoient jamais.

La nature ne fournissoit pas moins à leurs desirs, qu'à leurs besoins : dans ce pays heureux, la cupidité étoit étrangère; ils se faisoient des présens, où celui qui donnoit, croyoit toujours avoir l'avantage : le peuple troglodite se regardoit comme une seule famille; les troupeaux étoient presque toujours confondus; la seule peine qu'on s'épargnoit ordinairement, c'étoit de les partager.

Un des Troglodites disoit un jour : « mon père doit demain labourer son champ, je me leverai deux heures avant mon père; & quand il ira à son champ, il le trouvera tout labouré. »

Un autre disoit en lui-même : « il me semble que ma sœur a du goût pour un jeune Troglodite de nos parens; il faut que je parle à mon père, & que je le détermine à faire ce mariage. »

On vint dire à un autre que des voleurs avoient enlevé son troupeau : « j'en suis bien fâché, dit-il ; car il y avoit une génisse toute blanche que je voulois offrir aux dieux. »

On entendoit dire à un autre : « il faut que j'aille au temple remercier les dieux ; car mon frère, que mon père aime tant, & que je chéris si fort, a recouvré la santé. »

Ou bien : « il y a un champ qui touche celui de mon père, & ceux qui le cultivent, sont tous les jours exposés aux ardeurs du soleil, il faut que j'aille y planter deux arbres, afin que ces pauvres gens puissent aller quelquefois se reposer sous leur ombre. »

Un jour que plusieurs Troglodites étoient assemblés, un vieillard parla d'un jeune homme qu'il soupçonnoit d'avoir commis une mauvaise action, & lui en fit des reproches : « nous ne croyons pas qu'il ait commis ce crime, dirent les jeunes Troglodites; mais s'il l'a fait, puisse-t-il mourir le dernier de sa famille. »

On vint dire à un Troglodite, que des étrangers avoient pillé sa maison, & en avoient tout emporté : « s'ils n'étoient pas injustes, répondit-il, je souhaiterois que les dieux leur en donnassent un plus long usage qu'à moi. »

Tant de prospérités ne furent pas regardées sans envie ; les peuples voisins s'assemblèrent, &, sous un vain prétexte, ils résolurent d'enlever leurs troupeaux. Dès que cette résolution fut connue, les Troglodites envoyèrent au-devant d'eux des ambassadeurs, qui leur parlèrent ainsi.

« Que vous ont fait les Troglodites ? Ont-ils enlevé vos femmes, dérobé vos bestiaux, ravagé vos campagnes ? Non, nous sommes justes, & nous craignons les dieux ; que voulez-vous donc de nous ? Voulez-vous de la laine pour vous faire des habits ? Voulez-vous du lait de nos troupeaux, ou des fruits de nos terres ? Mettez-bas les armes ; venez au milieu de nous, & nous vous donnerons de tout cela ; mais nous jurons par tout ce qu'il y a de plus sacré, que si vous entrez dans nos terres comme ennemis, nous vous regarderons comme un peuple injuste, & que nous vous traiterons comme des bêtes farouches. »

Ces paroles furent renvoyées avec mépris : ces peuples sauvages entrèrent armés dans la terre des Troglodites, qu'ils ne croyoient défendus que par leur innocence ; mais ils étoient bien disposés à la défense ; ils avoient mis leurs femmes & leurs enfans au milieu d'eux ; ils furent étonnés de l'injustice de leurs ennemis, &

non pas de leur nombre; une ardeur nouvelle s'étoit emparée de leur cœur; l'un vouloit mourir pour son père, un autre pour sa femme & ses enfans; celui-ci pour ses frères, celui-là pour ses amis, tous pour le peuple troglodite. La place de celui qui expiroit, étoit d'abord prise par un autre, qui, outre la cause commune, avoit encore une mort particulière à venger.

Tel fut le combat de l'injustice & de la vertu : ces peuples lâches, qui ne cherchoient que le butin, n'eurent pas même honte de fuir; & ils cédèrent à la vertu des Troglodites, même sans en être touchés.

Comme le peuple grossissoit tous les jours, les Troglodites crurent qu'il étoit à propos de se choisir un roi : ils convinrent qu'il falloit déférer la couronne à celui qui étoit le plus juste; & ils jettèrent tous les yeux sur un vieillard, vénérable par son âge & par une longue vertu; il n'avoit pas voulu se trouver à cette assemblée; il s'étoit retiré dans sa maison, le cœur serré de tristesse.

Lorsqu'on lui envoya des députés pour lui apprendre le choix qu'on avoit fait de lui : « à dieu ne plaise, dit-il, que je fasse ce tort aux Troglodites, que l'on puisse croire qu'il n'y a personne parmi eux de plus juste que moi. Vous me me déférez la couronne; & si vous le voulez absolument, il faudra bien que je la prenne; mais comptez que je mourrai de douleur, d'avoir vu en naissant les Troglodites libres, & de les voir aujourd'hui assujettis. » A ces mots il se mit à répandre un torrent de larmes. « Malheureux jour! disoit-il, & pourquoi ai-je tant vécu? Puis il s'écria d'une voix sévère: je vois bien ce que c'est, ô Troglodites, votre vertu commence à vous peser. Dans l'état où vous êtes, n'ayant point de chef, il faut que vous soyez vertueux malgré vous, sans cela vous ne sauriez subsister, & vous tomberiez dans le malheur de vos premiers pères; mais ce joug vous paroît trop dur; vous aimez mieux être soumis à un prince, & obéir à ses loix, moins rigides que vos mœurs: vous savez que pour lors, vous pourrez contenter votre ambition, acquérir des richesses, & languir dans une lâche volupté; que pourvu que vous évitiez de tomber dans les grands crimes, vous n'aurez pas besoin de la vertu. Il s'arrêta un moment, & ses larmes coulèrent plus que jamais. Et que prétendez-vous que je fasse? Comment se peut-il que je commande quelque chose à un Troglodite? Voulez-vous qu'il fasse une action vertueuse, parce que je la lui commande, lui qui la feroit tout de même sans moi, & par le seul penchant de la

P

nature ? Troglodites, je suis à la fin de mes jours, mon sang est glacé dans mes veines ; je vais bientôt revoir vos sacrés aïeux : pourquoi voulez-vous que je les afflige, & que je sois obligé de leur dire, que je vous ai laissés sous un autre joug que celui de la vertu ?

Fin de l'histoire des Troglodites.

AVENTURES
D'UN JEUNE ANGLOIS.

AVENTURES
D'UN JEUNE ANGLOIS.

Je suis né à Shrowsbury en Angleterre, l'an 1621, de parens aisés, qui faisoient un commerce fort étendu. Je fus élevé avec soin; on m'envoya à l'université d'Oxford, où je fis assez de progrès, & sur-tout dans la science de la navigation.

Après six ans d'étude je retournai chez mes parens; ils m'associèrent à un gros marchand de bled, pour me faire instruire dans cette partie. Un jour que je voyageois seul pour mes achats, je fus attaqué vers les frontières de la province de Lincoln, par un cavalier, qui, le pistolet à la main, me demanda la bourse. Je n'avois point d'armes à feu, & je voulois cependant défendre mon argent; j'eus l'adresse d'écarter son pistolet avec le manche de mon fouet, & lui en portant un grand coup sur le poignet, je le désarmai; je mis sur le champ le couteau de chasse à la main, & je tombai sur mon ennemi. Comme il étoit mieux monté que moi, il fit faire une évolution à son cheval, prit un second pistolet, &, me prenant en flanc, il me cria de me rendre, sinon qu'il me brûleroit la cervelle; je fus obligé de céder; je lui donnai ma bourse; elle contenoit environ cent cinquante guinées.

Il me quitta en me laissant une guinée pour la resolution courageuse que j'avois montrée, disoit-il, de vouloir me défendre contre un homme mieux monté & mieux armé que moi.

Je continuai ma route, & tâchai de gagner le bourg prochain; mais avant que d'y entrer, mon cheval s'abattit dans un bourbier profond; le jour finissoit, je désespérois de me tirer de-là. Mon cheval, après beaucoup d'efforts pour se relever, fit un écart & se renversa sur moi; je me sentis blessé à la tête, & je serois certainement resté dans ce précipice, sans une personne qui appella du monde & qui vint me secourir. On me transporta dans la meilleure hôtellerie du bourg, où j'appris que c'étoit au Chevalier Widrington que j'étois redevable de la vie. Il vint me voir; je lui dis qui j'étois, & je lui racontai mon aventure. Il me rassura en m'offrant sa bourse. Je pris vingt guinées; je fus, en peu de jours, en état de continuer ma route, & je partis pour ma Province.

Mon premier soin, à mon arrivée, fut de renvoyer les vingt guinées à mon bienfaiteur. Quelque tems après je perdis mon père. Le Parlement ayant ensuite déclaré la guerre au roi; je pris le parti des armes. J'acceptai un brevet de capitaine dans un corps de troupes levées pour le service du Parlement; j'y acquis, j'ose le dire, quelque réputation, & je me fis bientôt connoître des généraux.

Le parti du roi ayant eu du dessous, notre armée mit le siége devant Colchester, la seule ville importante qui restât à sa majesté. Notre régiment se trouva à cette attaque, & après une vigoureuse résistance, la ville fut prise d'assaut.

J'appris que le chevalier de Widrington étoit dans cette place, & je résolus de lui sauver la vie à quelque prix que ce fût. Je visitai tous les prisonniers de marque; & ne le trouvant pas, je courus au quartier général pour en avoir des nouvelles. On m'assura que Cromwel étoit inquiet de savoir ce qu'il étoit devenu, & qu'il vouloit absolument le déterrer.

Cet avis me fit prendre la résolution de me charger de cette commission. Je me présentai au général; je l'assurai que je découvrirois cet officier royaliste mort ou vif, & que je ne voulois, pour cette expédition, que trois cens hommes & quarante-huit heures. Cromwel me confia cette entreprise. Je partis sur le champ avec ma troupe ; & comme je connoissois parfaitement toutes les maisons du parti royal, qui étoient autour de Colchester, je me mis en embuscade, pendant la nuit, dans un petit bois, entre le grand chemin du nord & un autre détourné, à dix milles de cette ville.

A la pointe du jour mes sentinelles m'avertirent que deux hommes à cheval venoient par le grand chemin ; je me fis suivre aussi-tôt par dix soldats, que je laissai un peu en arrière, pour reconnoître ces deux cavaliers. Quelle fut ma joie ! c'étoit Widrington lui-même ; je courus à lui, & lui dis, à voix basse, que je n'étois là que pour lui sauver la vie.

Je lui appris, en peu de mots, l'ordre de Cromwel ; je le prévins de me traiter familiérement vis-à-vis de ma troupe, ce qu'il fit avec une grande présence d'esprit. J'ordonnai ensuite à mes dix hommes d'aller rejoindre leurs camarades & de leur dire qu'ils se tinssent prêts à marcher ; que je venois enfin d'apprendre où étoit notre proie.

Après la retraite de mes gens, je rappellai au chevalier les obligations que je lui avois ; je lui donnai un passe-port, & je le pressai vivement de prendre ma bourse ; je ne pus l'y réfoudre; nous nous embrassâmes tendrement, & nous nous quittâmes les larmes aux yeux. Je ne l'ai point revu depuis ce tems; mais j'appris, pendant mes voyages, qu'après le rétablissement de la maison royale, il avoit fait, pour me découvrir, toutes les recherches possibles, tant en Angleterre qu'en Suisse, où il crut que je m'étois retiré. Je l'ai vainement cherché à mon tour depuis que je suis rentré dans le sein de ma patrie, & j'ai appris, avec une douleur sincere, l'accident malheureux qui termina ses jours.

Après avoir satisfait à la reconnoissance, je quittai le service; Cromwel avoit levé le masque; je ne voulois pas favoriser son ambition démésurée, ni être le complice de ses crimes. Je me retirai chez moi, & après avoir arrangé mes affaires, je m'embarquai pour l'île des Barbades en Amérique.

Je restai six mois dans cette île délicieuse, où je fis connoissance avec Sharpely. Il avoit un bon vaisseau de seize pièces de canon; il comptoit faire voile vers la mer du Sud, parcourir les côtes du Chili, du Pérou, & s'enrichir, comme armateur, aux dépens des Espagnols. Il me pressoit, sans cesse, de partager sa fortune je cédai à ses instances, ou plutôt à ses importunités.

Nous mîmes donc à la voile vers le milieu de septembre 1647, avec un équipage de deux cens hommes aguerris & des munitions pour un an.

A la vue des côtes du Brésil, nous nous éloignâmes de terre pour éviter les Espagnols de Buenos-Aires, & nous gagnâmes, à la fin de novembre, une île déserte où nous restâmes quinze jours pour rétablir nos malades. Le quinze décembre, nous remîmes à la voile, & nous entrâmes bien-tôt dans le détroit de Magellan, avec un très-beau tems. Le 20, à quatre heures nous dépassâmes ce détroit avec un vent frais qui souffloit du cap de Horn, & devenant plus fort, il nous jetta malgré nous vers le nord. Le lendemain le vent baissa, & nous fîmes route vers le nord-est, & ensuite vers le sud-est; le 25, le vent devenant favorable, nous tirâmes vers le sud-sud-est; en sorte que le 6 janvier 1648, nous prîmes terre dans une île inhabitée, à la hauteur des côtes du Chili. Comme nous étions entrés dans la mer du sud, le champ de nos futurs exploits, nous visitâmes notre navire que nous fîmes radouber; cette précaution prise, après nous être un peu reposés pour rafraîchir l'équipage, nous nous remîmes en mer le 2 Février, & nous arrivâmes en quatre jours à la baye de sancta-maria.

La nuit suivante, nous attaquâmes la ville de ce nom, & nous la prîmes sans beaucoup de peine. Nous y fîmes un butin considérable, & nous nous rembarquâmes contens de notre première expédition. Nous avions gagné plus de trente mille livres sterling, sans avoir perdu un seul homme, n'en ayant eu que quatre blessés très-légèrement. Encouragés par ce succès, nous résolûmes de gagner les côtes du Pérou, & de surprendre Paita, s'il étoit possible. Cette ville est grande, riche & assez peuplée ; nous entrâmes dans le port vers minuit, & sans nous amuser aux barques qui s'y trouvoient, le capitaine & moi, accompagnés du contre-maître, nous descendîmes à la tête de cent soixante hommes pour aller droit à la ville ; je menois l'avant-garde, le contre-maître le centre, & le capitaine l'arrière-garde ; nous avançâmes jusqu'aux portes de la ville, où nous essuyâmes une décharge in-attendue de la part de quelques soldats Espagnols ; on leur avoit donné l'allarme sur notre arrivée ; mais le pétard que nous attachâmes à la porte ayant fait son effet, nous entrâmes dans la ville, & nous allâmes nous mettre en bataille dans la plus grande place, où étoit le palais du gouverneur, qui s'étoit sauvé à la seule nouvelle de notre approche.

Nous fîmes un butin immense en or, en pierreries & en autres effets précieux; nous les fîmes porter à notre bord sous la conduite du contre-maître, & nous restâmes, le capitaine & moi, dans la ville avec cent hommes, pour en imposer au peuple. Au point du jour nous découvrîmes environ six cens hommes sur une petite hauteur à deux milles par-de-là la ville; ils commençoient à descendre vers nous en très-bon ordre : je songeai sérieusement à la retraite, & je dépêchai un soldat au contre-maître pour hâter son retour, les soixante hommes qu'il avoit avec lui m'étoient nécessaires pour assurer notre marche & pour favoriser notre embarquement.

Mais quel coup de foudre, lorsque je vis revenir mon soldat seul, & le désespoir peint sur le visage! Il m'apprit en peu de mots la trahison du reste de l'équipage, la fuite du contre-maître avec le vaisseau & tout le butin. La consternation que cette nouvelle porta parmi nous est difficile à peindre; sans vaisseaux, sans provisions, au moment d'être attaqués par six cens hommes qui assurément ne nous auroient pas donné de quartier, s'ils nous eussent pris : voilà quelle étoit notre position; les réflexions étoient inutiles, notre espoir étoit dans une prompte résolution; je la pris sur le champ, & regagnant bien vîte le port, nous nous jettâmes sur la plus grosse barque dont nous nous emparâmes aisément, & nous gagnâmes la haute mer.

N'ayant plus rien à craindre de Paita, nous eûmes le tems de réfléchir sur notre malheureux état. Nous ne pouvions rien entreprendre, ni même penser au retour sans vaisseau; notre barque ne valoit rien, elle ne pouvoit pas tenir la mer plus d'un mois, & nous n'y trouvâmes de provisions que pour huit jours. Après nous être bien consultés, nous résolûmes unanimement d'aller attaquer le port de Callao, où le roi d'Espagne entretenoit trois vaisseaux de guerre; nous nous déterminâmes à tâcher d'en enlever un, ou de périr ; ce projet étoit téméraire ; mais nous n'avions point d'autre parti à prendre.

Nous fîmes donc route vers Callao : nous ne pûmes arriver à la hauteur de ce port que le quatrième jour vers les deux heures après midi. Nous préparâmes l'attaque, & nous convînmes d'attendre la nuit. Nous apperçûmes un moment après un bâtiment : quelques-uns se flattoient que c'étoit notre navire, d'autres plus expérimentés soupçonnoient que c'étoit un vaisseau Espagnol qui nous cherchoit pour venger le ravage que nous avions fait à Paita,

Nous déployâmes toutes nos voiles; à quatre heures nous vîmes bien que nous étions poursuivis, & que ce vaisseau gagnoit route sur nous. Dans cette extrémité, nous tirâmes vers la côte pour tacher de trouver quelque anse où le bâtiment Espagnol ne pourroit pas entrer. A cinq heures ce vaisseau nous approchoit fort, & nous étions encore à près d'une lieue de terre; vers six heures nous fîmes échouer notre barque, & nous gagnâmes le rivage avec nos armes, nos munitions & tout ce que nous pûmes emporter du reste de nos vivres. Le navire qui commençoit déjà à nous canoner, envoya sa chaloupe pour s'emparer de notre barque que nous abandonnâmes; & nous étant mis à couvert derrière une éminence, nous découvrîmes à environ une demi-lieue de distance une grande forêt où nous allâmes passer la nuit.

Le lendemain matin, nous vîmes le vaisseau Espagnol retourner à Callao, en remorquant notre barque. Après avoir tenu conseil sur ce que nous avions à faire, nous conclûmes qu'il falloit diriger notre route vers l'Isthme de Panama & gagner les côtes septentrionales du Pérou, où croisent souvent des Chebeks contrebandiers de notre nation; c'étoit l'unique moyen de nous sauver.

Nous nous mîmes en marche en cotôyant la lisière de la forêt où la voie étoit battue; vers le milieu du jour, nous arrivâmes à un village d'Indiens qui nous donnèrent aussi quelques provisions & un nouveau guide. Ces bonnes gens nous avertirent que le pays étoit en allarmes & qu'il falloit hâter notre retraite. Sur cet avis nous doublâmes le pas, & nous menaçâmes notre guide d'une mort inévitable, si nous tombions dans quelque embuscade; il nous répondit qu'il nous menoit par le chemin le plus sûr, mais qu'il ne pouvoit pas répondre des événemens, & qu'il ne doutoit pas que la cavalerie Espagnole ne fût en campagne pour nous chercher.

Cette réponse nous donna de l'inquiétude, & nous fit souvent regarder de tous côtés. Nous gagnâmes heureusement la nuit & un bois sans rien découvrir; le guide nous assura que le lendemain au soir, si nous pouvions joindre la chaîne de montagnes, nous serions tout-à-fait hors de danger.

Nous repartîmes dans cet espoir de grand matin, & nous rencontrâmes encore une bourgade; on nous y donna de grandes provisions, des mulets pour les porter & deux guides. Nous reprîmes au plus vîte notre marche pour joindre cette chaîne favorable;

mais nous n'avions pas fait deux lieues, qu'en descendant dans une plaine nous vîmes, entre nous & ces montagnes, un gros de cavalerie qui vint nous reconnoître. Ils étoient environ six cens cinquante hommes ; en un moment nous fûmes enveloppés ; je fis former un quarré à notre petite troupe, qui étoit bien déterminée à vendre chérement sa vie. Au premier choc, les Espagnols furent repoussés avec beaucoup de perte par une décharge que je fis faire à propos ; ils nous blessèrent bien du monde avec leurs longues piques. Ils ne se rebutèrent cependant pas & vinrent fondre encore une fois sur nous. Ils furent aussi mal reçus que la première, & nous donnèrent enfin le tems de respirer & de panser nos blessés ; nous leur prîmes quelques chevaux sur lesquels nous montâmes & nous tâchâmes de gagner en bon ordre un bois que nous apperçûmes à notre gauche, à environ une demi-lieue. L'entreprise étoit difficile à la vue d'une troupe de cavalerie ; nous avions déjà plus de quarante hommes hors de combat, cependant nous fîmes bonne contenance, & nous marchâmes droit au bois.

Les Espagnols qui s'apperçurent de notre manœuvre, nous prévinrent & allèrent border le bois pour nous ôter tout espoir de salut.

Je

Je voulus faire un dernier effort, & abandonnant nos blessés, je me présentai à eux sur une ligne pour tâcher de les percer & d'entrer dans le taillis, où nous nous ferions défendus avec moins de désavantage; & où leurs chevaux n'auroient pu vous suivre; c'étoit notre dernière ressource. Le capitaine, moi & quelques-uns de nos gens, nous montâmes les chevaux des blessés, & à la tête de notre ligne nous attaquâmes les Espagnols en désespérés: le choc fut vif & douteux; mais à la fin, accablés par le nombre, manquant de poudre, & presque tous blessés par les piques dont nous ne pouvions parer les coups, nous fûmes obligés de nous rendre. Les Espagnols nous traitèrent avec humanité & en vainqueurs généreux; ils louèrent notre bravoure, firent enlever tous les blessés & les conduisirent à la bourgade prochaine, où nous fûmes traités avec beaucoup de soin. Nous perdîmes soixante hommes & les Espagnols cents cinquante.

« Après notre guérison, on nous dispersa; le capitaine & moi fûmes destinés pour Lima: on nous mena au palais du viceroi, qui, de son balcon, nous vit arriver; il nous reçut assez bien & nous donna la ville pour prison. Il nous demanda les noms de nos meilleurs

Q

mariniers, qu'il fit distribuer dans les frégates du roi, le reste fut employé aux mines. On nous assigna, au capitaine & à moi, chacun trois piastres par jour, & on nous logea chez de bons bourgeois. Ce doux traitement auquel nous ne devions pas nous attendre, parce que le capitaine avoit un peu fait le corsaire, nous fit trouver notre situation moins insupportable. Les habitans de Lima avoient pour nous plus de considération & de politesse que nous n'en espérions ; quelques-uns même nous recevoient chez eux avec amitié, ce qui m'engagea à apprendre l'Espagnol, & je parlai en peu de tems très-passablement cette langue.

Un jour que je me promenois seul, je fus abordé par une vieille femme, qui me pria de lire un billet qu'elle me remit. Quoiqu'il fût écrit en assez mauvais anglois, je compris que c'étoit un rendez-vous qu'on me donnoit dans l'église. Je promis à la duegne de me rendre au lieu & à l'heure indiqués. Ma réponse parut la satisfaire, & elle me laissa livré aux réflexions que ma bonne fortune devoit naturellement faire naître. J'en badinai beaucoup avec le capitaine, qui me prédit en riant une partie des aventures qui me sont arrivées depuis.

Je me rendis donc à cette église de très-bonne-heure; j'obfervai exactement toutes les femmes qui y entroient; je vis arriver entr'autres une jeune dame grande & bien faite; elle étoit accompagnée de la meffagère qui m'avoit rendu le billet; je jugeai que c'étoit la femme au rendez-vous, & je ne me trompai point. Après une courte prière, elle fe retira dans une des chapelles collatérales, qui lui fut ouverte par un religieux. Un moment après, ce bon père vint me prier de le fuivre, & me mena dans cette chapelle, où la jeune dame me fit un accueil très-gracieux, mais d'un air timide & embarraffé. On m'a permis de m'entretenir avec vous, me dit-elle en anglois, je vous ai préféré au capitaine, parce que vous êtes généralement plus aimé que lui ; la douceur de votre caractère fait mieux fentir la dureté du fien qu'on a peine à fupporter.... Que cette préférence me flate! lui répondis-je avec précipitation; quels fentimens différens ne fait-elle point naître dans mon cœur! Il ne faut que vous voir un moment pour defirer de vous voir toujours. Oferois-je vous demander, belle inconnue, par quel hafard vous parlez ma langue?... Je fuis née à Londres, me répondit-elle avec candeur, mes parens m'amenèrent avec eux à l'île des Barbades à l'âge de douze ans. Nous fûmes pris en route par les

Espagnols & conduits à Carthagène. Le fort m'a jettée à Lima où je vis dans l'opulence. Je compte vous instruire, poursuivit-elle, de ce qui me regarde; je veux avant tout vous connoître, sonder vos sentimens & éprouver votre discrétion: vous me verrez souvent dans cette église, mais je ne pourrai vous parler que deux fois par semaine, & en présence des mêmes personnes qui m'accompagnent: votre situation me touche, je me flatte que vous ne refuserez pas les secours que je vous offre, j'aurai peut-être un jour besoin des vôtres; prenez cette bourse en attendant, & si vous persistez dans les voies de l'honneur & de la vertu, nous pourrons mutuellement nous rendre des services plus essentiels.

Je restai immobile à ce discours; je ne pus refuser le présent, elle ne me donna pas le tems de répondre, & partit sur le champ. Je revins chez moi agité de mille réflexions contraires; je me sentois ému, le son de la voix de la jeune angloise sembloit encore frapper mes oreilles, & sa générosité flattoit mon cœur. Je n'avois jamais aimé, j'ignorois les effets de l'amour, je les ressentis pour la première fois; sa beauté me parut au-dessus de tout ce que j'avois vu. Plus je rêvois à mon aventure, moins je pouvois comprendre que cette belle personne eût jetté les yeux sur un prisonnier de guerre, un inconnu; j'ignorois ses idées, mais sans fixer mes incertitudes, sa décence & la présence du religieux me rassurèrent sur ses vues.

De retour dans mon appartement, j'ouvris la bourse, j'y trouvai un rouleau de cinquante doublons & un petit billet par lequel on me pressoit de me vêtir à l'Espagnole, & d'étudier leur langue & leurs mœurs. Je courus chez le capitaine pour lui faire part de ma bonne fortune; je le forçai de prendre vingt-cinq doublons; je pris de-là occasion de lui faire connoître le tort que sa dureté lui faisoit dans la ville. Il me remercia de mon amitié, me promit de travailler à corriger son caractère, & m'assura que je ne tarderois pas à m'appercevoir d'un grand changement. Je le quittai pour aller faire mes emplettes; en peu d'heures je fus vêtu à l'Espagnole & je m'occupai, dès ce moment, à m'appliquer à la langue de cette nation: je commençois déjà à me faire entendre dans cet idiôme; car que ne fait point l'amour? Un mois après, je fus en état de l'écrire, & il m'étoit presqu'aussi familier que le mien.

Le lendemain, je reçus un billet par lequel la jeune angloise m'apprit qu'elle alloit à la campagne pour deux jours, & que le troisième elle se trouveroit au même rendez-vous. Elle me témoigna sa satisfaction de me voir si bien remplir ses desirs, & elle loua mon procédé avec le capitaine.

Elle étoit très-instruite de ce qui se passoit dans la ville. Il est inutile de peindre mon impatience; ce jour heureux arriva, je volai au couvent, & la chapelle m'étant ouverte, je me jettai à ses genoux que je voulus embrasser. Elle m'arrêta, en me faisant remarquer qu'on nous observoit; mais étant heureusement dans l'église, ma position pouvoit s'interpréter favorablement. Elle m'ordonna de renfermer mes transports & de la ménager; elle me loua ensuite sur l'aisance où je paroissois être dans mon nouvel habillement. Elle fut agréablement surprise de m'entendre parler espagnol; elle me répondit dans cette langue qu'elle étoit bien fâchée de ne pouvoir, ce jour-là, rester plus long-tems dans l'église, qu'elle partoit pour la campagne où elle resteroit trois jours. Elle me força encore de prendre une boîte, elle se retira en me serrant la main, & en me regardant d'une façon si tendre, que je faillis à mourir de plaisir.

Je me retirai chez moi aussi peu instruit que le premier jour: mille idées se succédoient &

se détruisoient tour-à-tour dans mon esprit, & je ne pus m'arrêter à aucune. J'ouvris la boîte, j'y trouva cinquante autres doublons, un très-beau diamant & un billet : on m'y recommandoit la sagesse & la patience; elle signa Susanne. Je passai les trois jours de son absence avec le capitaine, en qui je trouvai beaucoup de changement : je lui découvris de l'aménité & de la politesse ; nous ne cessions de faire des conjectures sur une aventure si singulière ; il me persuada toujours qu'elle ne pouvoit qu'être heureuse.

Le quatrième jour arrivé, je courus au rendez-vous ; mais j'attendis Susanne inutilement. Je revins chez moi triste & rêveur, toutes mes réflexions étoient noires, je la croyois malade ; la jalousie espagnole se représenta à mon imagination, je voyois tantôt ma chère Susanne immolée à cette frenésie cruelle, tantôt je la voyois renfermée dans une tour obscure, en proie aux fureurs & aux larmes. Je passai le jour & toute la nuit dans ces idées affreuses.

Le cinquième jour je retournai vers la chapelle, & ce fut encore inutilement, personne ne parut : je ne pus tenir à l'excès de mes agitations, je vins me mettre au lit ; bien-tôt le frisson & une fièvre violente me tourmentèrent tour-à-tour. Je fus saigné trois fois ; je ne pouvois prononcer que le nom de Susanne : on craignoit le transport, mais heureusement un billet qu'elle m'envoya remit le calme dans mes sens & me mit en état de sortir le lendemain.

Je me fis transporter au couvent; j'étois si foible que j'avois beaucoup de peine à me soutenir; aussi-tôt que la belle Susanne m'apperçut, elle vint à moi........Que vous êtes changé, me dit-elle avec émotion, vous seroit-il arrivé quelqu'accident funeste? Mes inquiétudes sur votre absence, lui répondis-je d'une voix tremblante, m'ont réduit dans l'état où vous me voyez; je vous croyois perdue pour moi; je vous adore, charmante Susanne, ma sensibilité ne vous le prouve que trop; vous êtes le premier objet qui m'ait fait connoître l'amour & ses tourmens. Que ses effets sont cruels, quand on aime sans certitude de retour! Mon bonheur & ma vie sont entre vos mains; daignez m'expliquer l'énigme de vos bienfaits, je mérite votre confiance. Que ne pouvez-vous connoître l'excès de mon ardeur & la sincérité de mes sentimens! Je suis prêt à tout entreprendre, à tout sacrifier pour vous plaire. Je suis libre, l'êtes-vous, adorable Susanne? Parlez.....
A ces mots, un soupir qu'elle laissa échapper me fit trembler pour l'avenir......Oui, je suis libre, cher compatriote, me répondit-elle d'une

voix mal assurée, mais je crains de vous dévoiler l'état de mon cœur. Votre amour me touche & vos sentimens me rassurent en vain : je sens que je n'ai point la force de vous déclarer de vive voix l'horreur de ma situation. Quand vous me connoîtrez, peut-être, hélas ! ne m'aimerez-vous plus !..... Adieu, je vous ferai remettre par notre confidente la cassette fatale qui renferme ce mystère ; adieu, cher compatriote, vous avez besoin de tout votre amour pour soutenir cette épreuve ; c'est trop vous en dire, mon cœur au moins est innocent..... Je voulus la rassurer sur une constance à toute épreuve de ma part ; mais Susanne partit les larmes aux yeux, en me laissant dans une situation moins facile à peindre qu'à sentir. Je n'imaginois point quel pouvoit être le secret qu'elle n'osoit me confier que par écrit.

Je revins chez moi pénétré d'amour & accablé d'incertitude ; j'y trouvai le capitaine. Il me pria d'assister à la cérémonie de son abjuration..... J'étois dans l'erreur où vous êtes, me dit-il, & dont je prie le ciel de vous désabuser un jour ; vous méritez ses faveurs. Je rentre dans le sein de la religion romaine........ Je promis de m'y trouver ; la cérémonie fut auguste ; le vice-roi fut son conducteur ; toute la ville y assista ; j'y vis ma chère Susanne qui n'osoit à peine lever les yeux. Le nouveau converti voulut me faire partager les préfens qu'il avoit reçus à cette occafion ; je le refufai conftamment ; mais il me força de prendre les différentes fommes qu'il avoit reçues de moi, & partit pour l'Efpagne, où il trouva de l'emploi à la prière du vice-roi & d'autres efpagnols de diftinction.

Deux jours après cette cérémonie, je reçus la caffette myftérieufe. Mais quel fut mon étonnement à la vue des richeffes qu'elle contenoit ! Elle étoit garnie de diamans, de pierres précieufes de toute efpèce & de mille écus d'or : je la renverfai, & je trouvai dans le fond la lettre fuivante :

« Quoique vous foyez préparé à tout, mon cher compatriote, vous avez encore befoin de rappeller toute votre conftance pour fupporter la lecture de l'hiftoire de mes malheurs. Je vous ai déja dit que je quittai Londres à l'âge de douze ans pour venir avec mes parens à l'île des Barbades, que notre bâtiment fut pris par un vaiffeau de guerre efpagnol, & qu'il nous conduifit au Pérou.

A notre arrivée à Lima, nous fûmes préfentés au Gouverneur, il m'accueillit beaucoup. L'Oydor, c'eft-à-dire le premier juge, qui dans ce moment là étoit au Gouvernement, me fit auffi beaucoup d'amitié ; il voulut même m'attacher à lui & me plaça auprès de fon épouse. Cette dame me prit en affection, & me traita comme sa fille. Elle eut soin de mes parens, qui par ses bienfaits recouvrèrent leur liberté, & allèrent s'établir aux Barbades. Elle les rassura sur mon sort, en leur disant qu'elle auroit soin de ma fortune. Je vivois heureuse, mais peut-on gouter ici-bas de bonheur permanent ! Ma bienfaitrice mourut dans mes bras trois ans après mon arrivée chez elle, & me laissa par son testament quarante mille écus de Castille pour me marier. La douleur que me causa sa mort, me fit regarder le couvent comme le seul asyle où je pouvois trouver des consolations ; mais l'Oydor & sa sœur Isabelle s'y opposèrent fortement, ils m'engagèrent à rester avec eux. L'aimable caractère d'Isabelle, ses vertus, son amitié pour moi, me déterminèrent à prendre auprès d'elle la place que j'occupois auprès de sa belle-sœur. L'Oydor enchanté de ma résolution, me traita avec plus d'égard ; il m'apporta les quarante mille écus en or dans une cassette, qu'il orna de plusieurs bijoux de prix. Ses attentions, ses soins, me paroissoient trop marqués pour ne point me donner de l'inquiétude : bien-tôt ses démarches ne furent plus équivoques ; il me fit la déclaration d'amour la plus vive, & dans des termes qui m'étonnèrent si fort, que je le quittai sans lui répondre. J'allai me renfermer dans mon appartement ; j'inſtruiſis ſa ſœur de cette avanture ; elle crut de bonne foi que l'Oydor penſoit à m'épouſer, elle m'exhorta même à lui donner la main, s'il perſiſtoit à me la demander. En vain lui repréſentai-je que la paſſion de ſon frère n'avoit que des vues illégitimes, qu'il ne m'avoit point parlé de mariage, je ne pus la perſuader. Je lui dis même que quand il voudroit m'épouſer, ſa haute fortune ne pourroit jamais vaincre ma répugnance, & que je préférerois plutôt le couvent, ou même l'eſclavage, à une union ſi diſproportionnée. Quelques jours ſe paſsèrent aſſez tranquillement ; mais bien tôt la paſſion de l'Oydor ſe ralluma à un tel point, qu'il oſa me faire des propoſitions qui me firent frémir d'horreur. Je me ſauvai dans le cabinet d'Iſabelle, qui ne douta plus alors de la brutalité de ſon frère : elle me promit de me défendre contre lui ; je cherchai dès ce moment les moyens de m'échapper de cette maiſon affreuſe. Je m'apperçus que j'étois gardée à vue ; l'amour de la patrie ſe réveilla dans mon cœur ; & je réſolus de tout tenter pour la revoir. La ſœur de l'Oydor l'accabla de reproches ; il promit de ceſſer ſes pourſuites ; tandis qu'il méditoit de ſatisfaire ſa paſſion par la trahiſon la plus noire & la plus infâme. Il gagna la fille qui me ſervoit ; & ayant, de concert avec elle pour me faire dormir profondément, jetté quelques drogues dans un bouillon que je prenois ordinairement avant de me coucher, le cruel vint au fort de mon sommeil se mettre dans mon lit : hélas ! c'est ainsi qu'il triompha de ma répugnance & de ma vertu. Puis-je me rappeller ce moment affreux sans verser encore un torrent de larmes ! A mon réveil, je fus si saisie que je n'eus ni la force de me venger, ni celle de parler ; je ne voulus plus sortir de ma chambre ; mais le tems suspend au moins les maux, s'il ne les détruit point. Le projet de fuir & de revoir Londres vint me retirer de ma profonde mélancolie. Je fis semblant d'oublier le passé ; l'Oydor ne cesse actuellement d'aller au-devant de tout ce qui peut me faire plaisir, il m'accable de présens. Sous prétexte de me distraire, je monte souvent à cheval, à la campagne, mais c'est pour être bien-tôt en état de fuir avec plus de vîtesse. Votre arrivée en cette ville, votre réputation, votre valeur, vos vertus, tout me marque que vous devez être l'instrument dont la providence veut se servir pour me tirer de l'état où je suis. Ne me parlez plus de votre amour, j'en suis peut-être indigne ; ne me donnez que votre pitié. Daignez sauver une infortunée & la conduire dans sa patrie ; j'ai perdu mes parens aux Barbades, vous êtes ma seule ressource. Notre fuite ne sera pas difficile. Adressez-vous à un Indien aisé ; ces gens-là détestent les Espagnols, ils aiment qu'on leur témoigne de la confiance, ils n'en abusent point. Je vous offre la moitié de mon bien. Outre cent cinquante mille écus que j'ai en or, je possède en diamans & en pierres précieuses le quadruple de cette somme; si je meurs en chemin, je vous donne tout. Réfléchissez bien sur ce projet, il est simple & facile, si vous le conduisez avec prudence, & vous pouvez compter sur mon courage.

Je vous attendrai demain avec beaucoup d'impatience. Que cette nuit sera longue & cruelle! Adieu, puissé-je, en vous revoyant, lire mon bonheur dans vos yeux. SUSANNE. »

Les différentes impressions que cette lettre fit sur moi sont difficiles à peindre; la précipitation avec laquelle je l'avois lue égaloit à peine la rapidité des mouvemens de mon cœur; j'y sentis tout à-la-fois du plaisir, de la douleur, de l'attendrissement, de la colère, de la compassion. Le procédé de l'Oydor m'indigna. La confiance que Susanne me témoignoit détermina mon estime, piqua ma générosité, & acheva de me rendre le plus amoureux des hommes.

Je volai le lendemain au rendez-vous. J'y trouvai ma chère compatriote..... Vos sentimens pour moi sont, sans doute, bien changés, me dit-elle; hélas! je l'avois bien prévu!....
Vous voyez le plus fortuné des hommes, l'in-

terrompis-je, puisque je peux vous rendre heureuse; il ne manque à mon bonheur que de pouvoir vous persuader que vos vertus seules ont pu faire naître mon amour, & que votre fortune ne peut rien sur mes sentimens. Je veux bien en être le dépositaire, continuai-je, mais ce sera pour vous la remettre en Europe: vos malheurs me pénètrent; mais en vous rendant la liberté, je deviens votre esclave; oui, je veux l'être à jamais, adorable Susanne, & quoique j'ose aspirer au don de votre main, je la refuserois (& j'en mourrois de douleur), je la refuserois, dis-je, si vous pouviez penser que je vous la demande à titre de reconnoissance, je ne veux vous devoir qu'à l'amour..... Ah! généreux Anglois, repartit-elle, je m'abandonne à vous, je lis dans votre cœur les sentimens les plus purs & les plus héroïques. Eh! me convient-il, poursuivit-elle, de vous rien promettre dans l'état où je suis? Suis-je libre? Sommes-nous en Europe? Adieu, travaillez à mon bonheur, le vôtre y est attaché; c'est vous en dire assez, adieu.

Elle me quitta en versant quelques larmes. Je reçus le même soir & plusieurs jours de suite, différentes cassettes pleines d'or & d'autres effets précieux. De mon côté, je ne perdis point de tems pour m'assurer d'un Indien fidèle; je le trouvai & lui communiquai mes projets: je l'instruisis de mon aventure & de celle de Susanne qu'il connoissoit. Il fut indigné de la brutalité de l'Oydor, & déclama contre les vices des Espagnols en général : il nous promit de nous rendre la liberté, si nous voulions nous conduire par ses conseils. Nous convinmes, pour sa récompense, que je le lui donnerois six mille piastres ; je les lui comptai dans l'instant, pour lui marquer la confiance que j'avois en lui.

Trois jours après, il vint m'avertir que tout étoit arrangé, qu'il avoit mis dans sa confidence son fils aîné & son gendre, qu'il avoit besoin de ce monde pour la réussite de son entreprise. Cet Indien étoit un négociant d'une probité reconnue ; il voyageoit souvent & faisoit quelquefois de longues courses ; il connoissoit très-bien le pays ; il étoit très-propre par son commerce à tenter une pareille aventure, parce que ses absences étant fréquentes, on s'appercevroit moins dans la ville de celle qu'il projettoit. Je fis transporter chez lui tous mes effets ; je fis ensuite avertir la belle Angloise de s'arranger de façon à s'échapper le plutôt qu'il lui seroit possible, que tout étoit prêt. Je reçus un billet d'elle le même soir : il portoit qu'elle alloit à la campagne de l'Oydor, & que le lendemain elle s'évaderoit par la petite porte

du

du parc qui donne sur le grand chemin, qu'ainsi je devois l'y attendre avec des chevaux, & la devancer de quelques momens, pour ne pas manquer une occasion si favorable. Elle finissoit son billet par une invocation à la providence divine, à laquelle elle s'abandonnoit ainsi qu'à ma bonne foi.

Je tâchai de la rassurer par ma réponse, & je lui dis que nous serions avant huit heures du soir à la porte convenue. Je la connoissois déja, m'étant plusieurs fois promené aux environs de la campagne de l'Oydor, qui n'étoit qu'à deux petites lieues de la ville.

J'avertis mon Indien que le moment étoit donné, & je prévins mon hôte que j'allois passer quelques jours dans une campagne de mes amis. Le lendemain je me rendis chez l'Indien, où je dînai avec lui & son fils.

Après nous être bien armés de pistolets, nous partîmes l'un après l'autre, & nous nous rendîmes au lieu indiqué. Nous y trouvâmes le gendre de notre conducteur avec cinq bons chevaux; nous destinâmes le plus doux à la belle Susanne. Le moment approchoit, nous entendîmes sonner huit heures au château de l'Oydor; tout étoit calme & nous vîmes de la lumière dans l'appartement. J'étois seul à la petite porte; mes Indiens étoient à quelques pas de

R

moi; l'un d'eux étoit en védette un peu plus loin, crainte d'accident. Enfin, cet heureux instant arriva; j'entendis une clef qu'une main tremblante avoit peine à mettre dans la serrure; la porte s'entr'ouvrit, c'étoit ma chère Susanne. Au mouvement que je fis pour l'aider à ouvrir, elle me demanda d'une voix mal assurée : Est-ce vous, cher compatriote ?.... Oui, lui répondis-je avec précipitation, ne perdons pas un moment, montez à cheval & partons. Ma voix la rassura, elle eut la présence d'esprit de retirer sa clef & de fermer la porte en dehors; & montant à cheval avec autant de hardiesse que de légèreté, nous partîmes tous cinq au grand galop. L'Indien & son fils marchoient les premiers, je faisois l'arrière-garde avec le gendre. Nous courûmes à toute bride, sans nous arrêter, pendant quatre heures; nous ne rencontrâmes personne, & nous arrivâmes au bas d'une montagne très-escarpée. Notre guide nous fit mettre pied à terre, & nous ayant dit de mener chacun notre cheval en lesse, il nous conduisit par un défilé très-étroit & détourné, jusqu'à l'entrée d'une caverne.

Il donna quelques sons avec un petit cor qu'il avoit dans sa poche; sur le champ nous vîmes sortir un homme qui prit soin de nos chevaux. On nous conduisit dans une seconde entrée de caverne; une porte tournante sur un pivot &

formée d'une seule pierre, s'ouvrit aussi au bruit du cor, & nous entrâmes dans un vaste souterrein qui sembloit être taillé dans le roc, & qui étoit éclairé par quantité de flambeaux. Il y avoit plusieurs chambres; celles qu'on nous avoit destinées étoient meublées de tapis & de lits propres; il y avoit du feu dans des cheminées pratiquées aux angles: une table couverte de vivres en abondance, nous apprenoit que nous étions attendus dans ces lieux ignorés. Je ne pus m'empêcher de marquer à notre conducteur mon étonnement & ma satisfaction. . . . . Soyez tranquille, me dit-il, vous êtes en sûreté, & pour rendre vaines toutes les perquisitions des Espagnols, restez ici jusqu'à ce qu'ils soient las de vous chercher; j'ai pourvu à tout, vous ne manquerez de rien, & je ne crois pas que vous vous ennuyez avec l'objet de vos desirs. Nous allons, mes enfans & moi, retourner par différens chemins à Lima, pour ôter tout soupçon sur notre absence: nous vous ferons avertir de ce qui se passera; & quand il sera tems, je reviendrai pour vous conduire jusqu'à San-Salvador: adieu, reposez-vous sur moi du soin de votre liberté & de votre bonheur.

J'embrassai l'Indien, & j'allai dans la chambre de Susanne, où je trouvai ses effets qui y étoient arrivés avant nous..... Je puis donc vous parler sans contrainte, adorable Susanne, m'écriai-je, pouvez-vous encore douter de mes sentimens pour vous ? Eh quoi ! vous me paroissez inquiète, craignez-vous quelque chose de ces Indiens ?..... Je suis persuadée de leur bonne foi, me répondit-elle, mais je crains votre amour....... Que vous connoissez mal mon cœur, lui repartis-je, en me jettant à ses genoux ; il vous adore, il est vrai ; mais il sait vous estimer : tous les hommes ne ressemblent pas à l'Oydor...... Levez-vous, répliqua-t-elle vivement, oublions à jamais ce monstre ; retirez-vous, il est tems de nous reposer.

Je quittai la belle Susanne ; je ne pus m'endormir que fort tard. Le lendemain matin, en attendant que ma compagne de voyage fût levée, je visitai ce souterrein avec l'homme qui en avoit la garde. Il me dit que c'étoit la tyrannie des Espagnols qui les avoit forcés à se ménager ces retraites pour cacher leurs plus précieux effets, & pour leur servir d'asyle en cas de besoin.

Nous restâmes près de huit jours dans cette sombre demeure. On imagine bien tout ce que nous pûmes nous dire Susanne & moi ; j'eus le bonheur enfin d'obtenir une promesse formelle de mariage à notre arrivée en Angleterre.

Notre conducteur revint le huitième jour : il

nous rapporta que l'Oydor étoit furieux, qu'il avoit fait courir après nous du côté de Panama & de Portobello, mais point du tout du côté où nous devions aller : qu'il avoit même envoyé à Carthagène & au royaume de la nouvelle Grenade. Il nous dit aussi qu'on étoit très-persuadé que c'étoit moi qui avois engagé Susanne à cette fuite ; qu'on savoit dans la ville l'amour de l'Oydor pour la belle Angloise, que chacun rioit aux dépens du vieil Espagnol, qu'on étoit charmé de notre évasion.

Après avoir soupé avec nous, l'Indien retourna encore à Lima pour se préparer au voyage. Il ne fut nullement soupçonné ; il prévint ses amis qu'il alloit faire incessamment avec son fils aîné & son gendre, une tournée de deux mois. Il revint quatre jours après avec quelques mulets pour porter nos effets : il apporta à Susanne un habit de cavalier à l'espagnole ; il me donna un fusil & un sabre. Nous partîmes tous cinq bien armés, escortant notre bagage, voyageant la nuit, & nous reposant le jour, tantôt dans quelque forêt, tantôt dans de semblables souterreins connus de nos guides, & où nous trouvions des vivres & des commodités.

Nous fîmes environ cinq cens lieues en quarante-six jours. Avant d'arriver à Sa-Salvador, nos Indiens me prièrent de leur échanger notre monnoye pour des lingots que leurs correspondans me donnèrent : cet échange nous étoit réciproquement favorable ; à eux, parce qu'il leur étoit très-défendu d'avoir de l'or en barre ; à nous, parce que ne leur donnant que le même poids d'or monnoyé, où il entre beaucoup d'alliage, il y avoit beaucoup à gagner. Ces bonnes gens me remercièrent & me dirent que lorsque les Espagnols leur trouvoient de ces lingots, ils leur faisoient souffrir des maux inouis pour tâcher de découvrir des mines plus abondantes ; ils m'avouèrent de bonne foi qu'ils en connoissoient, mais qu'ils aimeroient mieux mourir que de les indiquer à leurs tyrans & à leurs bourreaux.

Nous arrivâmes enfin à San-Salvador, & nous ne pûmes quitter nos Indiens, nos libérateurs & nos amis, sans verser quelques larmes. Nous nous embarquâmes sur un vaisseau Portugais qui alloit à Lisbonne ; après trois mois de navigation, nous entrâmes dans le Tage. Nous restâmes près d'un mois en Portugal, d'où nous fîmes voile pour l'Angleterre, & en vingt-cinq jours nous abordâmes au port de...., où la belle Susanne me tint parole, en me donnant sa main.

Fin des aventures d'un jeune Anglois.

AVENTURES
D'UN CORSAIRE
PORTUGAIS.

AVENTURES
D'UN CORSAIRE PORTUGAIS,

Tirées des voyages de Mindez Pinto.

Faria, fameux corsaire portugais, s'étoit signalé dans les mers des Indes par plusieurs expéditions souvent heureuses, quelquefois malheureuses, mais toujours hardies. Il ne savoit quelle nouvelle entreprise il formeroit, lorsqu'un autre corsaire célèbre, nommé Similau, ami de sa nation, que sa qualité de chinois n'avoit pas empêché d'exercer long-tems ses brigandages sur ses propres compatriotes, & qui étoit venu jouir de sa fortune à Liampo, lui raconta des merveilles d'une île appellée Calempluy, où il l'assura que dix-sept rois de la Chine étoient ensevelis dans des tombeaux d'or. Il lui fit une si belle peinture des idoles du même métal, & d'une infinité d'autres tréfors que les monarques Chinois avoient raſſemblés dans cette île, que, s'étant offert à lui fervir de pilote, il le détermina facilement à tenter une ſi grande entreprife.

La guerre qui occupoit les Chinois parut à Faria un temps favorable. Similau lui confeilla d'abandonner fes jonques, qui étoient de trop haut bord & trop découvertes, pour réſiſter aux courans du golfe de Nanquin : d'ailleurs, ce corfaire ne vouloit ni beaucoup de vaiſſeaux, ni beaucoup d'hommes, dans la crainte de ſe rendre fuſpect, ou d'être reconnu fur des rivières très-fréquentées. Il lui fit prendre des panoures, qui font des eſpèces de galiotes, mais un peu plus élevées. L'équipage fut borné à cinquante-ſix Portugais, quarante-huit matelots, & quarante-deux efclaves.

» Au premier vent que Similau jugea favorable, nous quittâmes le port de Liampo (1). Le reſte du jour & la nuit fuivante furent employés à fortir des îles d'Angitur, & nous en-

_____

(1) C'eſt Mendez Pinto qui parle.

trâmes dans des mers où les Portugais n'avoient point encore pénétré. Le vent continua de nous favoriser jusqu'à l'anse des pêcheries de Nanquin. De-là nous traversâmes un golfe de quarante lieues, & nous découvrîmes une haute montagne qui se nomme Nangaso, vers laquelle tirant au nord, nous avançâmes encore pendant plusieurs jours. Les marées qui étoient fort grosses, & le changement du vent, obligèrent Similau d'entrer dans une petite rivière, dont les bords étoient habités par des hommes fort blancs & de belle taille qui avoient les yeux petits comme les Chinois, mais qui leur ressembloient peu par l'habillement & par le langage. Nous ne pûmes les engager dans aucune communication. Ils s'avançoient en grand nombre sur le bord de la rivière, d'où il sembloit nous menacer par d'affreux hurlemens. Le tems & la mer nous permettant de remettre à la voile, Similau, dont toutes les décisions étoient respectées, leva l'ancre aussi-tôt pour gouverner à l'est-nord-est. Nous ne perdîmes point la terre de vue pendant sept jours : ensuite, traversant un autre golfe à l'est, nous entrâmes dans un détroit large de dix lieues, qui se nomme Sileupaquin, après lequel nous avançâmes encore l'espace de cinq jours, sans cesser de voir un grand nombre de villes

& de bourgs. Ces parages nous préfentoient aussi quantité de vaisseaux. Faria commençant à craindre d'être découvert, paroissoit incertain s'il devoit suivre une si dangereuse route. Similau, qui remarqua son inquiétude, lui représenta qu'il n'avoit pas dû former un dessein de cette importance, sans en avoir pesé les dangers ; qu'il les connoissoit lui-même, & que les plus grands le menaçoient, lui qui étoit Chinois & pilote ; d'où nous devions conclure qu'indépendamment de son inclination, il étoit forcé de nous être fidèle ; qu'à la vérité, nous pouvions prendre une route plus sûre, mais beaucoup plus longue ; qu'il nous en abandonnoit la décision, & qu'au moindre signe il ne feroit pas même difficulté de retourner à Liampo.

Faria lui sut bon gré de cette franchise. Il l'embrassa plusieurs fois, & le faisant expliquer sur cette route qu'il nommoit la plus longue, il apprit de lui que cent soixante lieues plus loin vers le nord, nous pourrions trouver une rivière avez large, qui se nommoit Sum-Hepadano, sur laquelle il n'y avoit rien à redouter, parce qu'elle étoit peu fréquentée ; mais que ce détour nous retarderoit d'un mois entier. Nous délibérâmes sur cette ouverture : Faria parut disposé le premier à préférer les longueurs au péril, & Similau reçut ordre de chercher la riviere qu'il connoissoit au nord.

Nous sortîmes du golfe de Nanquin, & pendant cinq jours nous rangeâmes une côte assez déserte. Le sixième jour, nous découvrîmes à l'est, une montagne fort haute, dont Similau nous dit que le nom étoit Fanjus. L'ayant abordée de fort près, nous entrâmes dans un beau port, qui, s'étendant en forme de croissant, peut contenir deux mille vaisseaux à l'abri de toutes sortes d'orages. Faria descendit au rivage avec dix ou douze soldats; mais il ne trouva personne qui pût lui donner les moindres lumières sur sa route. Son inquiétude renaissant avec ses doutes, il fit de nouvelles questions à Similau, sur une entreprise que nous commencions à traiter d'imprudente. —Seigneur Capitaine, lui dit cet audacieux corsaire, si j'avois quelque chose de plus précieux que ma tête, je vous l'engagerois volontiers. Le voyage que je m'applaudis de vous avoir fait entreprendre est si certain pour moi, que je n'aurois pas balancé à vous donner mes propres enfans, si vous aviez exigé cette caution. Cependant je vous déclare encore que si les discours de vos gens sont capables de vous inspirer quelque défiance, je suis prêt à prendre vos ordres. Mais après avoir formé un si beau dessein, seroit-il digne de vous d'y renoncer ; & si l'effet ne répondoit pas à mes promesses, ma punition n'est-elle pas entre vos mains —— ?

Ce langage étoit si propre à faire impression sur Faria, que promettant de s'abandonner à la conduite du corsaire, il menaça de punir ceux qui le troubleroient par leurs murmures. Nous nous remîmes en mer. Treize jours d'une navigation assez paisible, pendant lesquels nous ne perdîmes point la terre de vue, nous firent arriver dans un port nommé Buxipalem, à quarante-neuf degrés de hauteur. Ce climat nous parut un peu froid : nous y vîmes des poissons & des serpens d'une si étrange forme, que ce souvenir me cause encore de la frayeur. Similau, qui avoit déjà parcouru tous ces lieux, nous fit des peintures incroyables de ce qu'il y avoit vu & de ce qu'il y avoit entendu pendant la nuit, sur-tout aux pleines lunes de Novembre, Décembre & Janvier, qui sont les tems des grandes tempêtes ; & nous vérifiâmes par nos propres yeux une partie des merveilles qu'il nous avoit racontées. Nous vîmes dans cette mer des raies auxquelles nous donnâmes le nom de Peixes-Mantas, qui avoient plus de quatre brasses de tour, & le museau d'un bœuf : nous en vîmes d'autres qui ressembloient à de grands lézards, moins grosses & moins longues, mais tachetées de verd & de noir, avec trois rangs d'épines pointues sur le dos, de la grosseur d'une fleche. Elles se hérissent quelquefois comme des porc-épics, & leur museau, qui est fort pointu, est armé d'une sorte de crocs d'environ deux pans de longueur, que les Chinois nomment pulissucoens, & qui ressemblent aux défenses d'un sanglier. D'autres poissons que nous apperçûmes, ont le corps tout-à-fait noir & d'une prodigieuse grandeur : enfin, pendant deux nuits que nous passâmes à l'ancre, nous fûmes continuellement effrayés par la vue des baleines & des serpens qui se présentoient autour de nous, & par les hennissemens d'une infinité de chevaux marins dont le rivage étoit couvert. Nous nommâmes ce lieu la rivière des Serpens.

Quinze lieues plus loin, Similau nous fit entrer dans une baie beaucoup plus belle & plus profonde, qui se nomme Calindamo, environnée de montagnes fort hautes & d'épaisses forêts, au travers desquelles on voit descendre quantité de ruisseaux dans quatre grandes rivières qui entrent dans la baie. Similau nous apprit que, suivant les histoires chinoises, deux de ces rivières tirent leur source d'un grand lac nommé Moscombia, & les deux autres d'une province appellée Alimania, où les montagnes sont toujours couvertes de neige.

C'étoit dans une de ces rivières, qui porte le nom de Paterbernam, que nous devions entrer. Il falloit dresser notre route à l'est pour retourner vers le port de Nanquin, que nous avions laissé derrière nous à deux cens soixante lieues, parce que dans cette distance nous avions multiplié notre hauteur, fort au-delà de l'île que nous cherchions. Similau, qui s'apperçut de notre chagrin, nous fit souvenir que ce détour nous avoit paru nécessaire à notre sûreté. On lui demanda combien il emploieroit de tems à retourner jusqu'à l'anse de Nanquin par cette riviere; il répondit que nous n'avions pas besoin de plus de quatorze ou quinze jours, & que cinq jours après il nous promettoit de nous faire aborder dans l'île de Calempluy, où nous trouverions enfin le prix de nos peines.

A l'entrée d'une nouvelle route qui nous engageoit fort loin dans des terres inconnues, Faria fit disposer l'artillerie & tout ce qu'il jugea convenable à notre défense : ensuite nous entrâmes dans l'embouchure de la riviere, avec le secours des rames & des voiles. Le lendemain, nous arrivâmes au pied d'une fort haute montagne nommée Botinafou, d'où couloient

plusieurs

plusieurs ruisseaux d'eau douce. Pendant six jours, que nous employâmes à la côtoyer, nous eûmes le spectacle d'un grand nombre de bêtes farouches, qui ne paroissoient pas effrayées de nos cris. Cette montagne n'a pas moins de quarante ou cinquante lieues de longueur : elle est suivie d'une autre qui se nomme Gangitanou, & qui ne nous parut pas moins sauvage.

Tout ce pays étoit couvert de forêts si épaisses, que le soleil n'y pouvoit communiquer ses rayons ni sa chaleur. Similau nous assura néanmoins qu'il étoit habité par des peuples difformes, nommés Gigohos, qui ne se nourrissoient que de la chasse & du riz que les marchands chinois leur apportoient en échange pour leurs fournitures : il ajouta qu'on tiroit d'eux chaque année plus de deux cens mille peaux, pour lesquelles on payoit des droits considérables aux douanes de Pocasser & de Lantau, sans compter celle que les Gigohos employoient eux-mêmes à se couvrir & à tapisser leurs maisons

Faria, qui ne perdoit pas une seule occasion de vérifier les récits de Similau, pour se confirmer dans l'opinion qu'il avoit de sa bonne foi, le pressa de lui faire voir quelques-uns de ces difformes habitans, doit il exageroit la lai-

S

deur. Cette propofition parut l'embarraffer; cependant, après avoir répondu à ceux qui traitoient fes difcours de fables, que fon inquiétude ne venoit que du naturel farouche de ces barbares, il promit à Faria de fatisfaire fa curiofité, à condition qu'il ne defcendroit point à terre, comme il y étoit fouvent porté par fon courage. L'intérêt du corfaire étoit auffi vif pour la confervation de Faria, que celui de Faria pour la fienne. Ils fe croyoient néceffaires l'un à l'autre: l'un, pour éviter les mauvais traitemens de l'équipage, qui l'accufoit de nous avoir expofés à des dangers infurmontables; l'autre, pour le conduire dans une entreprife incertaine, où toute fa confiance étoit fon guide.

Nous ne ceffions pas d'avancer à voiles & à rames, entre des montagnes fort rudes & des arbres fort épais, fouvent étourdis par le bruit d'un fi grand nombre de loups, de renards, de fangliers, de cerfs & d'autres animaux, que nous avions peine à nous entendre. Enfin, derrière une pointe qui coupoit le cours de l'eau, nous vîmes paroître un jeune garçon qui chaffoit devant lui fix ou fept vaches. On lui fit quelques fignes, auxquels il ne fit pas difficulté de s'arrêter. Nous nous approchâmes de la rive, en lui montrant une pièce de taffetas verd, par le conseil de Similau, qui connoissoit le goût des Gigohos pour cette couleur. On lui demanda par d'autres signes s'il vouloit l'acheter: il entendit aussi peu le chinois que le portugais. Faria lui fit donner quelques aunes de la même pièce, & six petits vases de porcelaine, dont il parut si content, que, sans marquer d'inquiétude pour ses vaches, il prit aussi-tôt sa course vers le bois. Un quart-d'heure après, il revint d'un air libre, portant sur ses épaules un cerf en vie. Huit hommes & cinq femmes dont il étoit accompagné, amenoient trois vaches liées, & marchoient en dansant au son d'un tambour, sur lequel ils frappoient cinq coups par intervalle. Leur habillement étoit différentes peaux, qui leur laissoient les bras & les pieds nuds, avec cette seule différence pour les hommes & pour les femmes, qu'elles portoient au milieu du bras de gros bracelets d'étain, & qu'elles avoient les cheveux beaucoup plus longs que les hommes. Ceux-ci étoient armés de gros bâtons brûlés par le bout, & garnis jusqu'au milieu des mêmes peaux, dont ils étoient couverts: il avoient tous le visage farouche, les lèvres grosses, le nez plat, les narines larges & la taille haute. Faria leur fit divers présens, pour lesquels ils nous laissèrent trois vaches & leur cerf. Nous quittâmes la rive ; mais ils nous suivirent pendant cinq jours sur le bord de l'eau.

Après avoir fait environ quarante lieues dans ce pays barbare, nous poussâmes notre navigation pendant seize jours, sans découvrir aucune autre marque d'habitation, que des feux que nous appercevions quelquefois pendant la nuit. Enfin nous arrivâmes dans l'anse de Nanquin, moins promptement à la vérité que Similau ne l'avoit prédit, mais avec la même espérance de nous voir dans peu de jours au terme de nos desirs. Il fit comprendre à tous les Portugais la nécessité de ne pas se montrer aux Chinois, qui n'avoient jamais vu d'étrangers dans ces lieux. Nous suivîmes un conseil dont nous sentîmes l'importance ; tandis qu'avec les matelots de sa nation, il se tenoit prêt à donner les explications qu'on pourroit lui demander. Il proposa aussi de gouverner par le milieu de l'anse, plutôt que de suivre les côtes, où nous découvrions un grand nombre de lantées. On se conforma pendant six jours à ses intentions : le septième nous découvrîmes devant nous une grande ville, nommée Sileupemor, dont nous devions traverser le havre pour entrer dans la rivière. Similau nous ayant recommandé plus que jamais de nous tenir couverts, y jetta l'ancre à deux heures après minuit. Vers la pointe du jour, il en fortit paifiblement au travers d'un nombre infini de vaiffeaux, qui nous laiffèrent paffer fans défiance; & traverfant la rivière, qui n'avoit plus que fix ou fept lieues de largeur, nous eûmes la vue d'une grande plaine que nous ne ceffâmes point de côtoyer jufqu'au foir.

Cependant les vivres commençoient à nous manquer, & Similau, qui paroiffoit quelquefois effrayé de fa propre hardieffe, ne jugeoit point à propos d'aborder au hafard pour renouveller nos provifions. Nous fûmes rédu pendant treize jours, à quelques bouchées de riz cuit dans l'eau, qui nous étoient mefurés avec une extrême rigueur. L'éloignement de nos efpérances qui paroiffoient reculer de jour en jour, & le tourment de la faim nous auroient portés à quelque réfolution violente, fi notre fureur n'eût été combattue par d'autres craintes. Le corfaire, qui les remarquoit dans nos yeux, nous fit débarquer pendant les ténebres près de quelques vieux édifices qui fe nommoient Tanamandel, & nous confeilla de fondre fur une maifon qui lui parut éloignée des autres. Nous y trouvâmes beaucoup de riz & de petites féves, de grands pots de miel,

S iij

des oies salées, des oignons, des aulx & des cannes de sucre, dont nous fîmes une ample provision. C'étoit le magasin d'un hôpital voisin, & ce religieux dépôt n'étoit défendu que par la piété publique. Quelques Chinois nous apprirent dans la suite qu'il étoit destiné à la subsistance des pélerins, qui visitoient les tombeaux de leurs rois : mais ce n'est pas à ce titre que nous rendîmes graces au ciel de nous y avoir conduits.

Un secours qu'il sembloit nous avoir ménagé dans sa bonté, rétablit un peu le calme & l'esprit sur les deux vaisseaux. Nous continuâmes encore d'avancer pendant sept jours. Quelle différence néanmoins entre le terme que Similau nous avoit fixé, & cette prolongation qui ne finissoit pas ! La patience de Faria n'avoit pas eu peu de force pour soutenir la nôtre ; mais il commençoit lui-même à se défier de tant de longueurs & d'incertitudes. Quoique son courage l'eût disposé à tous les événemens, il confessa publiquement qu'il regrettoit d'avoir entrepris le voyage. Son chagrin croissant d'autant plus qu'il s'efforçoit de le cacher, un jour qu'il avoit demandé au corsaire dans quel lieu il croyoit être, il en reçut une réponse si mal conçue, qu'il le soupçonna d'avoir perdu le jugement, ou d'ignorer le chemin dans lequel il nous avoit engagés. Cette idée le rendit furieux : il l'auroit tué d'un poignard qu'il portoit toujours à sa ceinture, si quelques amis communs n'eussent arrêté son bras, en lui représentant que la mort de ce malheureux assuroit notre ruine. Il modéra sa colere ; mais elle fut assez vive pour le faire jurer sur sa barbe, que si, dans trois jours, le corsaire ne levoit tous ses doutes, il le poignarderoit de sa propre main. Cette menace causa tant de frayeur à Similau, que, la nuit suivante, tandis qu'on s'étoit approché de la terre, il se laissa couler du vaisseau dans la rivière ; & son adresse lui ayant fait éviter la vue des sentinelles, on ne s'apperçut de son évasion qu'en renouvellant la garde.

Un si cruel événement mit Faria comme hors de lui-même : il s'en fallut peu que les deux sentinelles ne payassent leur négligence de leur vie. A l'instant il descendit au rivage avec la plus grande partie des Portugais, & toute la nuit fut employée à chercher Similau : mais il nous fut impossible de découvrir ses traces ; & notre embarras devint encore plus affreux, lorsqu'étant retournés à bord, nous trouvâmes que de quarante-six matelots chinois, qui étoient sur les deux vaisseaux, trente-quatre avoient pris la fuite, pour se dérober apparemment aux malheurs dont ils nous croyoient menacés. Nous tombâmes dans un étonnement qui nous fit lever les mains & les yeux au ciel, fans avoir la force de prononcer un feul mot; cependant, comme il étoit queftion de délibérer fur une fituation fi terrible, on tint confeil, mais avec une variété de fentimens qui retarda long-tems la conclufion. Enfin, nous réfolûmes, à la pluralité des voix, de ne pas abandonner un deffein pour lequel nous avions déjà bravé tant de dangers. Mais, confultant auffi la prudence, nous penfâmes à nous faifir de quelqu'habitant du pays, de qui nous puffions favoir ce qui nous reftoit de chemin jufqu'à l'île de Calempluy. Si nos informations nous apprenoient qu'il fût auffi facile de l'attaquer que Similau nous en avoit flattés, nous promîmes au ciel d'achever notre entreprife; ou fi les difficultés nous paroiffoient invincibles, nous devions nous abandonner au fil de l'eau, qui ne pouvoit nous conduire qu'à la mer, où fon cours la portoit naturellement.

L'ancre fut levée néanmoins avec beaucoup de crainte & de confufion; & la diminution de nos matelots ne nous permit pas d'avancer beaucoup le jour fuivant: mais ayant mouillé le foir affez près de la rive, on découvrit à la fin de la première garde une barque à l'ancre, au milieu de la rivière. Nous nous en approchâmes avec de justes précautions, & nous y prîmes six hommes que nous trouvâmes endormis. Faria les interrogea séparément, pour s'assurer de leur bonne foi, par la conformité de leurs réponses. Ils s'accordèrent à lui dire que le pays où nous étions se nommoit Tanquilem, & que l'île de Calempluy n'étoit éloignée que de dix lieues. On leur fit d'autres questions, auxquelles ils ne répondirent pas moins fidellement. Faria les retint prisonniers pour le service des rames : mais la satisfaction qu'il reçut de leurs éclaircissemens ne l'empêcha pas de regretter Similau, sans lequel il n'espéroit plus de recueillir tout le fruit qu'il s'étoit promis d'une si grande entreprise. Deux jours après nous doublâmes une pointe de terre, nommée Quinai-Taraon, après laquelle nous découvrimes enfin cette île que nous cherchions depuis quatre-vingts jours, & qui nous avoit paru fuir sans cesse devant nous.

C'est une belle plaine, située à deux lieues de cette pointe, au milieu d'une rivière : nous jugeâmes qu'elle n'avoit pas plus d'une lieue de circuit. La joie que nous ressentîmes à cette vue, fut mêlée d'une juste crainte, en considérant à quels périls nous allions nous exposer sans les avoir reconnus. Vers trois heures de nuit,

Faria fit jetter l'ancre affez près de l'île. Il y régnoit un profond filence : cependant, comme il n'étoit pas vraifemblable qu'un lieu tel que Similau nous l'avoit repréfenté, fût fans défenfe & fans garde, on réfolut d'attendre la lumière pour en faire le tour, & pour juger des obftacles.

A la pointe du jour, nous nous approchâmes fort près de la terre, & commençant à tourner, nous obfervâmes foigneufement tout ce qui fe préfentoit à nos yeux. L'île étoit environnée d'un mur de marbre, d'environ douze pieds de hauteur, dont toutes les pierres étoient jointes avec tant d'art, qu'elles paroiffoient d'une feule pièce : il avoit douze autres pieds depuis le fond de la rivière jufqu'à fleur d'eau. Autour du fommet, régnoit un gros cordon en faillie, qui, joint à l'épaiffeur du mur, formoit une galerie affez large. Elle étoit bordée d'une baluftrade en laiton, qui, de fix en fix braffes, fe joignoit à des colonnes du même métal, fur chacune defquelles on voyoit une figure de femme avec une boule à la main. Le dedans de la galerie offroit une chaîne de monftres ou de figures monftrueufes de fonte, qui, fe tenant par la main, fembloient former une danfe autour de l'île. Entre ce rang d'idoles, s'élevoit un autre rang d'arcades, ouvrage fomptueux & compofé de pièces de diverses couleurs. Les ouvertures laissant un passage libre à la vue, on découvroit dans l'intérieur de l'île un bois d'orangers, au milieu duquel étoient bâtis trois cens soixante-cinq hermitages, dédiés aux dieux de l'année. Un peu plus loin à l'est, sur une petite élévation, la seule qui fût dans l'île, on voyoit plusieurs grands édifices séparés les uns des autres, & sept façades assez semblables à celles de nos églises. Tous ces bâtimens, qui paroissoient dorés, avoient des tours fort hautes, que nous prîmes pour autant de clochers : ils étoient entourés de deux grandes rues, dont les maisons avoient aussi beaucoup d'éclat. Un spectacle si magnifique nous fit prendre une haute idée de cet établissement, & des trésors qui devoient être renfermés dans un lieu dont les murs étoient si riches.

Nous avions reconnu avec le même soin les avenues & les entrées. Pendant une partie du jour, que nous avions donnée à ces observations, il ne s'étoit présenté personne dont la rencontre eût pu nous allarmer. Nous commençâmes à nous persuader ce que nous avions eu peine à croire sur le témoignage de Similau & de nos prisonniers Chinois ; c'est-à-dire, que l'île n'étoit habitée que par des bonzes, & qu'elle n'avoit pour défense que l'opinion établie de sa sainteté. Quoique l'après-midi fût assez avancée, Faria prit la résolution de descendre par une des huit avenues que nous avions observées, pour prendre langue dans les hermitages, & régler notre conduite sur ses informations. Il se fit accompagner de trente soldats & de vingt esclaves. Nous entrâmes dans cette île avec le même silence qui ne cessoit pas d'y régner, & traversant le petit bois d'orangers, nous arrivâmes à la porte du premier hermitage. Il n'étoit qu'à deux portées de mousquet du lieu où nous étions descendus. Faria marchoit le sabre à la main : n'appercevant personne, il heurta deux ou trois fois pour se faire ouvrir ; on lui répondit enfin que celui qui frappoit à la porte, devoit faire le tour de l'édifice, & qu'il trouveroit une autre entrée. Un Chinois que nous avions amenés pour nous servir d'interprète & de guide, après lui avoir imposé des loix redoutables, fit aussi-tôt le tour de l'hermitage, & vint nous ouvrir la porte où il nous avoit laissés.

Faria, sans autre explication, entra brusquement, & nous ordonna de le suivre. Nous trouvâmes un vieillard qui paroissoit âgé de plus de cent ans, & que la goutte retenoit assis. Il étoit vêtu d'une longue robe de damas violet : la vue de tant de gens armés lui causa un transport de frayeur, qui le fit tomber presque sans connoissance. Il remua quelque temps les pieds & les mains sans pouvoir prononcer un seul mot : mais ayant recouvré l'usage de ses sens, & nous regardant d'un air plus tranquille, il nous demanda qui nous étions, & ce que nous désirions de lui. L'interprête lui répondit, suivant l'ordre de Faria, que nous étions des marchands étrangers ; que, naviguant dans une jonque fort riche, pour nous rendre au port de Liampo, nous avions eu le malheur de faire naufrage ; qu'un miracle nous avoit sauvés des flots, & que notre reconnoissance pour cette faveur du ciel nous avoit fait promettre de venir en pélerinage dans la sainte île de Calempluy ; que nous y étions arrivés pour accomplir notre vœu ; que notre seule intention, en le troublant dans sa solitude, étoit de lui demander quelqu'aumône, comme un soulagement nécessaire à notre pauvreté, & que nous nous engagions à lui rendre dans trois ans le double de ce qu'il nous permettroit d'enlever.

L'hermite parut méditer un moment sur ce qu'il venoit d'entendre ; ensuite, regardant Faria, qu'il crut reconnoître pour notre chef, il eut l'audace de le traiter de voleur, & de lui reprocher sa criminelle entreprise : ce ne fut pas néanmoins sans joindre à ses injures des prières & des exhortations. Faria loua sa piété, & feignit même d'entrer dans ses vues : mais après l'avoir supplié de modérer son ressentiment, parce que nous n'avions pas d'autre ressource dans notre misère, il n'en ordonna pas moins à ses gens de visiter l'hermitage, & d'enlever tout ce qu'ils y trouveroient de précieux.

Nous parcourûmes toutes les parties de cette espèce de temple, qui étoit rempli de tombeaux, & nous en brisâmes un grand nombre, où nous trouvâmes de l'argent mêlé parmi les os des morts. L'hermite tomba deux fois évanoui, pendant que Faria s'efforçoit de le consoler. Nous portâmes à bord toutes les richesses que nous avions pu découvrir. La nuit qui s'approchoit nous ôta la hardiesse de pénétrer plus loin dans un lieu que nous connoissions si peu : mais comme l'occasion seule nous avoit déterminés à profiter sur le champ de ce qui s'étoit offert, nous emportâmes l'espérance de parvenir le lendemain à d'autres sources de richesses. Faria ne quitta pas l'hermite sans l'avoir forcé de lui apprendre quels ennemis nous avions à redouter dans l'île. Son récit augmenta notre confiance : le nombre des solitaires, qu'il nommoit Talagrepos, étoit de trois cens soixante-cinq dans les hermitages, mais tous d'un âge très-avancé. Ils avoient quarante valets, nommés

Menigrepos, pour leur fournir les secours nécessaires, ou pour les assister dans leurs maladies. Le reste des édifices, qui étoit éloigné d'un quart de lieue, n'étoit peuplé que de bonzes, non-seulement sans armes, mais sans barques pour sortir de l'île, où toutes leurs provisions leur étoient apportées des villes voisines. Faria conçut qu'en y retournant à la pointe du jour, après avoir fait une garde exacte pendant la nuit, nous pouvions espérer qu'il n'échapperoit rien à nos recherches ; & que six ou sept cens moines Chinois, qui devoit être à-peu-près le nombre des bonzes, n'entreprendroient pas de se défendre contre des soldats armés.

Quelque témérité qu'il y eût dans ce dessein, peut-être n'eût-il pas manqué de vraisemblance, si nous avions eu la précaution de nous défaire de l'hermite, ou de l'emmener sur nos vaisseaux. Il pouvoit arriver que les Menigrepos laissassent passer cette nuit sans visiter son hermitage, & nous serions descendus le lendemain avec l'avantage de surprendre tous les autres bonzes : mais il ne tomba dans l'esprit de personne, que notre expédition pût être ignorée jusqu'au jour suivant, & chacun se reposa sur la facilité qu'on se promettoit à réduire une troupe de moines sans courage & sans armes.

Faria donna ses ordres pour la nuit. Ils consistoient principalement à veiller autour de l'île, pour observer toutes les barques qui pouvoient en approcher: mais, vers minuit, nos sentinelles découvrirent quantité de feux sur les temples & sur les murs. Nos Chinois furent les premiers à nous avertir que c'étoit sans doute un signal qui nous menaçoit. Faria dormoit d'un profond sommeil: il ne fut pas plutôt éveillé, qu'au lieu de suivre le conseil des plus timides, qui le pressoient de faire voile aussi-tôt, il se fit conduire à rames, droit à l'île. Un bruit effroyable de cloches & de bassins confirma bientôt l'avis des Chinois. Cependant Faria ne revint à bord que pour nous déclarer qu'il ne prendroit pas la fuite sans avoir approfondi la cause de ce mouvement. Il se flattoit encore que les feux & le bruit pouvoient venir de quelques fêtes, suivant l'usage commun des bonzes. Mais avant que de rien entreprendre, il nous fit jurer sur l'évangile que nous attendrions son retour: ensuite, repassant dans l'île avec quelques-uns de ses plus braves soldats, il suivit le son d'une cloche, qui le conduisit dans un hermitage différent du premier. Là, deux hermites dont il se saisit, & que ses menaces forcèrent de parler, lui apprirent que le vieillard auquel nous avions fait grace de la vie, avoit trouvé la force de se rendre aux grands édifices; que, sur le récit de sa disgrace, l'alarme s'étoit répandue parmi tous les bonzes ; que, dans la crainte du même sort pour leurs maisons & pour leurs temples, ils avoient pris le seul parti qui convenoit à leur profession, c'est-à-dire celui d'avertir les cantons voisins par des feux & par le bruit des cloches, & qu'ils espéroient un prompt secours du zèle & de la piété des habitans. Les gens de Faria profitèrent du temps pour enlever sur l'autel une idole d'argent, qui avoit une couronne d'or sur la tête & une roue dans la main : ils prirent aussi trois chandeliers d'argent avec leurs chaînes qui étoient fort grosses & fort longues. Faria se repentant trop tard du ménagement qu'il avoit eu pour le premier hermite, emmena ceux qui lui parloient, & les fit embarquer avec lui. Il mit aussi-tôt à la voile en s'arrachant la barbe, & se reprochant d'avoir perdu par son imprudence une occasion qu'il désespéroit de retrouver.

Son retour jusqu'à la mer fut aussi prompt que le cours d'une rivière rapide, aidé du travail des rames & de la faveur du vent. Après sept jours de navigation, il s'arrêta dans un village nommé Suseguerim, où, ne craignant plus que le bruit de son entreprise eût pu le suivre, il se pourvut de vivres, qui recommençoient à lui manquer : cependant il n'y passa que deux heures,

T

pendant lesquelles il prit aussi quelques informations sur la route, qui servirent à nous faire sortir de la rivière par un détroit beaucoup moins fréquenté que celui de Sileupamor, par lequel nous y étions entrés. Là, nous fîmes cent quarante lieues pendant neuf jours; & rentrant ensuite dans l'île de Nanquin, qui n'avoit dans ce lieu que dix ou douze lieues de largeur, nous nous laissâmes conduire pendant treize jours par le vent d'ouest, jusqu'à la vue des monts de Conrinacau.

Cette chaîne de montagnes stériles, qui forme une perspective effrayante, l'ennui d'une si longue route, la diminution de nos vivres, & sur-tout le regret d'avoir manqué nos plus belles espérances, jettèrent dans les deux bords un air de tristesse, qui fut comme le présage de l'infortune dont nous étions menacés. Il s'éleva tout d'un coup un de ces vents du sud, que les Chinois nomment typhons, avec une impétuosité si surprenante que nous ne pûmes le regarder comme un évènement naturel. Nos panoures étoient des bâtimens de rames, bas de bord, foibles, & presque sans matelots; un instant rendit notre situation si triste, que, désespérant de pouvoir nous sauver, nous nous laissâmes dériver vers la côte où le courant de l'eau nous portoit. Notre imagination nous offroit plus de ressources en nous brisant entre les rochers, qu'en nous laissant abîmer au milieu des flots : mais ce projet désespéré ne put nous réussir ; le vent, qui se changea bientôt en nord-ouest, éleva des vagues furieuses qui nous rejettèrent malgré nous vers la haute mer. Alors nous commençâmes à soulager nos vaisseaux de tout ce qui pouvoit les appesantir, sans épargner nos caisses d'or & d'argent. Nos mâts furent coupés, & nous nous abandonnâmes à la fortune pendant le reste du jour.

Vers minuit, nous entendîmes dans le vaisseau de Faria les derniers cris du désespoir : on y répondit du nôtre par d'affreux gémissemens ; ensuite, n'entendant plus d'autre bruit que celui des vents & des vagues, nous demeurâmes persuadés que notre brave chef & tous nos amis étoient ensevelis dans l'abîme. Cette idée nous jetta dans une si profonde consternation, que pendant plus d'une heure nous restâmes tous muets. Quelle nuit la douleur & la crainte nous firent passer ! Une heure avant le jour, notre vaisseau s'ouvrit par la contre-quille, & se trouva bientôt si plein d'eau, que le courage nous manqua pour travailler à la pompe. Enfin, nous allâmes choquer contre la côte, & déjà presque noyés comme nous l'étions, les vagues nous roulèrent jusqu'à la pointe d'un écueil, qui acheva de nous mettre en pièces. De vingt-cinq Portugais, quatorze se sauvèrent : le reste, avec dix-huit esclaves chrétiens & sept matelots Chinois, périt misérablement à nos yeux.

Nous nous rassemblâmes sur le rivage, où, pendant le jour & la nuit suivante, nous ne cessâmes de pleurer notre infortune. Le pays étoit rude & montagneux : il y avoit peu d'apparence qu'il fût habité dans les parties voisines. Cependant, le lendemain au matin nous fîmes six ou sept lieues au travers des rochers, dans la triste espérance de trouver quelqu'habitant qui voulût nous recevoir en qualité d'esclaves, & qui nous donnât à manger pour prix de notre liberté : mais après une marche si fatigante, nous arrivâmes à l'entrée d'un immense marécage, au-delà duquel notre vue ne pouvoit s'étendre, & dont le fond étoit si humide, qu'il nous fut impossible d'y entrer. Il fallut retourner sur nos traces, parce qu'il ne se présentoit pas d'autre passage. Nous nous retrouvâmes le jour suivant dans le lieu où notre vaisseau s'étoit perdu ; & découvrant sur le rivage les corps que la mer y avoit jettés, nous recommençâmes nos plaintes & nos gémissemens. Après avoir employé le troisième jour à les ensevelir dans le sable, sans autres instrumens que nos mains, nous prîmes notre chemin vers le nord, par des précipices & des bois que nous avions une peine extrême à pénétrer. Cependant nous descendîmes enfin sur le bord d'une rivière que nous résolûmes de traverser à la nage: mais les trois premiers qui tentèrent le passage furent emportés par la force du courant. Comme ils étoient les plus vigoureux, nous désespérâmes d'un meilleur sort. Nous prîmes le parti de retourner à l'est, en suivant le bord de l'eau, sur lequel nous passâmes une nuit fort obscure, aussi tourmentés par la faim que par le froid & la pluie. Le lendemain, avant le jour, nous apperçûmes un grand feu, vers lequel nous nous remîmes à marcher: mais le perdant de vue au lever du soleil, nous continuâmes jusqu'au soir, de suivre la rivière. Le pays commençoit à s'ouvrir: notre espérance étoit de rencontrer quelque habitation sur la rive; d'ailleurs, nous ne pouvions nous éloigner d'une route où l'eau, qui y étoit excellente, servoit du moins à soulager nos forces. Le soir, nous arrivâmes dans un bois où nous trouvâmes cinq hommes qui travailloient à faire du charbon, & dont nous nous promîmes quelque secours.

Un long commerce avec leur nation, nous avoit rendu leur langue assez familière. Nous

nous approchâmes d'eux ; nous nous jettâmes à leurs pieds pour diminuer l'effroi qu'ils auroient pu reffentir à la vue d'onze étrangers. Nous les priâmes au nom du ciel, dont la puiffance eft refpectée de tous les peuples du monde, de nous adreffer dans quelque lieu où nous puffions trouver du remède au plus preffant de nos maux. Ils nous regardèrent d'un œil de pitié : -- Si la faim étoit votre unique mal, nous dit l'un d'entr'eux, il nous feroit aifé d'y remédier : mais vous avez tant de plaies, que tous nos facs ne fuffiroient pas pour les couvrir --. En effet, les ronces au travers defquelles nous avions marché dans les montagnes, nous avoient déchiré le vifage & les mains ; & ces plaies, que l'excès de notre mifère nous empêchoit de fentir, étoient déjà tournées en pourriture.

Les cinq Chinois nous offrirent un peu de riz & d'eau chaude, qui ne pouvoient fuffire pour nous raffafier : mais en nous laiffant la liberté de paffer la nuit avec eux, ils nous confeillèrent de nous rendre dans une ville voifine, où nous trouverions un hôpital qui fervoit à loger les pauvres voyageurs avec les malades. Nous prîmes auffi tôt le chemin qu'ils eurent l'humanité de nous montrer. Il étoit une heure de nuit lorfque nous frappâmes à la porte de l'hôpital. Sur beaucoup de queftions qu'on nous fit, nous répondîmes que nous étions des marchands de Siam, à qui la fortune avoit fait perdre leur vaisseau par un naufrage. Notre intention, dîmes-nous, étoit de nous rendre à Nanquin, où nous espérions nous embarquer sur les premières lantées qui partiroient pour Canton, dans la confiance d'y trouver des marchands de notre nation, à qui l'empereur permettoit d'y exercer le commerce. Après ces éclaircissemens, qu'on ne jugea pas à propos d'approfondir, & plusieurs autres formalités assez incommodes, mais conformes au caractère des Chinois, on nous reçut avec une charité digne du christianisme. Nous restâmes là tout le tems nécessaire au rétablissement de nos forces & de notre santé, & nous repartîmes enfin, pénétrés de reconnoissance pour les généreux bienfaiteurs qui nous avoient racheté la vie.

Tel fut le triste dénouement d'une entreprise que sans doute le ciel n'avoit pas approuvée. Au lieu de voir se réaliser les hautes espérances que nous en avions conçues, nous ne trouvâmes que le naufrage, la faim, & toutes les extrémités de la misère. Quant à Faria, malgré des informations sans nombre, nous restâmes toujours dans l'ignorance de son fort, mais bien persuadés d'ailleurs qu'il avoit péri, & que la vengeance céleste ayant puni en nous les moins criminels, n'auroit pas épargné le plus coupable de tous.

Fin des Aventures d'un Corsaire Portugais.

VOYAGES
ET AVENTURES
DU CAPITAINE
ROBERT BOYLE;

Où l'on trouve l'histoire de Mademoiselle VILLARS, avec qui il se sauva de Barbarie; celle d'un Esclave Italien, & celle de Dom PEDRO AQUILIO, qui fournit des exemples des coups les plus surprenans de la fortune;

AVEC

La Relation du Voyage, du Naufrage & de la Conservation miraculeuse du sieur CASTELMAN, où l'on voit une description de la Pensylvanie, & de Philadelphie, sa capitale.

Traduits de l'Anglois.

PRÉFACE

Imprimée en tête de l'édition de 1730.

La relation suivante est un détail de ce qui m'est arrivé de plus remarquable pendant plusieurs années ; & quelque extraordinaire qu'elle puisse paroître, je déclare qu'il n'y a pas jusqu'à la moindre circonstance qui n'en soit vraie. Comme je ne l'avois écrite que pour ma propre satisfaction, il s'en falloit beaucoup qu'elle fût en état de voir le jour ; & je n'aurois jamais pensé à la publier, si un de mes anciens amis ne s'étoit emparé de mes papiers à mon insu, & ne m'avoit assuré que si je ne voulois pas les mettre au net pour les donner à l'imprimeur, il le feroit lui-même.

L'histoire du naufrage de mon ami M. Castelman, & des dangers qu'il a courus, & la description de la Pensylvanie & de Philadelphie sa capitale, qu'on trouvera ensuite, ne déplairont pas, j'espère, aux lecteurs. Il n'y a ni ornement étranger, ni rien qui ne soit exactement vrai. Je suis persuadé que tous ceux qui connoissent ce gentilhomme, avoueront qu'il y a peu de personnes d'une aussi grande probité, comme le poste qu'il occupe, & la manière dont il l'occupe, le justifient suffisamment.

VOYAGES ET AVENTURES DU CAPITAINE ROBERT BOYLE.

Je suis né dans un port de mer, appellé Boston, en la Province de Lincoln. Mon père étoit capitaine & propriétaire d'un vaisseau marchand, qui négocioit aux Indes occidentales; mais en revenant il fut jetté sur les rochers de Silly (1), où il périt avec tout l'équipage, à la réserve d'un seul homme. Ma mère & moi étions chez une tante à Londres, quand cette triste nouvelle arriva.

J'étois trop jeune pour sentir la perte que je faisois; mais ma mère en mourut bientôt de chagrin, & me laissa orphelin, destitué de tout

---

(1) C'est un amas de petites îles situées entre les côtes d'Angleterre, de France, & d'Irlande, & bordées de rochers. On les appelle autrement les Sorlingues.

secours, à l'âge de dix ans. Il est vrai pourtant que j'avois une bonne tante, qui étoit assez à son aise, & qui prit soin de mon éducation. J'appris en peu de tems à lire & à écrire, quelque peu de latin, & pour ce qui est du françois, je le possédois parfaitement, ayant commencé à le parler dès mon enfance avec ma mère, qui étoit née à Paris, où mon père l'avoit épousée, & d'où il l'avoit menée à Boston.

Quand j'eus atteint l'âge de quatorze ans, ma tante me dit qu'il étoit tems de songer à m'appliquer à quelque profession, qu'elle m'en laissoit le choix, & qu'elle fourniroit à tout ce qui seroit nécessaire pour cela. Cependant, ajouta-t-elle, si j'avois un conseil à vous donner, je voudrois que vous étudiassiez en droit sous la direction de votre oncle; mais je lui répondis, que je ne me souciois pas fort d'embrasser une profession, où l'on ne peut faire fortune qu'aux dépens d'autrui. Enfin, j'aimai mieux être horloger, me sentant un génie propre à cela. Ainsi je cherchai un maître, & en ayant trouvé un, qui me revenoit assez, je fus mis en apprentissage chez lui : je n'eus pas sujet de m'en plaindre, car il me traita toujours fort honnêtement, en considération de ma naissance & des malheurs de notre famille.

Ma tante lui donna quarante guinées d'engagement; ce qui étoit beaucoup dans ce tems-là; mais il passoit pour un des plus habiles de son métier : d'ailleurs elle devoit m'habiller, & me fournir de tout ce dont j'aurois besoin pendant les sept années de mon apprentissage.

Les six premiers mois je me trouvai fort bien de ma nouvelle condition; mais à peine étoient-ils écoulés que mon maître épousa une femme, qui avoit assez de bien, & beaucoup de mauvaise humeur. Au bout de quelques semaines, elle commença à le maîtriser, & à me traiter aussi fort durement, jusqu'à m'obliger de faire tous ses petits messages, & de porter son livre à l'église le dimanche, comme si j'eusse été son laquais. Je souffrois tout cela assez bien, mais non sans me plaindre à ma tante, qui me conseilloit de prendre patience, croyant qu'il seroit inutile d'en parler à mon maître.

Je demeurai dans cet état un an entier, au bout duquel, pour comble d'infortuune, ma pauvre tante mourut d'une hydropisie. C'étoit-là, en effet, la plus grande disgrace qui pût m'arriver; car elle m'avoit toujours tenu lieu de père & de mère. Elle me laissa par son testament 800 livres sterlings, & me donna mon oncle pour tuteur : je m'abstiendrai de le nommer, non pas par considération pour lui, mais pour ses enfans, qui ont été de bons rejettons d'une mauvaise tige, & aussi généreux qu'il étoit avare.

Ma maîtresse continua toujours à me maltraiter, & une aventure me fit connoître son mauvais cœur.

Mon maître faisoit un grand commerce de montres, qu'il vendoit au de-là la mer. Un jour qu'il en portoit plusieurs à bord d'un vaisseau chargé pour Lisbonne, qui étoit à Deptford (1); il me prit avec lui. A peine avions-nous fait trois milles, qu'il se souvint qu'il avoit oublié une montre d'argent, dont il vouloit faire présent au capitaine du vaisseau. Il m'ordonna de l'aller chercher, & me mit à terre, parce que la marée étant contraire, je pouvois me rendre beaucoup plus vîte au logis à pied, que par eau.

Je fis tant de diligence, que je crois que j'arrivai à la bourse en moins d'une demi-heure. Quand je fus venu à la maison, je ne trouvai personne dans la boutique, que mon compagnon d'apprentissage, qui me dit que ma maîtresse étoit dans sa chambre. J'y montai tout aussi-tôt pour prendre la montre, mon

---

(1) C'est un bourg sur la Tamise, un peu au-dessous de Londres.

maître m'ayant dit qu'il l'y avoit laiſſée, après l'avoir portée pluſieurs jours pour l'éprouver ; mais je trouvai la porte fermée. M'arrêtant un moment à conſidérer ce que je ferois, j'entendis la voix d'un homme, qui parloit bas à ma maîtreſſe, & je compris bientôt, par leur entretien, que l'amour en étoit le ſujet. Je fus aux écoutes, juſqu'à ce que je m'apperçus qu'ils faiſoient autre choſe que ſe parler.

Au haut de l'eſcalier il y avoit un marche-pied, que la ſervante avoit laiſſé là par négligence, s'en étant ſervie le matin pour clouer des pentes aux fenêtres de la ſalle ; & comme le deſſus de la porte étoit vitré, j'eus grande envie de voir qui c'étoit, qui faiſoit la beſogne de mon maître en ſon abſence. Ainſi je poſai fort doucement le marche-pied contre la boiſerie à côté de la porte, & je montai deſſus ; mais comme j'étois panché ſur la vitre pour regarder dans la chambre, le poids de mon corps fit gliſſer le marche-pied, qui donnant contre la porte la fit ouvrir ; de ſorte que je tombai dans la chambre tout de mon long avec le marche-pied ; ce qui ne cauſa pas un petit bruit.

Vous pouvez bien croire qu'à cette chûte le couple amoureux ne fut pas peu ſurpris ; la frayeur qu'ils en eurent fut ſi grande, qu'ils oublièrent ce qu'ils faisoient : mais j'en vis assez pour me convaincre que mon maître étoit en beau chemin de gagner paradis, graces à ma maîtresse.

Quand nous fûmes revenus de notre surprise réciproque, & que tout eût été remis en ordre, je me hasardai de dire à ma maîtresse la commission que j'avois. Elle me donna la montre, en m'appliquant un bon soufflet, & me disant qu'elle s'étonnoit que j'eusse eu l'effronterie de monter sans frapper à la porte ; mais, ajouta-t-elle, je crois plutôt que vous veniez dans quelque mauvaise intention, & que vous auriez volé votre maître, si je ne me fusse trouvée dans la chambre avec mon médecin, qui est venu voir comment je me portois.

Il n'étoit pas difficile de deviner quelle médecine elle prenoit ; cependant je m'excusai du mieux que je pus, en disant que voulant ôter du passage le marche-pied, il m'avoit échappé des mains, & étoit tombé contre la porte qu'il avoit enfoncée : j'ajoutai que j'étois bien fâché de lui avoir fait de la peine ; je fis la révérence, & je me retirai sans donner à connoître que j'eusse vu la moindre chose. Je pris un bateau, & je suivis mon maître.

Dès que je fus sur l'eau, je me mis à considérer lequel valoit le mieux, ou de tenir secret ce qui venoit d'arriver, ou d'en instruire mon maître. Enfin, après avoir bien pesé le pour & le contre, je me déterminai à ce dernier parti; d'un côté, pour me venger de ma maîtresse, qui m'avoit frappé; & de l'autre, pour ne pas laisser un aussi honnête homme que mon maître dans l'ignorance de l'infidélité qu'elle lui faisoit.

Quand je fus à bord du vaisseau, le capitaine pria mon maître de trouver bon que je me misse à table avec eux. Nous dînâmes de bon appétit; le vin & le punch (1) ne nous manquèrent point; & toute la compagnie commençoit à être de bonne humeur, lorsqu'on vint dire au capitaine, que sa lady (2), comme l'appelloit le messager, seroit à bord dans une heure pour prendre congé de lui. Là-dessus mon maître se mit à le railler; je m'étonne, lui dit-il, que vous autres gens de mer vouliez vous exposer à avoir des femmes: pourquoi cela? répondit le capi-

---

(1) C'est une espèce de liqueur forte, composée d'eau de vie & d'eau commune, de sucre & de jus de citron, qu'on fait au moment même qu'on veut la boire, & qui est fort en usage dans toute l'Angleterre.

(2) C'est un titre d'honneur, qui n'appartient proprement qu'aux dames de qualité, mais que les Anglois, par un excès de flatterie, dont on ne les croiroit pas volontiers capables, prodiguent indifféremment aux femmes & aux filles de toute condition.

taine; parce que, répliqua mon maitre, vous devriez, à mon avis, vous souvenir de la pointe des cocus (1), que vous avez passée en descendant la rivière; votre absence leur fournit une si belle occasion, que je crois qu'il y en a bien peu qui la laissent échapper. Vraiment, reprit le capitaine, la vôtre ne pourroit-elle point coëffer, au moment même que je parle? N'a-t-elle pas assez de tems? Qu'en pensez-vous? Cela est bientôt fait? Quand une femme a résolu, &c. Maint alderman (2) a été fait cocu, pendant qu'il étoit à ses affaires sur la bourse; & j'ai connu la femme d'un ministre, qui alloit rarement à l'église, mais qui ne perdoit pas son tems au logis. Tandis que le bonhomme endoctrinoit son troupeau, elle prenoit ses ébats avec un jeune fermier fort riche. Mais un jour ayant été attaqué d'un vertige, dans le temps qu'il alloit commencer ses fonctions, on fut obligé de le ramener à la maison, où il découvrit bientôt la cause de son mal; car sa femme lui avoit fait pousser des cornes, comme les en-

―――――――――――――――――――

(1) C'est une petite langue de terre sur la Tamise, un peu au-dessous de Londres, à l'extrémité de laquelle il y a une maison, où l'on a attaché, par plaisanterie, des cornes; ce qui a donné lieu à l'appeller la pointe des cocus.

(2) Les aldermans sont les magistrats, ou les membres du conseil des villes.

fans pouffent des dents. Cependant, comme il avoit affez de témoins qu'on l'avoit enrôlé malgré lui dans la grande confrairie, il intenta procès au fermier, & en reçut un dédommagement de 500 livres, quoiqu'on lui a fouvent ouï dire depuis, qu'il ne trouvoit pas que fa femme en fût eftropiée.

Cette hiftoriette donna lieu à en faire quelques autres dans le même goût. A la fin, mon maître & moi, voyant que la marée remontoit, nous prîmes congé de la compagnie, & lui fouhaitâmes un bon voyage. Comme nous repaffions auprès de la pointe des cocus, mon maître me dit à haute voix, Robin: pourquoi ne tirez-vous pas votre chapeau à ce Monfieur qui eft à cette fenêtre ? Je le tirai fort docilement, mais je ne vis perfonne ; furquoi il fe mit à éclater de rire, me difant que j'avois bien fait de l'honneur aux cornes. Alors comprenant fa penfée, je lui répondis que cette efpèce de civilité ne convenoit qu'aux hommes mariés ; & comme j'étois piqué de l'affront que je croyois qu'il m'avoit fait, j'ajoutai qu'effectivement il y en avoit bien peu qui ne fuffent cornards, ou qui ne duffent l'être un jour. Comment, fripon, répliqua mon maître, penfez-vous donc que je fois auffi du nombre ? Vraiment, Monfieur, repartis-je, je n'ai pas grande raifon de croire ma maîtresse plus sainte qu'une autre; & puisque vous me mettez sur ce chapitre, je vous prie que nous allions à quelque cabaret, de peur que les bateliers n'entendent ce que nous dirons, & là je vous apprendrai ce que j'ai vu aujourd'hui. A ces mots, mon maître changea de couleur, & impatient de savoir ce que j'avois à lui dire, il ordonna aux bateliers de nous mettre à terre, & de nous attendre quelque tems.

Nous entrâmes dans une taverne, & prîmes une chambre en particulier, où je lui déclarai tout ce dont j'avois été témoin. Après m'avoir fait plusieurs questions, je vis bien qu'il ne doutoit nullement que je ne lui eusse dit la vérité; car il devint pâle comme la mort & eut de la peine à retenir ses larmes. Je fus fâché alors de lui avoir appris ce qui s'étoit passé, me souvenant de ces mots :

Quand on le sait, c'est peu de chose;
Quand on l'ignore, ce n'est rien.

Après avoir gardé quelque tems le silence, il se mit à pester & à menacer, tenant des discours extravagans, & paroissant tout en fureur. Enfin je me hasardai à lui dire, que je croyois qu'il avoit tort de s'affliger ainsi pour une chose qui ne pouvoit se réparer ; & que je m'étonnois que le monde fût si injuste que de faire tomber sur le mari une ignominie qui ne regarde proprement que la femme.

Peu à peu il devint plus tranquille; & alors il me fit ce compliment : Robin, me dit il, j'ai remarqué en toi un jugement au-dessus du commun; je te prie, dis-moi comment je dois me conduire dans cette affaire. Je vous remercie, Monsieur, lui dis-je, de la bonne opinion que vous avez de moi; mais si j'étois dans votre cas, je ne voudrois pas faire semblant de rien, jusqu'à ce que je pusse trouver ma femme sur le fait, ou dans de telles circonstances qu'elle fût obligée elle-même de passer condamnation; & cela pour deux raisons. 1°. Dès que vous en viendrez à une rupture ouverte, vous ne jouirez plus d'aucun repos. 2°. Ma maîtresse pourroit bien se mettre dans la tête de nier cette aventure; & alors elle ne manqueroit pas de décharger toute sa colère sur moi; & franchement, ajoutai-je, je souffre déjà trop de sa mauvaise humeur, pour que je puisse en souffrir davantage.

Mon maître résolut de suivre mon avis, & de ne pas faire connoître à sa femme qu'il sût rien de ce qui s'étoit passé.

Le pauvre homme ne pouvoit deviner qui étoit le galant en question, par la description que je lui en fis, car je ne l'avois jamais vu que cette seule fois. Nous retournâmes à notre bateau, & delà à la maison. Quand nous fûmes arrivés, ma maîtresse demanda à mon maître, si je ne lui avois point fait de contes : des contes, ma chère ! répondit mon maître ; quels contes ? Il ne m'a rien dit. Vraiment, répliqua ma maîtresse ; ce n'est pas grand-chose ; seulement je lui ai donné un soufflet ce matin, quand il est venu pour la montre que vous aviez oubliée, & je m'imaginois qu'il vous en auroit fait des plaintes ; mais, ajouta-t-elle, je suis fâchée de l'avoir frappé, & je veux lui faire satisfaction ; & elle dit ceci assez haut pour que je pusse l'entendre.

Le lendemain, mon maître étant allé à la bourse, elle monta dans la boutique, où je travaillois au troisième étage, & sous quelque prétexte, elle envoya mon compagnon dehors. Quand il fut parti, elle s'assit, & après m'avoir regardé quelque tems en face : eh bien ! Robin, me dit-elle, je vous suis très-obligée de n'avoir donné aucune connoissance de l'accident qui arriva hier à votre maître ; & pour récompenser votre silence, voilà un jacobus que je vous donne pour vous acheter une paire de gants : je vous promets que vous n'aurez jamais plus sujet de vous plaindre de moi. Je pris sa pièce d'or, & je l'assurai que je ne parlerois de ma vie de cette affaire : elle me dit que j'étois un bon garçon, & se retira.

Mon maître n'avoit pas toujours la commodité de m'entretenir à la maison, de sorte qu'il me donnoit rendez-vous tous les dimanches après le sermon du soir, dans quelque taverne, pour y parler à notre aise de l'affaire en question. La première fois que nous y allâmes, je lui fis l'histoire du jacobus, & de l'entretien que j'avois eu avec ma maîtresse ; & pour le mieux convaincre, je lui montrai la pièce, qu'il reconnut d'abord appartenir à sa femme par sa beauté, étant la même qu'il lui avoit donnée depuis peu, comme une pièce à conserver.

Pour le coup, Robin, me dit il, je suis pleinement persuadé de l'infidélité de ma femme ; car nonobstant tout ce que tu m'en avois dit, je me flattois que ce pourroit bien être un conte de ta façon, que tu aurois inventé pour lui rendre la pareille des mauvais traitemens que tu en as reçus. Mais il s'agit de déterrer ce galant, afin que je puisse me venger premièrement sur lui ; car, pour t'avouer ma folie, il faut que je te dise, Robin, que je ne serai jamais capable de haïr cette ingrate.

Quelque tems après, mon maître découvrit que ma maîtresse étoit allé avec son amant, dans un jardin près de la ville, & que cet amant étoit un jeune procureur. Ainsi la première chose sur laquelle nous conférâmes ensuite, fut de leur fournir une occasion de se voir à la maison tout à leur aise. Pour cet effet, mon maître dit à ma maîtresse qu'il étoit obligé d'aller jusqu'à Sainte-Marguerite, dans la province de Kent (1), retirer certaines marchandises, qu'on y avoit débarquées pour son compte; qu'il vouloit éviter de les faire passer à la douane; & qu'il appréhendoit qu'on n'exécutât pas bien son dessein, s'il n'y étoit lui-même.

Le mardi suivant fut choisi pour le jour de son départ. Il me donna ordre, devant tout le monde, d'aller en son absence en plusieurs endroits, pour parler aux ouvriers, qu'il employoit dans sa profession (car il y a divers métiers particuliers qui appartiennent à l'horlogerie). Le jour marqué étant venu, mon maître monta à cheval de grand matin, à dessein, comme ma maîtresse & le reste de la famille le croyoient, d'aller où il avoit dit: mais il ne fut pas plus loin qu'Islington (2), il revint d'abord sur ses pas, remit son cheval à l'écurie, & alla droit au lieu de notre rendez-vous.

―――――――――――――――――――
(1) C'est un port de mer à 60 milles de Londres.
(2) Petit village tout près de Londres.

A peine étoit-il parti, que ma maîtresse m'appella, & me demanda si j'avois le tems de faire un message pour elle. Je lui répondis que cela étoit impossible, ayant de l'ouvrage à finir que je devois porter dehors incessamment. Alors elle me pria de faire venir un porteur; ce que je fis, en choisissant un que je connoissois particulièrement, & qui étoit fort bien dans ses affaires; car dans ce tems-là un porteur de la cité gagnoit beaucoup, la poste d'un sou (1) n'étant pas encore établie. Je l'instruisis de ce qu'il avoit à faire; je lui dis qu'il devoit monter auprès de ma maîtresse, prendre la lettre qu'elle lui remettroit, & aller ensuite à un cabaret à bierre tout joignant, où il m'attendroit quelque tems. Il suivit mes instructions; & faisant semblant de sortir pour les affaires de mon maître, je fus le joindre. Delà je le menai sur le champ dans l'endroit où étoit mon maître, qui ayant ouvert la lettre, y lut ce qui suit : « mon cher Thomas, il y a un siècle que je ne vous ai vu; le cocu est allé pour une semaine hors de ville; ainsi trouvez-vous sur les six heures

___

(1) Cette poste part toutes les deux heures pour tous les quartiers de Londres, & ses environs, à dix milles : on donne un sou par lettre; & c'est pour cela qu'on l'appelle la poste d'un sou.

du soir au rendez-vous ordinaire. ». Ce billet nous laissoit dans le même embarras qu'auparavant ; car nous ne pouvions comprendre quel étoit ce rendez-vous ordinaire, à moins que ce ne fût le jardin, dont j'ai déjà parlé. Enfin nous prîmes la résolution d'envoyer le porteur avec la lettre au galant, le chargeant de nous rapporter sa réponse, pour voir si nous n'en pourrions pas tirer plus de lumière : il s'en fut & revint avec un billet, que nous ouvrîmes, & où nous trouvâmes ces mots : « ma chere, le rendez-vous ordinaire ne me paroît pas convenable, parce qu'un avocat de ma connoissance a découvert quelque chose de notre intrigue ; ainsi je serai à vous avant l'heure que vous me marquez, afin que nous puissions prendre là-dessus nos mesures. Je suis ravi que votre animal soit hors de ville ; nous ajouterons un autre andouiller à son bois pour orner son front, aussi-tôt que j'aurai le bonheur de voir celle qui aura toujours tout pouvoir sur votre, &c. »

Quand mon maître vit que la scène devoit s'ouvrir dans sa propre maison, il demeura tout interdit ; mais après avoir gardé quelque tems le silence, il me tint ce discours : « Robin, cette lettre a en quelque manière confondu notre projet, parce que je ne voudrois

pas, s'il étoit possible, exécuter chez moi le dessein que j'ai formé, de peur que cela ne fît un trop grand éclat; car, ajouta-t-il, quoiqu'un homme ait le malheur d'être cocu, il seroit bien fâché que tout le monde le sût ».
Je lui dis que j'étois ravi de le voir de si bonne humeur, & si raisonnable sur le cas; mais que je le priois de ne pas retenir davantage le porteur, de crainte de quelque accident. Il me remercia de mon attention, recacheta la lettre, & la donna au porteur pour la rendre incessamment. Quand celui-ci fut parti, mon maître me chargea de retourner à la maison, & de prendre garde à ce qui s'y passeroit, avec ordre qu'aussi-tôt que le galant seroit venu, je lui renvoyasse le même porteur lui dire, que l'ouvrage étoit fait, & prêt à lui porter, s'il le trouvoit à propos.

Il n'y avoit pas un quart-d'heure que j'étois au logis, quand mon galant arriva en carrosse : il monta droit à la chambre de ma maîtresse, mais il ne s'y arrêta point; il descendit dans le moment, dit quelque chose à l'oreille du cocher, & enfila la rue. Je ne savois qu'en penser, ni ce que je devois faire; mais ma maîtresse me tira bientôt d'embarras; car elle fit appeller un fiacre. Sur le champ, j'envoyai quérir mon porteur, & je lui dis à l'oreille de suivre ce carosse, & de se dépêcher de me venir dire en quel endroit il se seroit arrêté. Ma maîtresse descendit, son masque à la main, & se jetta dans le fiacre : je le suivis des yeux aussi loin que je pus, & je vis que le porteur avoit trouvé le moyen de se mettre derrière le carrosse. Je fus de ce pas joindre mon maître, & je l'instruisis de tout : il me pressa de retourner à la maison pour ne pas faire attendre le porteur, & m'ordonna de l'amener aussi-tôt qu'il seroit venu à la tête du pape, parce que ce cabaret étoit plus proche de chez lui.

Le porteur ne revint qu'au bout de deux heures : il me dit que le carrosse étoit allé dans York-Buildings, à l'endroit par où l'on descend à la rivière ; que là ma maîtresse, & un jeune homme qui l'attendoit, avoient pris un bateau à deux rameurs, & avoient passé à Lambeth, où ils étoient entrés dans un cabaret, à l'enseigne du lion blanc ; & que les y ayant suivis de près, il avoit attendu quelque tems, pour voir s'ils n'avoient point résolu d'aller plus loin : je suis entré, me dit-il, dans la cuisine, & j'ai demandé un pot de bierre ; à peine y étois-je, qu'un des serviteurs est venu, & a dit au cuisinier, que le gentilhomme & sa dame qui venoient d'arriver, vouloient qu'on leur apprêtât une volaille rôtie & du poisson, & qu'on séchât des draps blancs; parce que, comme le coche devoit les appeller à une heure du matin, ils avoient dessein de se mettre au lit d'abord apres dîné.

Le porteur m'ayant ainsi rendu compte de tout, je ne jugeai pas bien à propos de le mener à la Tête du pape; de sorte que j'y fus seul: j'y trouvai mon maître avec un autre homme que je ne connoissois point. Quand je lui eus dit ce que j'avois appris du porteur, nous allâmes tous ensemble en carrosse à Westminster; delà nous passâmes en bateau à Lambeth, & nous fûmes droit au Lion blanc par la porte de derrière. Je m'adressai au garçon qui tire le vin, comme nous en étions convenus, & je lui demandai s'il n'y avoit pas dans le cabaret un monsieur & une dame, qui vouloient y passer la nuit, en attendant le coche, qui devoit les prendre de grand matin; il me répondit qu'oui, ajoutant qu'ils s'étoient allés coucher en ce moment là même, pour être plus en état de se lever de bonne heure : je le priai de me dire la chambre qu'ils occupoient, parce que j'avois une affaire de grande importance à leur communiquer; la voilà, me dit-il, en me la montrant du doigt, au premier étage : fort bien, répliquai-je, apportez-moi une pinte de vin, j'en boirai un verre avant que de monter.

Le garçon courut à la cave, & alors je fis signe à mon maître, qui n'étoit pas loin, de me suivre : nous montâmes tous trois ensemble ; & enfonçant la porte sans beaucoup de difficulté, nous entrâmes dans la chambre, où nous apperçûmes bientôt le couple amoureux occupé aux mystères de Vénus. Je refermai la porte & me tins derrière, pour empêcher que personne n'entrât. Aussi-tôt mon maître se saisit du galant tout nud, le renversa sur son dos, lui mit un pistolet sur la gorge, & lui jura qu'il le tueroit, s'il s'avisoit de branler, ou de crier au secours. Alors l'ami qui nous avoit accompagné, tira de sa poche un étui à instrumens de chirurgie, & avec une paire de ciseaux faits pour cela, il lui enleva ce qui manque à Senesino, & à bien d'autres musiciens Italiens. L'opération fut si prompte, que je crois que le pauvre diable ne connut sa perte, que lorsqu'il sentit le sang couler le long de ses cuisses : il essaya à diverses reprises de se lever, mais inutilement. Mon maître lui dit qu'il feroit beaucoup mieux de demeurer tranquille, de peur qu'on ne le traitât plus mal encore ; mais, à mon avis, cela n'étoit guères possible. Le chirurgien

gien (car celui qui venoit de faire le coup en étoit effectivement un) avoit avec lui tout son attirail, aiguille, onguens, emplâtres, &c.; de sorte qu'il eut bientôt pansé mon homme, & qu'il ne tint pas à lui de le renvoyer sur le champ à la maison un peu plus léger qu'il n'étoit venu; mais le sang qu'il avoit perdu, joint à la douleur de l'opération, l'avoit si fort affoibli, qu'il tomba en défaillance.

Ma maîtresse s'étoit cachée tout ce tems-là derrière les rideaux du lit, & n'avoit pas ouvert la bouche; mais malgré le trouble où elle devoit être, elle eut soin de s'habiller; après quoi elle s'assit sur le bord du lit du côté de la muraille, où elle paroissoit ensévelie dans une profonde tristesse.

Pour ce qui est du galant, nous le fîmes revenir à lui avec l'assistance du garçon du cabaret, qui vit bientôt de quoi il étoit question. Quand cela fut fait, mon maître dit à sa femme: « madame, il faut que j'avoue que j'ai eu tort de vous troubler dans vos plaisirs; mais je reconnois ma faute, & je vais tâcher de la réparer, en vous laissant seuls vous divertir à votre aise; ainsi je prends congé de vous. »

Là-dessus nous descendîmes, nous payâmes le vin que nous avions bu, & nous retournâmes à notre bateau, qui nous attendoit, pour repasser la rivière, & nous rendre au logis. Mon maître fut fort inquiet pendant tout le chemin, & il nous fut impossible d'en arracher une seule parole. Quand nous fûmes arrivés à la maison, il monta droit à sa chambre, s'y renferma à la clef, & y demeura plusieurs heures. J'aurois bien voulu dissiper sa mélancolie; mais je ne savois comment m'y prendre.

Sur les sept heures du soir, il m'appella, & me demanda, si je n'avois aucune nouvelle de sa femme; je lui dis que non : vraiment, reprit-il, si elle n'a pas perdu toute honte, elle ne se hâtera pas de revenir à la maison. Il sortit quelque tems après, & ne revint qu'à minuit; il me demanda de nouveau si nous n'avions point entendu parler de ma maîtresse, & voyant que nous n'en avions rien appris, il s'alla coucher.

Le lendemain matin, il m'ordonna d'envoyer le porteur à *Lambeth*, pour savoir ce que nos deux amans avoient fait après que nous les eûmes quittés. Je l'envoyai sur le champ; & il rapporta pour réponse à mon maître, qu'aussi-tôt que la dame s'apperçut que nous étions partis, elle s'en étoit allée, laissant le galant si foible, qu'il n'avoit encore pu sortir du cabaret, d'où il avoit envoyé querir plusieurs personnes de sa connoissance.

L'après-midi, la mère de ma maîtresse vint chez mon maître, & eut un long entretien avec lui ; après quoi ils sortirent tous deux ensemble. Je ne fus de mes jours plus surpris, que quand je le vis revenir le même soir avec sa femme & sa belle-mère. Il me fit la grace de me dire le lendemain que sa femme étoit bien repentante, & que sur sa soumission, & les prières instantes de sa mère, il s'étoit enfin déterminé à la reprendre pour cette fois seulement. Monsieur, lui repliquai-je, si vous pouvez lui pardonner, personne n'a droit d'y trouver à redire ; mais, ajoutai-je, je crains bien que je ne sois la victime de son ressentiment. Non, me dit-il ; une des conditions sous lesquelles je me suis raccommodé avec votre maîtresse, c'est qu'elle ne vous témoignera jamais le moindre souvenir de ce que vous avez fait à son égard. Et effectivement, elle tint parole, jusques-là qu'elle n'osoit pas seulement me regarder en face : elle vécut avec beaucoup de réserve pendant un long-tems, ne sortant jamais que pour aller à l'église le dimanche.

Sur la fin de cette même année, mon maître tomba malade, & les médecins lui conseillèrent d'aller à la campagne pour changer d'air, ainsi il alla prendre logement à Hampstead (1). Ma maîtresse l'y alloit voir deux ou trois fois la semaine ; & j'y allois aussi le dimanche pour lui rendre compte de l'état de la boutique. Un jour il me dit que sa femme lui avoit marqué tant de tendresse pendant sa maladie, qu'il croyoit vraiment qu'il n'auroit jamais plus sujet de se plaindre de sa conduite : je lui répondis que cela me faisoit autant de plaisir qu'à lui, & que j'étois aussi de mon côté très-content d'elle.

Huit jours après, je m'apperçus que ma maîtresse sortit & rentra fort souvent, comme si elle eût été bien affairée ; & qu'elle donna ordre à mon compagnon d'aller lui retenir une place au coche d'Hampstead à l'ordinaire. Ceci arriva un mardi ; & je ne la vis plus dès ce jour-là.

Je fus voir mon maître le dimanche suivant, il me demanda si ma maîtresse ne se portoit pas bien, qu'il ne l'avoit point vue depuis le lundi précédent : ni moi, répondis-je, depuis mardi ; mais je croyois qu'elle étoit avec vous, car elle prit place au coche, pour vous venir voir ce jour-là ; & elle envoya divers paquets

_____
(1) Village situé sur une hauteur, à quatre ou cinq milles de Londres.

devant elle, comme elle avoit coutume de faire quand elle venoit ici. Le pauvre homme fut si frappé de ce que je venois de lui apprendre, qu'il en perdit la parole pour quelque tems, & que la sueur découloit de son visage à grosses goutes. A la fin il me dit, Robin, je crains qu'il n'y ait bien du mal, ma femme m'a certainement ruiné. Prenez courage, monsieur, lui répondis-je, & espérez pour le mieux.

Tout foible qu'il étoit, il voulut partir sur le champ pour Londres. Nous prîmes un carrosse, & nous nous rendîmes en diligence à la maison: mais quelle ne fut pas notre douleur de voir que ma maîtresse avoit emporté environ cinq mille livres sterling en billets de banque, & en espèces; outre trente-six montres d'or, & dix-sept d'argent, avec toutes ses nippes? A la vue de cette perte, mon maître tomba sur son lit dans le dernier accablement; je fus appeller quelques-uns de ses voisins & de ses amis pour le consoler; après quoi je me pris à courir de côté & d'autre comme un fou, pour voir si je ne pourrois point avoir de nouvelles de la voleuse, mais inutilement.

Je m'en fus à la banque, pour arrêter le paiement des billets volés; mais à mon grand chagrin je trouvai que l'argent en avoit déjà été reçu quatre jours auparavant. Je revins en informer mon maître qui s'étoit mis au lit. Quand il apprit que toutes mes perquisitions & tous mes soins avoient été inutiles, il s'écria: ah, Robin! ce n'est pas la perte de mon argent qui m'afflige, c'est la mauvaise conduite de ma femme; j'en ai le cœur navré, & la douleur que j'en ressens durera autant que ma vie. Je demeurai auprès de lui jusqu'à ce qu'il me dit qu'il commençoit à s'assoupir, & que je devois m'aller coucher; en même tems il me prit la main, & me souhaita le bon soir. Je m'apperçus par son pouls qu'il avoit la fièvre, & je le priai de me permettre d'appeller un médecin; mais il me répondit qu'il falloit attendre jusqu'au lendemain, espérant qu'alors il seroit mieux. Comme je vis qu'il avoit de la disposition à reposer, je le laissai & fus me coucher.

Dès que je fus éveillé, je me levai, & je descendis dans sa chambre, pour savoir comment il avoit passé la nuit; je le trouvai si foible qu'il n'avoit pas la force de lever la tête. Je voulus aller sur le champ appeller un médecin, qui demeuroit tout près de chez nous; mais il m'en empêcha, me disant qu'il étoit trop tard, & qu'il sentoit approcher son dernier moment. Il m'ordonna de m'asseoir sur le lit à côté de lui, il me prit la main, & me dit : Robin, ma femme m'a tué; j'eusse pu supporter tout autre malheur que celui-là; si tu la revois jamais, dis-lui de ma part que je lui pardonne, & que je la conjure de changer de vie; mais apprends-lui en même tems que c'est elle qui est la cause de ma mort. Je lui répondis, qu'il avoit tort de vouloir mourir pour une ingrate, qui ne méritoit pas la moindre attention; qu'il devoit plutôt prendre courage, & me laisser appeller le médecin. Non, repliqua-t-il; tous les médecins & tous les avis du monde me sont désormais inutiles; je sens un feu qui me dévore, & que rien ne sauroit éteindre; adieu Robin, souviens-toi de ton maître.

A peine eut-il prononcé ces mots, qu'il perdit la parole; & un moment après il rendit le dernier soupir. J'en fus frappé comme d'un coup de foudre; & j'avoue qu'un mouvement subit de vengeance s'éleva dans mon ame contre la barbare cause de sa mort.

Quand je fus un peu revenu à moi, je m'en allai chez un cousin de mon maître, qui demeuroit dans la même rue, & je le priai de venir prendre soin de ses affaires. Deux ou trois jours se passèrent avant que je pusse me tranquilliser. Au bout de ce tems, je fus chez mon oncle lui demander vingt livres pour m'habiller de deuil, par respect pour la mémoire de mon maître; car je voulois que mon extérieur répondît à mon affliction intérieure. A quoi bon cette dépense, Robin, me dit mon oncle, quand je lui eus expliqué mon dessein? Si les parens de ton maître ne veulent pas te donner le deuil, il me semble que tu ne dois pas te mettre en peine de le porter. Pardonnez-moi, monsieur, repliquai-je, je crois qu'il est de mon devoir de le faire; car si même ma maîtresse n'en a pas bien usé envers moi, mon maître m'a toujours été fort bon. Mais loin de se rendre à mes instances, il me dit nettement que je n'aurois pas un denier pour cela. Je lui répondis, que je ne lui demandois que le mien; il me repliqua, que quand il jugeroit que j'aurois assez de raison pour ménager mon petit fait, il pourroit peut-être me le remettre entre les mains, mais qu'en attendant ce tems-là, il en prendroit soin pour moi.

Cette repartie de mon oncle me fit beaucoup de peine, car il sembloit qu'il eût dessein de me retenir mon bien; aussi ne fis-je pas difficulté de lui dire en termes honnêtes ce que j'en pensois; mais ce fut inutilement. Je le quittai le cœur fort gros, & m'en revins à la maison; je me couchai dans un désordre d'esprit inconcevable, & cependant je dormis jusqu'au matin. Je me levai sur les six heures, avec de tristes idées de mon sort à venir. A huit heures, le valet de mon oncle vint, & me rendit une lettre de sa part, dans laquelle il me demandoit excuse de ce qui s'étoit passé le jour précédent, m'assurant que ce qu'il en avoit fait n'avoit été que pour m'éprouver. Le valet me donna en même tems par son ordre dix guinées, & me dit que son tailleur alloit venir pour m'habiller; en effet il arriva un moment après, prit ma mesure, & me promit que l'habit seroit fait pour le lendemain environ midi; il me tint parole.

Cependant j'eus soin de m'acheter, avec l'argent que mon oncle m'avoit envoyé, tout ce qu'il me falloit d'ailleurs pour le deuil; & le même soir j'allai chez lui pour le remercier. Robin, me dit-il, ne sois point choqué de ce que je te dis hier, je voulois seulement connoître ton humeur, & je vois bien que tu es le fils de ton père, un rejetton du vieux tronc. Il m'arrêta à souper avec lui, & entr'autres discours qu'il me tint, il me demanda ce que j'avois dessein de faire à présent que mon maître étoit mort; car il ne croyoit pas que je susse assez bien ma profession pour l'exercer. Je lui répondis, que je l'entendois suffisamment pour trouver un autre maître, chez qui je pourrois achever mon apprentissage sans rien payer. Il me repliqua que je n'avois que faire de me tant presser, qu'il falloit prendre du tems pour y penser, & qu'en attendant je demeurerois chez lui, où j'étois le très-bien venu : & afin de me convaincre de la sincérité de ses discours, il me donna cinq guinées pour mes menus plaisirs, & me dit, que je partagerois la chambre & le lit avec un de ses clercs, jeune garçon de bon naturel qui avoit été mon camarade d'école.

Je fus bien aise de profiter de cette offre, & je passai un mois chez mon oncle avec le plus grand plaisir ; il paroissoit m'aimer tendrement, ne me refusant jamais rien de ce que je lui demandois. Un Dimanche matin, il m'appella dans sa chambre, & après mille démonstrations d'amitié, il me demanda si mon maître ne m'avoit jamais chargé de quelque affaire particulière dans le négoce qu'il faisoit en montres. Je compris d'abord sa pensée, & je lui répondis qu'oui. Fort bien, me dit-il, je veux vous envoyer demain à Gravesend, pour une pareille chose ; & si vous exécutez comme il faut ma commission, vous n'y perdrez rien.

Le lendemain, dès que je fus levé, il me

donna une lettre, pour remettre à un de ses
cliens dans le Pall-mall, & dont je devois lui
apporter la réponse. A mon retour, je le
trouvai qui disoit adieu à un homme qui avoit
tout l'air d'un officier de marine. Aussi-tôt
qu'ils se furent séparés, mon oncle me dit de
partir, après m'avoir donné les instructions
nécessaires; je devois m'informer du vaisseau
nommé le Succès, à Gravesend, & quand je
m'y serois rendu, suivre les ordres du capitaine Stokes, qui en avoit le commandement.

Pendant que je lui parlois, mon camarade
me fourra un livre dans la poche, me disant
que sa lecture pourroit me divertir sur le bateau, au cas que je n'y trouvasse pas de compagnie qui me revînt. Je ne fis pas grande
attention à cela, & après avoir pris congé
de mon oncle, je partis. Je ne fus pas plutôt
entré dans le bateau de Gravesend, que nous
descendîmes la rivière; j'eus le bonheur d'y
rencontrer bonne compagnie, & entr'autres
un jeune homme qui devoit aller au même
vaisseau que moi.

Nous nous divertîmes tout le chemin à faire
de petits contes. Environ deux heures après-
midi nous fûmes à bord du Succès, & la première personne que j'y vis fut le même homme que j'avois vu le matin dire adieu à mon

oncle, & qui se trouva être le capitaine du vaisseau; il me prit par la main, me conduisit dans sa chambre, & me fit donner à manger. Quand j'eus dîné, il me dit que mes affaires seroient à bord dans un moment; je lui répondis que c'étoit fort bien, ne me défiant pas de la moindre chose. Après cela, il sortit & me laissa seul; je regardai par la fênêtre & je vis que nous étions sous voiles; cela me surprit un peu; mais j'étois si ignorant que je crus que nous remontions la rivière. Comme j'y rêvois, le capitaine entra & me dit que ce que j'attendois étoit arrivé, & que je n'avois qu'à le faire mettre où je voudrois. Je montai sur le pont; mais quel ne fut pas mon étonnement, quand je vis mon coffre, que j'avois laissé chez mon Oncle, & toutes mes hardes dedans! J'en fus si troublé, que je demeurai quelque tems sans pouvoir dire une seule parole. A la fin, ayant un peu recueilli mes esprits, je demandai au capitaine ce que cela vouloit dire. Ce que cela veut dire, me repliqua-t-il? quoi mon ami, voudriez-vous faire un aussi long voyage que celui que nous entreprenons, sans vous pourvoir des choses nécessaires? Quel voyage, repartis-je? Vraiment, me dit-il, ne le savez-vous pas? Celui de la Virginie. A ces mots, je m'assis sur mon coffre, & me mis à verser un torrent de larmes; la douleur m'accabla même à un tel point, que j'en perdis pour quelques momens jusqu'à la force de penser. Le capitaine fit tout ce qu'il put pour me consoler; & alors il m'apprit que mon oncle avoit fait marché avec lui pour mon passage, & l'avoit chargé de me remettre entre les mains d'un parent que j'avois à Charles-Town, sur le continent de l'Amérique. Je lui demandai le nom de ce parent; mais il me nomma une personne dont je n'avois jamais oui parler.

Quand je vis que mon barbare d'oncle m'avoit certainement vendu, je me jettai aux pieds du capitaine, & je le suppliai de me mettre à terre, l'assurant que je trouverois moyen de lui payer la somme qu'il devoit avoir pour mon passage. Il me répondit, qu'il étoit déjà trop bien payé pour me laisser aller, & que le meilleur parti que j'avois à prendre, étoit de me tranquilliser, parce que j'avois bien l'air de ne pas mettre le pied en Europe, que je n'eusse vu auparavant l'Amérique. Je compris alors qu'il étoit inutile de le solliciter davantage là-dessus : j'avoue que j'avois plutôt du penchant, que de l'aversion, à aller en mer, & si mon oncle m'eût honnêtement proposé ce voyage, & donné de quoi le faire agréablement, il y a à parier dix contre un, que je l'aurois accepté avec plaisir. Mais l'idée de me voir trahi, & enlevé comme par force, jointe à la crainte d'être vendu pour esclave, me jetta dans la dernière consternation. Cependant comme j'étois d'une humeur naturellement portée à la joie, huit ou dix jours dissipèrent presque mon chagrin, & je commençai, au bout de ce tems, à prendre en patience mon malheur. Je m'appliquai avec toute la diligence possible à apprendre les mathématiques, & la manœuvre, & je puis dire qu'en peu de tems j'en acquis une médiocre connoissance, à l'aide de plusieurs de notre équipage dont je ne tardai pas à gagner l'amitié.

J'ai parlé d'un livre, que le clerc de mon oncle m'avoit fourré dans la poche, comme je recevois ses ordres pour me rendre au vaisseau. Je n'y pensai point les trois ou quatre premiers jours, mais enfin me l'étant rappellé, je voulus voir ce que c'étoit; je le pris, & j'y trouvai la lettre suivante qui m'étoit adressée.

Mon cher Robin,

» Pendant que vous êtes allé ce matin à St. James (il supposoit que je lirois cette lettre ce jour-là même) j'ai entre-ouï mon maître qui parloit à un capitaine de vaisseau, & j'ai compris par leurs discours qu'il a dessein de vous envoyer à la Virginie, & que le marché en est conclu. L'amitié que je vous porte, & la barbarie de votre oncle m'obligent à vous en avertir; & j'espère que ce sera encore à tems. Tirez-vous d'affaire du mieux que vous pourrez; mais quelques mesures que vous preniez pour cela, ne me compromettez point, vous en savez la conséquence. J'ai imaginé ce moyen de vous faire savoir ce qui se passe, craignant que je ne puisse pas avoir l'occasion de vous parler. Adieu jusqu'au revoir, ce qui, j'espère, sera bientôt.

A. M.

Cette lettre me fit maudire de nouveau ma destinée; car si je l'eusse heureusement lue avant que de venir à bord du vaisseau, j'aurois prévenu le dessein de mon oncle. Mais ce devoit être là mon sort, ainsi je pris le parti de m'y soumettre.

Nous ne rencontrâmes rien de remarquable dans notre voyage, jusques à ce que nous fûmes près des îles Canaries. Un soir nous entendîmes plusieurs coups de canon; ce que nous jugeâmes venir d'un vaisseau, à deux lieues de distance. Notre capitaine changea aussi-tôt de route, pour éviter la rencontre de quelque ennemi; car il n'avoit que dix canons & vingt hommes d'équipage, outre les passagers.

Mais malgré toute sa diligence, nous nous trouvâmes le lendemain, dès que le jour eut commencé à paroître, & que le brouillard se fut un peu élevé, à un demi mille seulement d'un corsaire de Barbarie. Nous fûmes tous étrangement surpris; car il faisoit force de voiles & de rames pour nous joindre, ayant l'avantage du vent. Notre capitaine proposa d'abord de se rendre, mais les matelots aimèrent mieux se battre, & furent confirmés dans leur résolution à la vue d'un autre vaisseau qui venoit à nous, & qui faisoit pavillon d'Espagne. On plaça sur le champ tous nos canons sur le stribord, & chacun se prépara au combat pour sauver sa liberté.

Cependant le corsaire parut en un instant à notre avant de stribord, disposé à venir à l'abordage. Nous avions avec nous quelques grenades, & diverses autres munitions de guerre destinées pour le fort de Charles-town, & un canonnier au nombre des passagers. Celui-ci fit poster quelques matelots avec des grenades sur la grande hune, & il les y suivit lui-même; & dès que la galère ennemie fut à portée, nous prîmes la chasse, & lui envoyâmes une bordée qui la prenant par devant & par derrière,

derrière, lui fit beaucoup de mal : en même tems ceux qui étoient sur la hune jettèrent leurs grenades, ce qui acheva de mettre son équipage en désordre. Mais tout cela ne nous auroit pas servi de grand-chose, si nos ennemis n'avoient apperçu le vaisseau de guerre Espagnol qui venoit à nous. Alors ils changèrent de dessein, & sans chercher davantage à nous aborder, ils se contentèrent de nous incommoder par le feu continuel de leur canon & de leur mousqueterie.

Je m'étois muni d'un fusil que je croyois avoir déchargé en tirant avec les autres; car la poudre du bassinet avoit pris feu, mais le bruit du canon & des autres armes m'avoit empêché de m'appercevoir que le coup n'étoit pas parti. Je le rechargeai, & je vis alors par la baguette que je m'étois trompé ; cependant je résolus de le tirer : je me postai, pour cet effet, contre le plat-bord du bas-bord, précisément sur le château d'avant, pour être aussi loin de l'ennemi que je pourrois ; mais le fusil ayant double charge, & étant très-mauvais, il repoussa d'une telle force, qu'il me jetta à la renverse par dessus le plat-bord; mon pied s'étant accroché aux cordages de l'éperon, je demeurai quelque tems suspendu la tête en bas hors du vaisseau, mais faisant effort pour me relever, mon pied se dégagea, & je tombai à plomb dans la mer.

Quoi que j'eusse appris à nager, la frayeur, le bruit, la fumée, tout cela ensemble m'avoit ôté la connoissance ; de sorte que je ne fis que me débattre. Insensiblement pourtant j'avois avancé du côté du vaisseau Corsaire, & lorsque je fus un peu revenu à moi, je ne m'en trouvai éloigné que d'environ cinq brasses : & comme dans cet instant il prenoit la chasse ayant vent-arrière, les matelots me firent l'amitié en passant de me décharger un grand coup de rame qui m'étourdit, & de me prendre ensuite dans leur bord.

Ils forcèrent de voiles & de rames, & comme ils avoient le vent en pouppe, ils se furent bientôt éloignés du Succès qui serra de voiles, attendant le vaisseau Espagnol. Celui-ci ne tarda pas à le joindre ; & nous les vîmes ensuite venir de compagnie après nous. Le capitaine Corsaire étoit un renégat Irlandois ; dès qu'il se crut hors de danger, il me fit appeler dans sa chambre, & me demanda où notre vaisseau alloit, & qui j'étois ; car il me prit pour quelque chose de plus qu'un matelot, voyant que je n'en avois pas l'habit. Je lui contai mon histoire telle que je viens de la faire. Il branla la tête, & me dit avec un souris moqueur que je savois fort bien mentir. Monsieur, répliquai-je, je suis si éloigné de vous en imposer, que je me suis jetté dans la mer à dessein de vous venir joindre, aimant mieux être esclave que d'aller je ne sais où, avec le fripon qui m'a vendu : & pour convaincre votre grandeur (car je voulois flatter sa vanité pour m'insinuer plus aisément dans ses bonnes graces) que je dis vrai, voilà la lettre que le clerc de mon oncle avoit mise dans le livre qu'il me fourra dans la poche; heureusement j'avois l'un & l'autre avec moi. Quand il l'eut lue, il me dit qu'il étoit persuadé de ma sincérité; & tu verras, ajouta-t-il, malgré la mauvaise opinion qu'on a de nous autres renégats, que tu n'en seras que mieux pour t'être confié en moi. Monsieur, repartis-je, cet accident doit vous convaincre que j'ai eû une très-bonne idée de votre grandeur; car dès que je vous ai apperçu sur le tillac donnant vos ordres, j'ai remarqué en vous un air de gentil-homme qui m'a fait plaisir. Notez pourtant qu'il avoit la phisionomie du monde la plus patibulaire.

Je lui donnai si bien de la grandeur, qu'il commença à se croire en effet un héros; & en reconnoissance il me fit ôter mes chaînes, (car ses gens m'en avoient honnêtement pourvu en moment qu'ils m'avoient pris dans leur bord) & me dit que si je voulois me faire Mahométan, je commanderois sous lui. Je lui repondis, que j'espérois qu'il me donneroit quelque tems pour y penser. Oui, oui, repliqua-t-il, tu auras six mois pour te déterminer : en même tems il me mena sur le pont, & conta mon histoire à son équipage qui en fut charmé, & qui me salua à la manière des maures, en baissant la tête & mettant les mains en croix sur la poitrine.

Il y avoit sur cette galère plusieurs renégats Anglois, qui en étoient officiers; mais la plupart des matelots étoient des naturels Maures. Le capitaine me dit, qu'il vouloit se rendre en diligence à Salé, parce que son vaisseau & son équipage avoient beaucoup souffert dans un combat qu'il avoit soutenu le jour d'auparavant, avec un vaisseau de guerre Espagnol : mais il ajouta, qu'il remettroit bien-tôt à la mer avec une autre galère qu'il avoit toute prête sur la route de Salé : ainsi nous fîmes voile de ce côté-là. Dix jours après nous découvrîmes les côtes d'Afrique, & nous nous trouvâmes cinq lieues à l'ouest de Salé; & le vent nous étant favorable, nous entrâmes dans le port de cette ville sur les six heures du soir.

J'avoue que je commençai alors à concevoir quelque espérance de revoir ma patrie, quoique je ne comprisse pas encore comment cela pourroit se faire ; néanmoins je résolus de me confier entièrement à cet égard à la providence.

Le lendemain matin, mon maître (car j'appellerai désormais ainsi le capitaine corsaire) m'envoya chercher à la ville par un jeune renégat, qui étoit né à Londres, & qui avoit changé son nom de François Corbet pour celui de Mustapha : le drôle ne manquoit pas d'esprit, & entendoit fort bien les mathématiques ; il n'avoit pas accompagné le capitaine dans ce voyage, parce qu'il étoit malade de la fièvre quand il partit. Je lui demandai comment il avoit pu renier le sauveur du monde pour se faire Mahométan ; il me répondit, qu'il n'étoit tel que de nom, & qu'il avoit cru qu'il valoit mieux confier son ame à Dieu, que son corps à ces chiens de barbares. Je trouvai la déclaration bien libre, pour être faite à un homme qu'il ne connoissoit point.

Quand nous fûmes débarqués, nous rencontrâmes presque toute la ville de Salé qui étoit sortie pour me voir comme une espèce de prodige ; car mon maître avoit pris grand soin de publier mon histoire ; & l'on me témoigna autant de considération qu'à lui-même. Il me mena chez lui, & m'y traita fort honnêtement pendant huit ou dix jours: je fus, entr'autres, deux ou trois fois avec lui à une maison de campagne qu'il avoit à six milles de là, en remontant la rivière. Cette maison étoit située dans un endroit fort agréable, au milieu d'un petit bois que la rivière environnoit de tous côtés, & dont on ne pouvoit approcher que par le moyen d'un pont-levis: c'est-là qu'il gardoit ses femmes, car l'on me dit qu'il en avoit plusieurs.

Je remarquai que son jardin étoit assez mal entretenu, & je ne pus m'empêcher de le lui dire; il me répondit, que c'étoit faute d'un bon jardinier, aucun de ses esclaves n'entendant cette profession. Je lui offris mes services, l'assurant, que quoique ce ne fût pas là mon métier, j'y aurois bien-tôt fait de bonnes réparations, avec le secours de quelques-uns de ses domestiques. Il accepta mon offre, & m'ordonna de prendre autant de ses eunuques que j'en voudrois pour m'aider, ajoutant, que comme il desiroit avec impatience de voir son jardin en meilleur état, il alloit me laisser pour y travailler sur le champ. Je le priai de m'excuser pour le coup, parce qu'il me manquoit plusieurs choses nécessaires pour cela. Si ce sont des outils, ou des semences, me dit-il, j'en ai de toutes les sortes; & là-dessus il me conduisit à une petite maison, faite pour un cabinet de verdure, où je trouvai tout ce dont je pouvois avoir besoin. Comme je lui témoignai en être satisfait, il fit mettre un lit pour moi dans ce cabinet, & me donna un vieil eunuque qui entendoit fort bien le françois, pour me servir, avec ordre de me fournir tout ce que je demanderois; seulement je ne devois pas approcher de la maison en son absence pour quelque raison que ce fût. Je lui dis, que la curiosité ne me portoit point de ce côté-là, & que j'espérois lui montrer quelque chose qui lui feroit plaisir, la première fois qu'il reviendroit, ce qui devoit être dans 10 jours.

Dès qu'il fut parti, je me mis à travailler; heureusement pour moi, j'avois toujours pris beaucoup de plaisir au jardinage, soit dans la théorie, soit dans la pratique, en sorte que je l'entendois passablement. Je tirai des desseins, & je les fis exécuter à mes ouvriers; ils me secondèrent si bien, qu'en six jours j'eus donné une nouvelle forme au jardin. Il y avoit au milieu un grand bourbier, je le fis saigner, & je trouvai, en creusant, une fontaine qu'on avoit laissé remplir de toute sorte de vilenies.

Je demandai au vieil eunuque s'il se souvenoit de l'avoir jamais vue jouer ; il me répondit que non, & qu'on ne s'étoit pas même imaginé qu'il y eût-là une fontaine ; parce qu'un vieux renégat Espagnol, de qui son maître avoit acheté cette maison de campagne, il n'y avoit que quatre ans, lui avoit dit que c'étoit autrefois un vivier. Je me mis à chercher du côté de la rivière, s'il n'y auroit point de conduit, & je trouvai effectivement des tuyaux, dont l'ouverture étoit bouchée par la grande quantité d'ordures & de limon qu'il y avoit dans cet endroit-là. Je les fis déboucher, & insensiblement l'eau vint dans la fontaine, d'où elle ressortoit par un autre canal. Je m'apperçus qu'il y avoit eu au dessus des figures, proche des tuyaux ; je demandai à mon eunuque s'il n'en avoit point vu en quelque endroit de la maison ; il me dit qu'il y en avoit plusieurs dans une cour sur le derrière de la maison. J'y fus avec lui, & j'y trouvai quatre petites figures de Tritons, & un Neptune dans son char tiré par des chevaux marins. J'ordonnai qu'on les apportât à la fontaine ; & après avoir arrêté l'eau, je les plaçai comme elles devoient l'être ; je la lâchai ensuite, & je vis avec un extrême plaisir qu'elle jouoit admirablement bien au travers des narines des chevaux, & du trident de Neptune, & de là hors des écailles des Tritons qu'ils sembloient enfler de leur souffle. Les ouvriers que j'avois employés, fort surpris à cette vue, & ne comprenant pas comment je pouvois avoir exécuté tout cela en si peu de tems, s'imaginèrent que j'avois commerce avec le diable, & ne savoient que penser de moi. Le lendemain matin, l'eunuque vint dans ma chambre, avant que je me fusse levé, & me pria de lui en donner la clef, & de vouloir être son prisonnier jusqu'à ce qu'il revînt. Cela me surprit un peu, de sorte que je lui en demandai la raison; il me dit, qu'il ne pouvoit point m'en donner, parce que ce seroit outrepasser sa commission; ainsi il me renferma & s'en fut. Je me mis à rêver à cet accident, mais je n'en pouvois comprendre la cause: il n'y avoit point dans ma chambre d'ouverture du côté du jardin, & de la maison; de sorte que je ne pus voir ce qui s'y passoit, comme j'en aurois bien eu la curiosité dans ce moment-là; mes fenêtres regardoient sur la rivière & sur le bois, du côté tout opposé. Je fus donc obligé de prendre patience, en attendant mon eunuque; il revint au bout de deux heures, & nous dînâmes ensemble. Je déployai toute ma rhétorique, pour l'engager à me dire les raisons qu'il avoit eues de m'enfermer ainsi, mais ce fut en vain; il m'apprit seulement qu'il seroit obligé d'en faire encore autant le lendemain matin. Ma surprise n'augmenta pas peu à cette nouvelle, & je commençai à croire que j'allois perdre par degrés ma liberté. Le vieil eunuque découvrant ma pensée, m'assura qu'on n'avoit aucun mauvais dessein sur moi, & que je pouvois dormir en repos. L'après-midi je finis toutes les réparations que je voulois faire au jardin; c'étoit trois jours avant que mon maître dût arriver. Sur le soir j'apperçus un autre eunuque de la maison qui parloit avec feu à celui qui me servoit, lequel vint à moi sur le champ, & me dit qu'il me prioit de me retirer à l'instant dans ma chambre; je fis ce qu'il demandoit sans lui repliquer un seul mot, sachant bien que ce seroit inutilement.

Je me donnois la torture pour trouver la raison, qui m'avoit fait renfermer avec tant de précipitation, lorsque j'entendis des voix de femmes. J'en fus d'abord surpris; mais après y avoir rêvé un moment, je vis bien que c'étoit-là la cause de la conduite qu'on avoit tenue à mon égard. Quand l'eunuque vint m'apporter à souper, je lui dis qu'il avoit eu tort de me faire un secret d'une chose que j'avois découvert par moi-même, & en même tems je lui contai que j'avois ouï des voix de femmes dans le jardin.

Comment ? repliqua-t-il tout étonné ; je prendrai soin qu'elles tiennent leur langue à l'avenir. Là-dessus il sortit & revint un moment après, m'assurant que je ne les entendrois plus parler. Un procédé si extraordinaire ne fit qu'augmenter ma curiosité.

Lorsque je me vis seul dans ma chambre, je l'examinai avec soin, pour voir si je ne pourrois point découvrir quelque petit trou qui donnât sur le jardin ; heureusement j'en trouvai un que les mauvais tems avoient fait à la longue dessous l'auvent. Aussi-tôt je regardai au travers, & j'apperçus trois femmes dans l'une des allées du jardin, qui me tournoient le dos : elles étoient en deshabillé Turc, le sein découvert : il y en avoit une entr'autres, qui me parut avoir la taille plus belle & plus dégagée, que ne l'ont communément les femmes de Maroc. Je ne sais quelle émotion je sentis tout-à-coup, mais j'attendis avec impatience qu'elles s'approchassent du lieu où j'étois. A la fin mes désirs furent satisfaits ; car après s'être arrêtées quelque tems à examiner ma nouvelle fontaine, elles tournèrent leurs pas du côté de ma prison. Quand elles furent un peu proche, je pus discerner que c'étoient trois belles femmes; mais celle dont j'avois déjà admiré la taille, furpaſſoit encore à cet égard les deux autres, du moins dans mon opinion: elle me parut avoir environ vingt-ans, extrêmement blonde, & faite à-peu-près comme une Angloife: elle marchoit feule, d'un air fort rêveur, la mélancolie peinte fur le viſage; & je remarquai qu'elle foupiroit fort fouvent. Jufques-là je n'avois pas eu la moindre inclination pour le fexe; mais dans ce moment je me ſentis pour cette inconnue une tendreſſe inexprimable. J'en fus comme hors de moi-même, juſqu'à ce qu'elle fe fût retirée avec les deux autres; mais alors je me mis à penfer à cet accident, & après m'être bien examiné, je trouvai que l'amour comme le deſtin ne peut s'éviter; plus même j'y réfléchiſſois, & plus je m'engageois dans cette cruelle, mais agréable paſſion. Cependant je fentois bien que je faiſois une folie, vu les circonſtances; je n'avois rien à efpérer, & j'avois tout à craindre; j'étois pauvre, priſonnier, étranger, fort éloigné de ma patrie, fans amis & fans fecours. Quelle apparence que je puffe jamais feulement faire connoître mon amour à celle qui en étoit l'objet? & quand je l'aurois pu, quelle apparence qu'elle voulût y répondre, me trouvant réduit à un fi trifte état ? Ces réfléxions me désoloient, mais elles ne m'ôtoient pas toute espérance ; je me flattois encore de pouvoir réussir, malgré les difficultés insurmontables que j'y voyois ; ainsi je résolus d'aimer à quelque prix que ce fût. Dans cette résolution, je me mis à penser à la conduite que je tiendrois, & aux moyens de satisfaire mon amour. Je savois que les Maures sont extrêmement jaloux de leurs femmes, & je ne doutois point que mon renégat Irlandois n'eût aquis parmi eux cette belle qualité. Pour me précautionner de ce côté-là, je m'avisai enfin de cet expédient ; je résolus de faire paroître à mon maître une entière aversion pour toutes les femmes ; & la vérité est que cela ne m'étoit pas bien difficile, parce que la conduite de ma maîtresse d'apprentissage m'avoit donné une très-mauvaise idée du sêxe en général. Cet expédient me parut merveilleux, & j'en espérai beaucoup. Quand l'eunuque vint me rendre la liberté, je le priai à souper ce soir-là avec moi ; il l'accepta de bon cœur, & s'en fut chercher une bouteille d'excellent vin de Grèce, qu'il eut grand soin de cacher sous son habit, de peur que quelqu'un ne l'apperçût. J'avoüe que je fus bien, mais agréablement surpris ; car comme je savois que l'usage du vin est interdit aux Maures, je ne m'attendois point à en trouver-là. Le gaillard me dit, en souriant, qu'il avoit apporté ce cordial pour me faire réparation de ce qu'il m'avoit enfermé; car, ajouta-t-il, quoiqu'il ne soit pas permis aux Musulmans de boire du vin, nous savons fort bien que vous autres Européens ne mangez guère sans cela; & notre maître n'est pas si rigide observateur de la loi qu'il n'en boive lui-même souvent, & qu'il n'en fasse en secret de bonnes provisions pour son propre usage. Je lui répondis, que je croyois que Mahomet avoit ordonné à ses sectateurs de s'abstenir du vin, parce que l'usage immodéré en est pernicieux, & ne manque jamais d'enflammer les passions; au lieu que pris avec sobriété, il donne de la vigueur au corps, & réjouit l'esprit. Il convint de ce que je disois, & pour montrer qu'il étoit dans les mêmes sentimens, il but à ma santé. Malgré les efforts que je fis sur moi pour cacher le trouble où m'avoit jetté l'amour, mon obligeant eunuque s'apperçut à mon air que j'avois du chagrin, & tâcha de le dissiper à force de me faire boire; & comme il crut que j'étois choqué de ce qu'il m'avoit ainsi renfermé, il me pria de ne point le prendre en mauvaise part, m'assurant que dès que son maître seroit venu, j'aurois ma liberté toute entière, parce qu'alors ses femmes ne sortiroient point de leurs appartemens. Je lui dis avec une apparence de joie, que je serois ravi quand cela arriveroit, que je haïssois les femmes dès mon enfance, & que la connoissance que j'avois de leur perfidie avoit si fort augmenté cette aversion, que je n'en pouvois pas même supporter la vue; ajoutant, que je croyois que la plus grande malédiction qui pût tomber sur l'homme étoit celle d'en être né. Là-dessus je lui dis l'histoire de mon maître d'apprentissage, & de ma maîtresse, & plusieurs contes extravagans de ma façon, où je dépeignois des couleurs les plus noires cette belle partie de la création. Mon homme loua beaucoup le mépris que je faisois du sexe, & en dit aussi à son tour pis que pendre. Le vin qui commençoit à lui monter à la tête, le fit causer plus qu'il n'auroit dû; il m'apprit que son maître avoit plusieurs femmes, à la manière du païs, outre une esclave qu'il avoit faite tout nouvellement, & qui paroissoit si opposée à sa passion, qu'il n'avoit encore pu la gagner avec toute sa rhétorique; il ajouta qu'il ne savoit point de quelle nation elle étoit, mais qu'elle parloit fort bon françois. Je conçus bien que ce ne pouvoit être que la charmante blonde que j'avois vue, ce qui me fit changer de couleur; mais pour empêcher que l'eunuque ne s'en apperçût, je lui dis auſſi-tôt avec une eſpèce de paſſion, la peſte ſoit de toutes les femmes, ne parlons plus de cette maudite engeance, je vous prie. J'ai peur, me répondit-il, que vous n'aimiez les hommes, & que ce ne ſoit ce qui vous fait mépriſer ſi fort le ſèxe. Je ne compris pas d'abord ce qu'il vouloit dire; mais s'étant expliqué, je lui témoignai tant d'horreur d'une pratique ſi abominable, qu'il en fut tout étonné. Vraiment, me dit-il, c'eſt une choſe ſi commune dans ce païs, qu'on ne la regarde que comme une galanterie. Pour moi, repliquai-je, je crois que ceux qui s'y abandonnent méritent d'être traités plus mal que les bêtes, & je la déteſte encore plus, s'il eſt poſſible, que je ne déteſte les femmes. Nous nous ſéparâmes là-deſſus bons amis; & comme il ſortoit, je lui dis, qu'il n'avoit que faire de m'enfermer une autre fois, que je ſaurois bien me garder moi-même. Oui, oui, repliqua-t-il en branlant la tête, je crois que je puis vous laiſſer ſur votre parole. Dès qu'il fut parti, je me couchai, non pas pour dormir, mais pour rêver à mes amours; car je commençois à eſpérer beaucoup de ma diſſimulation. Je paſſai toute la nuit à inventer mille moyens d'avancer mes affaires, juſqu'à ce que confondu par la multitude, & à force de me

tourmenter

tourmenter l'esprit, je m'endormis sur le matin ; mais le bruit de quelques voix que j'entendis dans le jardin, me réveilla bien-tôt. Je sautai sur le champ du lit, barrai ma porte de peur que quelqu'un n'entrât ; me jettai mes habits sur le corps, & courrus à mon trou. Je vis d'abord mon aimable enchanteresse qui lisoit dans un livre, en se promenant seule dans l'allée qui conduisoit à ma prison ; les autres femmes étoient auprès de la fontaine occupées à admirer le jeu des eaux. Elle vint tout proche de moi ; mais quelle ne fut pas ma surprise, quand je l'entendis chanter en anglois des paroles, dont voici le sens ? » Ma » douleur est toute en dedans ; & ces marques » extérieures de chagrin qu'on voit en moi, ne » sont que de foibles signes de l'affliction se- » crette qui tourmente mon ame ».

J'avoue que dans ce moment je sentis des transports d'amour au-dessus de toute expression. Cette charmante personne avoit la voix si douce & si harmonieuse, que j'en tombai dans une espèce d'extase, dont je ne revins que quand elle eut cessé de chanter, & qu'elle m'eût tourné le dos pour aller rejoindre les autres femmes qui se promenoient. Je la suivis des yeux aussi long-tems que je le pus ; & quand je l'eus perdue de vue, mon imagination en étoit si remplie, que je croyois la voir encore. Je ne pouvois plus douter que ce ne fût une angloise, que mon maître retenoit en esclavage. Je formai sur le champ la résolution de lui faire savoir par quelque moyen, que j'étois disposé à la servir de toutes mes forces, si elle vouloit l'accepter.

Le vieux Eunuque vint frapper à ma porte, que j'étois encore à mon trou ; ce qui me réveilla de la profonde, mais douce rêverie où j'étois enseveli. Il fallut changer de note, & prendre le parti de dissimuler. Je laissai mon homme frapper deux ou trois fois, avant que de lui ouvrir, pour avoir le tems de me remettre. Il ne fut pas plutôt entré que je lui dis en me plaignant, mais d'un ton d'ami ; vous me promîtes hier que je ne serois jamais plus incommodé du babil de ces diablesses de femmes ; & cependant elles viennent de m'étourdir si fort pendant une heure, que j'ai été obligé de barrer ma porte, & de me sauver en haut pour ne les entendre plus. Il me répondit en souriant, que les fumées du vin qu'il avoit bu le soir précédent lui avoient fait oublier ce qu'il m'avoit promis ; & qu'il ne manqueroit point de les avertir de se taire à l'avenir. Fort bien, repliquai-je ; mais cela ne suffit pas, elles pourroient me surprendre dans le jardin, lorsque j'y penferois le moins. Non, me dit-il, j'aurai foin de vous venir avertir, quand elles voudront s'y promener. Je le remerciai de fa précaution. Il m'apprit enfuite qu'il avoit deffein de dîner avec moi ce jour-là, parce qu'il n'en auroit plus l'occafion de long-tems, à caufe que le capitaine lui avoit envoyé dire qu'il viendroit le lendemain fans faute. Effectivement, à l'heure du dîné je revis mon homme qui apportoit un faifan rôti, du ris bouilli, & une bouteille de vin de Grèce.

Nous nous mîmes auffi tôt à table; & malgré ma nouvelle paffion, je mangeai & je bus de bon appetit. Mon Eunuque fe grifa prefque; & les fumées du vin lui montant à la tête, il me pria de le laiffer dormir quelque tems fur mon lit. Je n'avois garde de le lui refufer, fachant très-bien, que fi on l'eût vu dans cet état, nous aurions pu tous deux être châtiés, pour avoir goûté du jus de la treille; quoi que j'euffe beaucoup mieux aimé qu'il fût allé dormir dans fon appartement, parce que je n'étois pas libre de faire ce que j'aurois fouhaité. Mais il tomba bien-tôt dans un profond fommeil, dont il ne me fut pas difficile de m'affurer par fon ronflement. Je profitai de ce tems, pour écrire ce qui fuit.

A la belle Angloise.

MADAME,

J'ai eu le plaisir de vous voir, & votre air mélancolique, joint à d'autres circonstances, me fait croire que vous êtes prisonnière dans cette maison. La personne qui vous écrit est votre compatriote; & quoiqu'elle soit réduite au même état que vous, elle a assez de courage & d'industrie pour vous rendre service. Je me flatte qu'il sera quelque jour en mon pouvoir de procurer votre liberté & la mienne. Si vous n'avez aucune vue de ce côté-là, je me persuade que vous êtes trop généreuse pour causer le moindre préjudice à un homme qui est prêt à tout entreprendre pour l'amour de vous. Vous comprenez de quelle conséquence il est que ce billet ne soit vu de personne; ainsi je vous prie de le mettre en pièces dès que vous l'aurez lu. Si vous voulez m'honorer d'une réponse, & m'apprendre vos sentimens sur ce que je vous marque, vous trouverez un cordon pendant au nord de la petite maison du jardin, vous n'avez qu'à y attacher votre billet, j'aurai soin de le retirer, & de prévenir la découverte de ce qui pourroit nuire & à vous, & à celui à qui vous pouvez librement commander.

Je n'avois ni cire, ni oublie, pour cacheter

ma lettre; ainsi il fallut se contenter de la plier: j'y mis l'adresse, à la belle Angloise. Quand j'eus fait, je commençai à douter du succès de mon dessein : peut-être, disois-je en moi-même, cette dame est-elle contente de sa fortune, ou craindra-t-elle d'entreprendre quoi que ce soit pour recouvrer sa liberté? Peut-être aussi s'imaginera-t-elle qu'on m'a aposté pour la trahir; & pour faire voir son innocence, me découvrira-t-elle au capitaine? mille pensées diverses me rouloient dans l'esprit: quelquefois je voulois brûler mon billet; mais à la fin l'amour l'emporta sur toutes les raisons que je pouvois avoir pour le faire, & je résolus d'en tenter le succès à la première occasion.

J'avois demeuré près de trois heures, tant à écrire ma lettre, qu'à consulter sur ce que j'en ferois; ainsi je crus qu'il étoit bien tems d'éveiller mon Eunuque : il sauta du lit tout effrayé d'avoir dormi si long-tems, & me remercia de mon attention, persuadé que sa présence étoit nécessaire à la maison. Il se retira fort à propos, car avant qu'il fût à moitié de la promenade, je vis les femmes qui étoient à l'autre bout. Il leur parla quelque tems, après quoi il les quitta pour aller dans la maison.

Elles se promenèrent assez long-tems: à la fin il y en eut deux qui s'assirent auprès de la fontaine, tandis que la troisième, qui étoit ma belle angloise, continua à marcher du côté de mon petit logement. A sa vue mon sang se précipita dans mes veines, & je ressentis dans tout mon corps de violentes émotions. Il me sembloit que c'étoit-là une belle occasion de lui faire tenir ma lettre, & cependant je craignois d'en profiter; mais enfin rappellant tout mon courage, je me résolus à tenter la fortune. Ainsi quand cette charmante personne fut à une vingtaine de pas de moi, je jettai mon billet, qui par grand bonheur tomba au milieu de l'allée couverte de gravier, de sorte qu'il étoit presque impossible qu'elle ne le vît pas; mais si le contraire fût arrivé, j'avois encore assez de tems pour courir en bas, & le reprendre avant que quelque autre personne pût l'appercevoir. Quand elle fut arrivée à l'endroit où il étoit, elle lui donna deux ou trois coups de pied, & enfin elle le prit. Je pus voir qu'elle l'ouvrit, & qu'elle l'étendit sur un livre dans lequel elle lisoit auparavant, de sorte qu'il sem-sembloit qu'elle y lût encore. Il n'est pas possible d'exprimer l'inquiétude où je fus alors, mais je me remis un peu, quand je vis qu'elle déchiroit ma lettre en petits morceaux qu'elle répandit ensuite en plusieurs endroits du jardin, afin qu'on s'en apperçût moins. Elle avoit à peine fait un tour de promenade, qu'elle revint sur ses pas, pour examiner mon logement avec beaucoup d'attention. Il me parut qu'elle cherchoit à venir au Nord, comme je le lui avois marqué dans ma lettre ; mais elle sembloit craindre, regardant souvent derrière elle, & ne savoir quel parti prendre : à la fin elle s'en fut, comme malgré elle, rejoindre les autres femmes. Cela me donna quelque espérance que ma lettre lui avoit fait plaisir, & que je ne serois pas long-tems sans recevoir de ses nouvelles.

Je remarquai qu'elle s'assit auprès de la fontaine, & qu'elle étoit fort attachée à son livre, ce qui ne me plut pas beaucoup. Au bout d'un quart d'heure elle se leva, & se mit à marcher vers le lieu où j'étois. Quand je la vis venir, je courus en bas attacher une ficelle au haut de la fenêtre de ma chambre, de peur que si elle tournoit de ce côté-là, & qu'elle ne vît point de cordon, comme je le lui avois marqué, elle ne s'imaginât qu'on la jouoit. J'eus le tems de faire ce que je voulois, & de remonter à mon trou, avant qu'elle fût arrivée au sud de ma petite maison. Elle vint si près, que je ne pus plus la voir ; mais en moins d'une minute, je l'apperçus qu'elle retournoit sur ses pas, s'arrêtant d'espace en espace à considérer le lieu où j'étois renfermé. Aussi-tôt qu'elle fut au bout de la promenade (car je n'eus pas la force de quitter mon trou auparavant.) je descendis, & tirant à moi la ficelle, j'y trouvai attaché un morceau de papier. Je le détachai avec beaucoup d'impatience, & j'y lus les paroles suivantes, qu'elle avoit écrites avec un crayon sur une feuille blanche d'un livre, qu'elle avoit sans doute arrachée de celui qu'elle lisoit.

» J'ai été extrêmement surprise à la lecture d'un billet, que j'ai trouvé dans l'allée du jardin, & que je crois m'être adressé. J'avoue que je suis réduite à un triste état ; mais comment me fier à la parole d'un inconnu, qui n'est peut-être qu'un espion domestique ? & qui sait si ce billet n'a pas été écrit par l'ordre de celui qui se croit permis de me traiter en tyran, parce que je suis en son pouvoir ; & si ce n'est pas là un expédient dont il se sert pour découvrir mon inclination, afin d'avoir un prétexte de satisfaire sa barbare vengeance ? ainsi j'attends dans une demi-heure de nouvelles assurances de sincérité du même endroit ; & alors je profiterai du premier moment de liberté pour vous apprendre mes vrais sentimens. »

Je ne saurois exprimer la joie que je ressentis à la lecture de ce billet. J'y fis sur le champ cette réponse.

MADAME,

» Si je vous difois quel est le motif qui me porte à vouloir vous rendre service, vous seriez bien-tôt convaincue de ma sincérité. Mais je remets à vous en instruire que j'aie le plaisir de vous entretenir, si jamais je suis assez heureux pour cela. Vous aurez, sans doute, oui parler de l'esclave que le maître de cette maison a nouvellement amené avec lui de Salé : c'est celui-là même qui vous écrit, & qui se fera une gloire de travailler à votre délivrance. Je vous jure par celui qui est mort sur la croix pour nos péchés, que je suis sincère dans ce que je vous propose ; & si je ne puis vous être utile de ce côté-là, c'est le plus grand chagrin qui puisse m'arriver, voulant être toujours votre, &c. »

R. B.

Quand j'eus écrit cette lettre, je m'en fus à mon endroit accoutumé, & je vis ma belle Angloise fort près de moi. Je jettai mon billet comme la première fois ; elle le prit d'abord, & retournant sur ses pas, elle le lut & le déchira, comme elle avoit fait l'autre, après quoi elle se retira. Au moment qu'elle entroit dans la maison, l'autre Eunuque, non pas celui qui étoit mon ami, sortit ; & se promenant dans le jardin, il apperçut les morceaux déchi-

rés de mes deux billets, & les ramaſſa avec
ſoin. Si quelqu'un m'eût vu alors, il auroit
aiſément découvert le trouble inexprimable où
cette action me jetta. Je crus que nous étions
perdus ſans reſſource, & je ne ſavois comment
me conduire dans une circonſtance ſi délicate.
Je me repentois quelquefois de mon entrepriſe,
mais cependant je trouvois toujours que je
m'intéreſſois bien plus pour celle que j'aimois,
que pour moi-même. Auſſi-tôt que ce maudit
Eunuque eut ramaſſé tout ce qu'il put de mes
deux lettres, il s'en retourna : je l'accompa-
gnai de ma malédiction, & je ſouhaitai de bon
cœur qu'il pût être obligé, pour ſa peine,
d'avaler toutes ces petites pièces de papier qu'il
emportoit avec lui.

Je ne ſai quand je me ſerois remis du trouble
où j'étois, ſi la vue de ma charmante blonde
ne l'eût fait pour moi. Elle fut s'aſſeoir au bord
de la fontaine, & après y avoir demeuré quelque tems, elle vint droit à ma priſon : elle fit
deux ou trois tours, & puis je la perdis de
vue, parce qu'elle avoit paſſé au nord. Je demeurai dans l'endroit où j'étois, juſqu'à ce que
je la revis dans l'allée ; & alors je courus en bas,
je tirai ma ficelle, & je trouvai un petit billet
écrit avec de l'ancre, en ces termes :

» Je ſuis convaincue de votre ſincérité, &

je me reposerai entièrement sur vous du soin de ma délivrance. Si vous réussissez, je suis en état de vous recompenser quand nous serons arrivés en Angleterre. Comme nos malheurs sont semblables, je ne serois pas fâchée de voir la personne à qui j'ai obligation, quand même ses bons desseins devroient être sans effet. Au reste, j'ai toute la liberté que peut avoir une esclave, & l'on ne m'observe pas de fort près. Le maître de la maison en a bien usé jusqu'ici avec moi ; seulement je le trouve insupportable quand il me dit qu'il m'aime. Je l'ai retenu, par quelques petites civilités, dans les bornes de la modestie ; mais je ne saurois dire combien cela durera. C'est ce qui me fait craindre sa présence ; & le plutôt que je serai hors de son pouvoir, le plutôt serai-je contente. Voilà ce que désire, »

      Votre très-humble servante.

En lisant ce billet, mon cœur nageoit dans la joie ; & si ce n'eût été l'appréhension où j'étois qu'il ne nous arrivât quelque mauvaise affaire, à l'occasion des morceaux de lettres que l'Eunuque avoit ramassés, je n'aurois pas été le maître de modérer mes transports ; mais cette seule idée, semblable à de l'eau qu'on jetteroit sur le feu, en eut bientôt éteint la vivacité. Je demeurai entre l'espérance & la crainte, jusques à ce que mon Eunuque vint pour souper avec moi. J'avois déchiré en mille pièces le billet de la belle Angloise, & caché avec soin tous les morceaux où il y avoit quelque chose d'écrit; mais il en étoit tombé à terre deux ou trois, que je ne m'étois pas mis en peine de relever parce qu'ils étoient blancs. Mon homme ne les eut pas plutôt vus qu'il les ramassa, me disant que je ne faisois pas bien de marcher sur le papier; car, ajouta-t-il, si Achmet (voulant parler de l'autre Eunuque) s'appercevoit d'une telle chose, il se mettroit dans une furieuse colère. Il a bien fort grondé l'esclave que mon maître a amené dernièrement, pour avoir jetté des morceaux de papier dans le jardin, persuadé qu'il n'y avoit qu'elle qui pût l'avoir fait, parce que les autres sont Mahométanes, & qu'elles en savent la conséquence. Je lui demandai la raison de tout ce bruit pour une chose que nous autres Européens faisons servir aux usages les plus vils. Il me répondit après s'être fait un peu prier, que tous les vrais Musulmans ont une grande vénération pour les morceaux de papier, parce que le nom de dieu, ou celui de leur prophète, pourroit être écrit dessus. D'ailleurs, il y a une tradition qui porte, que quand ils sortiront du purgatoire au jour du jugement, pour être reçus dans le séjour des bienheureux, il n'y aura point d'autre chemin pour y aller, que celui de traverser à pieds nuds une grande grille de fer toute rouge : & au moment qu'ils voudront y passer, tous les morceaux de papier qu'ils auront relevés de terre pendant leur vie, iront se placer d'eux-mêmes sous leurs pieds; en sorte que le feu ne les touchera point, & qu'ils pourront sans beaucoup de peine arriver à leur prophète Mahomet. Ce conte borgne manqua de me faire éclater de rire; & le discours de l'Eunuque dissipant toutes mes craintes, me rendit la joie. Nous soupâmes gaiment, vuidâmes notre bouteille de vin qui tenoit deux quartes, & nous nous quittâmes bons amis. Je m'en fus coucher, l'esprit si content, que je ne tardai pas à m'endormir, & d'un sommeil si profond que je ne m'éveillai que le lendemain à dix heures. Je fus surpris, & fâché d'avoir demeuré si long-tems au lit, craignant que peut-être je n'eusse perdu le moment où je pouvois voir ma belle. Je m'habillai, & je descendis dans le jardin pour y faire un tour de promenade, voyant qu'il n'y avoit point de danger. Comme le soleil étoit déjà fort chaud, je me mis à l'ombre de quelques lauriers; mais je ne fus pas peu surpris d'y trouver celle qui étoit toujours dans mon esprit, assise & fort rêveuse.

Au bruit que je fis en approchant, elle tourna la tête, & me voyant, elle voulut s'enfuir. Je ramaſſai, avec beaucoup de peine, aſſez de courage pour lui parler : madame, lui dis-je, ne craignez rien ; ſi j'euſſe ſu que vous étiez ici, je ne ſerois point venu vous interrompre. Je vous dirai ſeulement ; que je ſuis la perſonne qui a fait vœu de vous ſervir de tout ſon poſſible. Monſieur, répondit-elle, je ne ſuis du tout point fâchée de cette entrevue, qui eſt un pur effet du hazard ; au contraire, c'eſt avec plaiſir que je vois pour la première fois celui à qui j'eſpère d'avoir un jour obligation de ma liberté, & je ſouhaite que nous puiſſions nous rencontrer ſouvent, pour conſulter enſemble ſur les moyens de réuſſir. Madame, repliquai-je, ſi vous voulez bien y condeſcendre, je ne doute pas d'en trouver aſſez d'occaſions. Je l'inſtruiſis en même tems de la conduite que j'avois tenue avec mon Eunuque, & de l'eſpérance que j'en concevois. Elle approuva mon deſſein, & tout ce que j'avois fait, m'aſſurant qu'elle ſe promeneroit le plus ſouvent qu'elle pourroit dans le jardin, où je lui avois dit que je pouvois la voir ſans être vu ; & ainſi nous nous ſéparâmes, craignant que ſi nous demeurions plus long-tems enſemble, nous ne fuſſions découverts. Elle s'en fut à la maison, & moi à mon logement; & en moins de demi-heure le capitaine arriva. Il vint me chercher pour dîner, & me dit qu'il falloit que j'eusse travaillé par magie, ou qu'autrement je n'aurois jamais pu mettre en si peu de tems son jardin dans l'état où il le voyoit. Il ajouta qu'il croyoit m'être fort obligé, & que je n'y perdrois rien. Je lui répondis, que ce n'étoit que mon devoir de le servir en tout ce qui dépendoit de moi; & que s'il le jugeoit à propos, j'y ferois encore de nouvelles réparations. Il me fit force complimens à sa mode, & me déclara qu'il me laissoit le maître de faire ce que je voudrois.

Quand on eut servi le dîné, il m'ordonna de me seoir à table avec lui; car quoi qu'il se fût fait Mahométan, il mangeoit à la manière des Européens, & non pas à terre sur des tapis, comme font les Asiatiques & les Africains. Les viandes étoient apprêtées à l'Angloise, & nous bûmes copieusement de son vin de Grèce. Il me dit en souriant, qu'il avoit dispense du Muphti de boire de vin. Je lui répondis, que je croyois que pourvu qu'on en prît avec modération, c'étoit un crime fort pardonnable, suivant Mahomet même. Pour ce qui est de moi, repliqua-t-il, je ne pense pas que la religion consiste dans la mortification & l'abstinence; & je suis persuadé qu'un honnête homme, soit Juif, Turc, ou Chrétien, peut également trouver le chemin du ciel. Nous parlâmes beaucoup de religion pendant le dîné, mais je m'apperçus bientôt que mon homme n'avoit pas grande idée d'aucune, ni ne s'en embarrassoit pas fort ; & je crois qu'il y a bien peu de renégats qui en ayent quelques principes, le motif de leur changement c'est le plaisir, ou l'intérêt. Mais laissons-là cette petite digression.

Au sortir de table, nous fûmes nous promener dans le jardin, & je montrai au capitaine les nouvelles réparations que j'avois dessein de faire. Après avoir tout approuvé, il me dit qu'il avoit appris de Mirza son Eunuque, l'aversion que j'avois pour le sèxe : mais ajouta-t-il, je vous avertis de ne pas faire paroître vos sentimens ; car si les femmes de ce païs s'en appercevoient, elles ne manqueroient pas de s'en venger. Après tout, continua-t-il, c'est une chose fort étrange qu'un homme aussi jeune & aussi bien fait que vous l'êtes, puisse haïr les belles. Je lui répondis, que j'avois de très-bonnes raisons pour cela, & qu'il n'y avoit pas jusqu'à ma propre mère que je n'avois jamais pu souffrir, quoi que je lui fusse redevable de la vie. Je le veux, repliqua le capitaine, mais

le

le tems & un beau visage pourront bien vous faire changer d'idée. Je lui dis, que j'étois fort assuré, que je porterois ma haine jusqu'au tombeau. Je crois pourtant, reprit-il, que si vous voyiez une esclave angloise que j'ai amenée ici derniérement, elle vous feroit tenir un tout autre langage. Monsieur, repartis-je, je suis prêt à en faire l'épreuve pour vous convaincre du contraire ; quoi que j'aimerois autant voir un serpent que de voir la plus belle femme. Eh bien, me dit-il, je ne suis pas aussi rigide sur cet article que les Maures; & quand même je le serois, votre aversion pour le sexe m'empêcheroit de rien craindre de votre part. Là-dessus il me quitta, m'assurant qu'il alloit revenir dans un moment. Il s'en fut à la maison, & revint en moins de cinq minutes. J'ai donné ordre, me dit-il en me joignant, que mes femmes viennent se promener dans le jardin; ainsi allons nous cacher derrière ces lauriers, d'où nous pourrons les voir tout à notre aise sans en être vus. A peine nous y étions-nous placés, que nous apperçûmes trois femmes qui venoient à nous : les deux premières étoient fort belles, mais un peu grasses, âgées, à ce qu'il me parut, l'une d'environ trente ans, & l'autre d'environ vingt, & pas tout à fait si blanches que nos angloises. La troisième étoit ma charmante blonde, que j'attendois avec impatience, & que le capitaine me montra aussi-tôt du doigt, pour me faire comprendre que c'étoit celle dont il m'avoit parlé. Quelque attention que j'eusse à me composer dans ce moment, la rougeur me monta au visage. Il s'en apperçut, & me dit dès qu'elles furent hors de portée de nous entendre; eh bien, j'ai pris garde à votre désordre, & je vois à présent que votre aversion pour le sèxe est insurmontable; ce dont je ne suis pas faché, parce que cela fera que vous aurez plus de liberté : je ne vois pas qu'il soit nécessaire de vous renfermer, quand mes femmes veulent se promener dans le jardin; car je m'imagine ajoûta-t-il, en riant, que vous les fuirez bien assez de vous-même. Assurément, lui dis-je, tout comme je fuirois des vipères, avec cette seule différence que je ne voudrois pas les tuer, quand même j'en aurois le pouvoir, par le respect que j'ai pour vous. La dernière que vous avez vue, reprit le capitaine, est de votre nation; je la pris, l'avant-dernier voyage que j'ai fait, dans un vaisseau qui alloit à l'île de Zante. Elle me plut si fort, que je refusai cinq cens livres sterling pour sa rançon; & ses charmes m'ont captivé à un tel point, que je voudrois bien en jouir de son consentement, car la contrainte bannit le plaisir. Je lui ai donné vingt jours pour y penser, & quand ce terme sera expiré, si elle ne veut pas se rendre de bonne grace, je suis résolu d'employer la force.

Bonté! m'écriai-je dans une espèce d'emportement; comment pouvez-vous vous tourmenter si fort pour une chose qui ne mérite pas la moindre attention? Si tout le monde, me dit le capitaine, étoit de votre humeur, les femmes passeroient bien mal leur tems de ce côté-là. Pour moi, repris-je, je ne comprends pas comment il peut y avoir des hommes qui se tuent de peine, qui vivent durement, & qui s'exposent à toute sorte de dangers, pour venir ensuite chez eux dépenser le fruit de leurs travaux avec ces gueuses (pardonnez moi l'expression) qui peut-être ne les payent d'aucun retour de tendresse, sur-tout dans ces païs chauds, où les femmes sont d'une compléxion fort amoureuse, & où elles n'ont pourtant qu'un seul homme entre plusieurs, quelquefois entre une douzaine & plus, pendant qu'une douzaine d'hommes suffiroient à peine à une seule.

C'est aussi pour cela, repliqua mon maître, qu'on les renferme & qu'on les observe de si près; car nous connoissons assez leur tempérament. Si je n'avois pas, lui dis-je, cette aversion que vous me voyez pour le sêxe, & que j'eusse envie d'en tâter, j'ai un secret où il n'entre aucun sortilége, pour rendre une femme amoureuse à la folie d'un homme. Quoi ! s'écria-t-il, vous avez un tel secret ; si vous voulez me le communiquer, non seulement je vous donnerai vôtre liberté, mais je vous récompenserai largement d'ailleurs. Monsieur, lui repartis-je, je vous suis fort obligé, mais pour ce qui est de découvrir mon secret, c'est une chose que je ne puis point faire; je puis bien cependant, si vous le souhaitez, vous préparer une potion chymique, qui mêlée dans du vin blanc, produira son effet ; mais cela demande beaucoup de tems & de dépense. Pour la dépense, repliqua le capitaine, je n'y ferois point d'attention ; mais en combien de tems cette potion pourroit-elle être faite ? Pas en moins de cent jours après la projection, répondis-je. Là-dessus il se mit à rêver un moment ; cent jours, dit-il, c'est bien du tems, cependant je pense qu'il vaut encore mieux attendre pour avoir le consentement de ma belle esclave, que d'employer avec elle la force. En cela je crois que vous avez raison, repartis-je ; & de plus, si vous prenez ce parti, vous pourrez faire qu'elle vous aimera aussi long-tems que vous le voudrez, en mettant de fois à autre, quelques gouttes de cette liqueur dans sa boisson, après qu'elle aura pris la première dose.

Mon homme parut fort goûter ma proposition, & me demanda à combien monteroient les frais de ce breuvage chymique. Je lui répondis, que je craignois qu'il ne coûtât bien près de deux cens livres sterling; quoi qu'en Angleterre on l'auroit à beaucoup meilleur marché; parce qu'il étoit plus facile d'y trouver la plupart des ingrédiens qui devoient y entrer; que cependant je ne pouvois rien dire de positif là dessus, que je ne visse quel étoit le prix des choses dont j'avois besoin. J'ajoûtai, que j'appréhendois que je n'eusse beaucoup de peine à me pourvoir d'un alambic, & que c'étoit-là pourtant le premier meuble qu'il me falloit. Il me repliqua, qu'il ne doutoit point que je ne trouvasse aisément tout ce qu'il m'étoit nécessaire pour de l'argent, & qu'il auroit soin de m'en fournir autant que j'en voudrois. Il me dit encore, qu'il y avoit nombre de juifs à Salé, qui vendoient toute sorte de drogues, & à ce qu'il croyoit, toute autre chose dont je pourrois avoir besoin. Ne voulant rien risquer, je lui répondis, que je n'aurois point à faire de drogues les cinquante premiers jours, & que je demandois seulement un alambic, & la liberté d'aller de nuit dans les bois voisins pour y chercher certaines herbes qu'il me falloit cueillir au clair de la lune, les unes à son plein, & d'autres à son déclin. Il m'assura que j'aurois toute la liberté que je voudrois, persuadé que je n'en abuserois pas. Je lui dis, que pour en être plus certain, il n'avoit qu'à envoyer avec moi qui il jugeroit à propos. Non, repliqua-t-il, je vous laisse le maître de vous-même ; mais vous pouvez prendre celui de mes domestiques qui vous conviendra le mieux, si vous en avez à faire. En même tems il me dit de monter avec lui dans son cabinet, & qu'il me donneroit l'argent dont j'avois besoin : je le suivis ; & quand nous y fûmes entrés, il ouvrit un coffre fort, & en tira deux cens cinquante pistoles d'Espagne, qu'il me donna, en disant que si cela ne suffisoit pas, il m'en donneroit davantage. Je lui répondis, que j'étois persuadé qu'il y en avoit de trop. Eh bien, dit-il, nous compterons quand tout sera fait : & comme il y a du tems d'ici là, je ferai un voyage en mer dans cet intervalle, de peur que l'impatience ne me prenne. Je fus ravi de sa résolution, parce que cela me donnoit plus de liberté d'exécuter mon dessein. Cependant je dissimulai ma joie, & je lui dis que j'étois fâché qu'il prît ce parti-là, parce que j'aurois souvent quelque chose à faire prendre à la personne sur laquelle je devois exercer mon art. N'importe ! me repliqua-t-il ; Mirza aura soin de cela. Là-dessus il l'appella, & le chargea de suivre mes ordres, & de faire tout ce que je lui commanderois avec la même exactitude, que si j'étois le maître de la maison. Il lui dit cela en langue Moresque, mais il me l'expliqua en Anglois. Mirza m'apprit aussi lui-même en François la commission qu'il avoit reçue, ajoutant, qu'il espéroit que je lui ordonnerois souvent de visiter la cave. Je lui dis de ne point s'inquiéter de ce côté-là, que nous ne manquerions de rien. Je priai ensuite le capitaine de me permettre d'aller au plutôt en ville, pour chercher un alambic, & me faire connoître aux marchands droguistes. Si vous voulez, me repliqua-t-il, nous y irons sur le champ ; j'y consentis, & il donna ordre qu'on tînt des chevaux prêts. En même tems je fus à mon logement prendre ce dont j'avois besoin ; heureusement pour moi, car je trouvai un billet que ma belle correspondante avoit pris le tems d'attacher au cordon qui pendoit à ma fenêtre, lorsqu'elle étoit venue se promener dans le jardin avec les autres femmes par l'ordre de mon maître. En voici le contenu.

MONSIEUR,

» Je me sers de cette occasion pour vous donner avis que le tyran de capitaine est arrivé, & qu'il ne m'a donné que vingt jours pour acquiescer à son abominable passion. J'espère que vous me croirez aisément quand je vous dirai, que cela m'a presque fait perdre l'esprit. Je crains que le tems ne soit trop court pour exécuter le dessein de notre liberté; & si nous ne réussissons pas avant le jour fatal, je suis la personne du monde la plus infortunée. Donnez-moi de vos nouvelles; & si vous pouvez adoucir mes chagrins, en me faisant entrevoir quelque lueur d'espérance, ne refusez pas cette consolation à celle qui est,

Votre, &c.

Que je fus heureux de trouver ce billet! Il auroit pu tomber entre les mains du capitaine; & alors dans quel état eussions-nous été? Je n'eus le tems que d'écrire ces deux mots, que je jettai dans le jardin; espérez tout, & n'écrivez plus jusqu'à demain. Après quoi je serrai mon cordon, je fermai ma porte, & j'en pris la clef avec moi.

Quand nous fûmes à cheval, le capitaine & moi, nous ne nous entretînmes presque d'autre chose que d'enchantemens, de philtres amoureux, & de sortiléges. Je le convainquis qu'il n'y avoit rien de femblable, & que ma potion chymique étoit la feule chofe qui pût produire l'effet qu'il fouhaitoit. Il me demanda fi je n'en avois jamais fait moi-même l'expérience : plus d'une fois, lui repliquai-je ; & fur le champ je lui fis ce conte.

Dans le voifinage du lieu où j'ai été élevé, il y avoit un vieil homme riche, & fort amoureux, mais horriblement laid : il étoit camus ; il avoit les yeux chaffieux, les épaules rondes, la face large ; & la grandeur de fa bouche répondoit à celle de fon vifage. Ce bel objet s'amouracha d'une fort jolie perfonne, fille d'un mercier qui demeuroit vis-à-vis de chez lui ; c'étoit une beauté extrêmement fière ; & fes charmes lui affurant prefque autant de conquêtes qu'elle avoit de fpectateurs, elle croyoit qu'il n'y avoit qu'un homme de la première qualité qui fût digne de la pofféder. Elle ne pouvoit fouffrir le vieux barbon, & la manière dont elle le traitoit toutes les fois qu'il lui parloit de fa paffion, l'avoit prefque rendu fou. Je le voyois fouvent, & avant qu'il fe fût mis l'amour en tête, il étoit fort fociable, & le premier à plaifanter fur fa laideur. Un jour que je lui rendis vifite, je le trouvai dans un état qui me fit pitié. Je déployai toute mon éloquence pour le ramener à la raifon, mais c'étoit vouloir arrêter un torrent. A la fin je me souvins de cet Elixir dont, quoique je ne m'en fusse jamais servi auparavant, je connoissois sa vertu, parce que j'avois vu ce qui y entroit; le principal ingrédient n'étoit pourtant que de l'or calciné.

Un de mes oncles, continuai-je, qui avoit employé soixante ans à la recherche de ce que la nature a de plus caché, avoit découvert cet admirable secret. Etant sur le point de mourir, il m'appella, & me le donna par écrit, me conjurant par tout ce qu'il y a de plus sacré, de ne le révéler jamais à personne, & de ne le faire même écrire, que lorsque je verrois ma fin prochaine : car de peur que la recette qu'il m'en avoit donnée, ne tombât par hazard entre les mains de quelqu'un, il m'ordonna de la brûler au bout de dix jours, ce terme étant assez long pour l'imprimer dans ma mémoire. Je te remets ce précieux secret, me dit mon oncle mourant, parce que je vois que ta connoissance surpasse ton âge, & que l'aversion que tu as pour les femmes ne te permettra jamais d'en faire un mauvais usage : d'ailleurs, ajouta-t-il, les frais en sont si grands, que cela t'empêchera bien de le mettre en œuvre pour ton seul plaisir. Je lui promis solemnellement, en prenant de sa main un papier cacheté où il étoit écrit, de ne jamais le révéler qu'à mon lit de mort, à son exemple, car si mon oncle eût réchappé de cette maladie, j'aurois été obligé de lui rendre ce papier tel que je l'avois reçu : mais il expira peu de momens après.

Pour revenir à mon histoire, je plaignis si fort le vieux bon homme, & j'avois d'ailleurs une si grande envie d'éprouver mon secret, que je lui dis, qu'il étoit en mon pouvoir de faire en sorte que sa belle l'aimât passionnément, s'il vouloit en faire les frais. Il me répondit aussi-tôt, que la dépense ne l'épouvantoit point, mais qu'il n'avoit pas de foi aux enchantemens. Je lui repliquai, qu'il n'y avoit rien que de naturel dans mon secret ; je le persuadai de me laisser travailler, & je me mis sur le champ à l'ouvrage. J'en vins heureusement à bout, & je fis assez de cette potion chymique pour pouvoir me servir cent ans. Notez, dis-je au capitaine, que je l'avois avec moi quand vous me fîtes esclave ; elle étoit dans mon coffre à bord de notre vaisseau, & si vous eussiez eu le bonheur de la prendre, cela vous auroit épargné bien du tems & de l'argent.

Quand j'eus apporté à mon vieux barbon une bouteille de cette liqueur, il me parut qu'il n'y avoit pas encore grande foi ; mais je le priai d'attendre qu'il en eût fait l'épreuve. Je lui dis qu'il n'avoit qu'à en mettre adroitement environ quarante gouttes dans un verre de vin blanc qu'il feroit prendre à sa belle à jeun. Cela fera difficile, me répondit-il, parce que je fais qu'elle me hait, & qu'elle ne peut souffrir ma compagnie. Je lui promis de faire mes efforts pour lui procurer l'occafion d'éxécuter la chofe ; & je l'avertis de porter conftamment dans fes poches de culottes une petite bouteille de cette potion chymique, à caufe qu'il faut qu'elle foit échauffée naturellement de la chaleur de la perfonne qui doit l'adminiftrer. Au bout de trois jours, j'obtins d'une de mes parentes qu'elle inviteroit la demoifelle à déjeuner avec elle ; & j'avertis auffi-tôt fon vieux fou d'amant de s'y rendre comme par hazard, & d'apporter avec lui une pinte de vin blanc, dont il nous feroit tous goûter, comme pour favoir notre fentiment fur une certaine quantité qu'il en avoit à vendre. L'artifice réuffit à merveilles. Mon homme vint à l'heure marquée, & profitant d'un moment favorable, il mit quelques gouttes de mon élixir dans un verre de vin, que j'eus le plaifir de voir boire à fa belle. Nous nous retirâmes, fans que perfonne fe fût apperçu de rien ; mais en moins de dix jours la pauvre créature devint amoureuse à la fureur du vieux barbon, qui prit son tems, en jouit, & la méprisa ensuite.

Mon conte fini, j'ajoutai que telle étoit la nature de cet élixir, qu'à moins qu'on n'en renouvellât la dose à chaque pleine lune, l'objet aimé retomboit dans sa première indifférence. Le capitaine qui m'avoit écouté avec beaucoup de plaisir, me dit alors qu'il croyoit que j'aurois pû faire aisément ma fortune par le moyen de ce secret. Mais je lui repliquai, qu'une des conditions sous lesquelles mon oncle me l'avoit communiqué, étoit que je n'en vendrois jamais une goutte; ce que je voulois observer fort religieusement.

Cependant, nous arrivâmes à la ville; & j'avoue que j'en fus bien aise, car j'étois également las, & d'inventer des bourdes pour amuser mon homme, & d'aller à cheval à la manière des Maures, les genoux presque aussi hauts que le menton, sans qu'on puisse allonger les étriers. Nous descendîmes à la maison du capitaine; il envoya sur le champ de côté & d'autre pour un alambic, & en moins d'une heure il en eut acheté un complet. Il fut ensuite avec moi chez les juifs qui vendent des drogues, & heureusement je pus me rappeller les noms de plusieurs sortes: j'en fis une assez bonne provision, disant qu'il m'en faudroit encore davantage dans la suite. J'empruntai en même tems du marchand, par le crédit de mon maître, un creuset pour fondre l'or, comme je le lui avois dit. Cela fait, nous repartîmes pour la campagne, & nous arrivâmes à la maison au soleil couchant. Je courus d'abord à mon cabinet pour voir si le petit billet, que j'avois jetté à terre pour ma belle, le matin, y étoit encore; mais je ne l'apperçus point, ce qui me fit beaucoup de plaisir, ayant lieu d'en conclure qu'elle l'avoit ramassé.

Je fus me coucher, & le lendemain je me levai de bon matin. Je descendis dans le jardin, comme un homme fort empressé, & j'envoyai appeller mon Eunuque. Je l'informai de ce que j'avois résolu de faire pour le capitaine, ajoutant que s'il ne m'accordoit pas sa compagnie de tems en tems, muni d'une bonne bouteille de vin, je ne viendrois jamais à bout de mon entreprise. Il me répondit en souriant, qu'il avoit ordre de son maître de faire tout ce que je lui commanderois. Mais, repris-je, j'ai encore une chose à exécuter, plus difficile que tout cela; c'est que je suis obligé d'avoir quelque entretien avec la femme sur laquelle je dois exercer mon art, pour pouvoir découvrir quel est son tempérament; car suivant cela, il faudra que j'ajoute, ou que je diminue plusieurs ingrédiens. Rien au monde, continuai-je, n'eût été capable de me porter à une démarche de cette nature, que je déteste infiniment, que l'espérance de recouvrer ma liberté; car le capitaine s'est engagé de me l'accorder, si je réussis dans mon dessein, ce dont je ne doute nullement. Je souhaite, repliqua l'Eunuque, que vos vœux soient accomplis; cependant je serois très-fâché de perdre votre compagnie. Ce ne sera pas sans regret que je vous quitterai, lui dis-je; mais le désir de ma liberté, & franchement aussi celui de me venger de mon barbare d'oncle, ce qui est naturel à nous autres mortels, me fait passer par dessus toute sorte de considérations, & me rendra fort expéditif dans mon entreprise. Je le chargeai de me donner une couple de domestiques pour m'accompagner cette nuit-là dans les champs, & porter les herbes que j'y cueillerois; il me dit qu'il m'obéiroit, & là-dessus il me quitta.

Je pensai alors à informer ma belle angloise d'une partie de mon dessein. Pour cet effet je montai à ma chambre, & je lui écrivis ces deux lignes.

MADAME,

J'espère avoir l'honneur de vous entretenir en toute liberté, & même du consentement de votre persécuteur. J'ai un projet pour nous tirer d'ici, & je me flatte, avec la bénédiction de dieu, de pouvoir l'exécuter. Vous rirez, si je vous dis que je dois entendre pour cela la magie blanche : mais rien ne me sera difficile, si je puis venir à bout de procurer la liberté à celle, qui aura toujours tout pouvoir sur »

Votre, &c.

En moins d'une heure, je vis les femmes descendre dans le jardin. Je courus à mon trou, & j'apperçus avec plaisir ma charmante blonde se promener seule de mon côté : elle fit le tour de mon logement, à son ordinaire ; & dès que je la vis revenir sur ses pas, je descendis dans ma chambre, je tirai le cordon qui pendoit à ma fenêtre ; j'y trouvai un billet attaché, à la place du mien, & qui contenoit ce qui suit.

» J'ai été un peu consolée à la lecture de la courte sentence que vous m'écrivîtes hier. J'appris que vous deviez aller en ville avec le capitaine par un discours que j'ouïs entre Achmet & Mirza ; car j'entends assez la langue de ce païs, pour attraper le sens de ce qu'on dit. Je ne me serois cependant pas avanturée à vous écrire, de crainte que mon billet ne se perdît, si je ne vous avois vu de ma fenêtre parler à Mirza.

Mirza. Considérez, je vous prie, que le tems presse, & que si je ne puis par quelque autre voie me mettre à couvert des poursuites du capitaine, il faut que je me jette entre les bras de la mort, comme mon unique refuge. Au nom de dieu, pensez y bien, & me faites réponse au plutôt, car l'incertitude où je suis me tue. Adieu. »

Je lui répondis sur le champ, en ces termes :

MADAME,

» Je ne vous écrirai plus, & je vous demande aussi la grace de vous épargner cette peine ; parce que j'aurai le plaisir de vous parler librement demain, & de vous communiquer tout le plan que j'ai formé pour notre délivrance. Mais je vous supplie de vous tranquilliser, & d'être un peu plus gaye. Seulement prenez un air reservé quand nous nous rencontrerons, de peur qu'on ne s'apperçoive de quelque chose. »

Elle revint à ma fenêtre une heure après, avec un autre billet ; mais lisant le mien, elle le remporta. Nous dînâmes ensemble, mon Eunuque & moi. Ensuite je fus dans le bois voisin, accompagné de deux esclaves noirs. Je les chargeai d'herbes de toutes sortes, que je cueillois à l'aventure, & je leur ordonnai de les porter dans le jardin. Là je fis des paquets d'une partie, que je pendis aux branches des arbres; j'étendis le reste sur la verdure, où je le couvris de terre, comme s'il y eût eu quelque chose de mystérieux. Quelquefois j'avois peine à m'empêcher de rire, malgré l'inquiétude où j'étois par rapport au succès de mon entreprise, quand je pensois aux folies qu'il me falloit faire pour cela, & à la sotte crédulité du capitaine. D'autrefois aussi je craignois mortellement qu'il n'allât découvrir à quelque médecin mon prétendu secret; car quoi que les Maures qui exercent la médecine, soient généralement fort ignorans, cependant ils en savoient assez, pour pouvoir reconnoître dans un instant mon imposture.

Tandis que j'étois occupé à accommoder mes herbes, le capitaine entra dans le jardin, & j'avoue que sa vue me fit quelque peine. Il vint à moi, & regardant ce que j'avois fait, il me dit: vraiment ceci a bien l'air de quelque chose. Oui, monsieur, lui répondis-je, j'ai cru que je ferois bien de commencer, pour avoir plutôt fait: mais j'ai une grace à vous demander, c'est que vous ne communiquiez mon dessein à qui que ce soit de votre famille, qu'à Mirza, ni à aucune autre personne pour quelque raison que ce puisse être:

si vos domestiques sont curieux de savoir ce que je fais, dites-leur que je distille des simples pour votre usage. J'approuve votre avis, repliqua le capitaine, & je ne manquerai pas de le suivre. Au reste, continua-t-il, je viens vous dire adieu; car j'ai dessein de partir demain de bon matin pour aller en course, ayant appris d'un esclave Espagnol qu'on a amené ici derniérement, qu'il doit y avoir à la hauteur de Salé, dans dix jours, un vaisseau richement chargé. Je ne sai point combien de tems je demeurerai dans ce voyage; mais j'espère de trouver tout prêt à mon retour. Monsieur, repartis-je, je ne doute point, qu'avant ce tems-là je ne sois venu à bout de mon entreprise. C'est fort bien, me dit-il; mais n'aurez-vous point besoin de quelque autre chose? De rien, lui répondis-je, excepté d'un peu d'eau de mer de tems en tems. Vous en pourrez avoir tant que vous voudrez, & quand il vous plaira, me repliqua-t-il, car je laisserai Mustapha en ville, avec ordre de faire tout ce que vous lui commanderez; j'y vais coucher ce soir, adieu, portez-vous bien: & là-dessus il me quitta. J'en fus ravi, & je souhaitai de tout mon cœur que ce pût être la dernière fois que nous nous verrions; non que j'eusse autrement sujet de me plaindre de lui, car il avoit toujours agi fort honnêtement avec moi ; mais c'est que je résolus dans ce moment-là même de profiter de son absence pour exécuter mon dessein, l'occasion ne pouvant être plus favorable.

Quand il fut parti, Mirza vint me trouver, & me dit que son maître l'avoit si fort chargé de suivre aveuglément mes ordres, que supposé que je voulusse vendre tout son bien, il ne pourroit pas l'empêcher : car ajouta-t-il, ni moi, ni les autres domestiques ne devons vous désobéir en quoi que ce soit. Je ne l'entends pas ainsi, lui répondis-je, car si jamais je vous demande quelque chose qui n'ait aucun rapport à cette affaire, je vous permets de me le refuser ; seulement je vous ordonne, puisque j'en ai le pouvoir, de venir souper avec moi, & d'apporter un peu du nectar ordinaire, car je suis très-fatigué d'avoir été tout le jour au soleil à cueillir ou à accommoder mes herbes. De tout mon cœur, repliqua Mirza ; si tous vos ordres ne sont pas plus difficiles à exécuter que celui là, vous pouvez compter que je vous obéirai très-fidélement : mais j'ai une grace à vous demander, qui est que vous ordonniez aussi à Achmet d'être de la partie. Non pas pour aujourd'hui, Mirza, lui dis-je ; une autrefois je le veux bien. Ce que j'en fais, repartit-il, ce n'est pas par amitié pour lui, mais je voudrois qu'il eût sa part du péché, s'il y en a, pour me mettre plus à couvert; car s'il me surprenoit jamais en flagrant délit, je ne sais ce qui en arriveroit. Hé bien, lui repliquai-je, nous trouverons une autre occasion pour cela. L'heure du soupé étant venue, Mirza revint, selon mes ordres, avec une couple de bouteilles des vin de Grèce. Nous mangeâmes & bûmes de bon appétit; & mon homme s'en donna si bien au cœur joie, qu'il se grisa, & que je commençai à me repentir de l'avoir tant fait boire. Je fus obligé de le coucher sur mon lit; mais ce qui me faisoit le plus de peine, c'est la crainte où j'étois qu'Achmet ne vînt le chercher, & ne le trouvât dans cet état; car je ne doutois pas qu'on n'eût affaire de lui dans la maison. Malheureusement cela arriva, comme je le craignois; environ à minuit on frappa à ma porte, je me levai pour ouvrir, après avoir pensé comment je pourrois me tirer de ce mauvais pas; c'étoit Achmet qui demandoit Mirza. Je lui fis comprendre par signes, que je l'avois envoyé me chercher des herbes au clair de la lune; il parut satisfait, & s'en alla. Comme Mirza gardoit la clef de la porte de la maison, je pouvois mentir en sûreté, personne ne sachant s'il n'étoit point effectivement sorti pour aller où je disois.

Sur les quatre heures du matin, mon homme s'éveilla, mais tout hors de lui-même de voir qu'il étoit jour. Je lui dis, pour le tranquilliser, l'expédient dont je m'étois servi avec Achmet. Il me remercia mille fois du service que je lui avois rendu, ajoutant qu'il ne pourroit jamais assez le reconnoître. Je lui demandai comment il falloit que je fisse pour voir la femme sur laquelle je devois exercer mon art, parce que je ne pouvois pas me mettre à travailler, qu'auparavant je n'eusse eu quelque entretien avec elle, quoi que je vous jure, lui dis-je, par tout ce qu'il y a de plus sacré, que cette entrevue m'embarasse plus qu'aucune chose qui me soit jamais arrivée : cela étoit effectivement vrai, car mon esprit étoit alors partagé entre l'espérance & la crainte, la joie & l'inquiétude. Franchement je vous plains, me repliqua Mirza, & je voudrois de tout mon cœur pouvoir vous épargner cet embarras. Hé bien, lui dis-je, laissez-là venir seule dans le jardin, pendant que j'y serai occupé à arroser mes herbes ; car je crois qu'une femme est déjà plus qu'il n'en faut pour faire enrager un homme. Oh! dit Mirza, tous les hommes ne sont pas de votre avis ; mais il faut que je vous quitte, espérant de vous trouver de meilleure humeur quand je vous reverrai.

Quelques heures après, je descendis dans le jardin. Je me fis apporter une grande quantité d'eau, & de sel que j'y jettai, seulement pour amuser mes gens. J'en arrosai ensuite les herbes que j'avois cueillies, comme un homme tout occupé de quelque grand dessein.

Je n'y eus pas été long-tems, que je vis ma belle angloise qui venoit à moi, & Mirza qui couroit devant elle. Quand il m'eut abordé, il me dit qu'il me demandoit excuse, s'il ne pouvoit pas être auprès de moi de quelque tems; parce que son absence de la nuit précédente avoit si fort reculé ce qu'il avoit à faire dans la maison, qu'il avoit besoin de tout son tems pour en venir à bout. Je lui répondis, que je ne voulois pas l'empêcher d'aller à ses occupations, quoique je fusse très-fâché d'être privé de sa présence dans une conjoncture si embarrassante pour moi. Comme la dame étoit déja à portée de nous entendre, il se retira sans me repliquer un seul mot.

Dès que je me vis seul avec cette charmante personne, je l'abordai d'un air fort timide. Madame, lui dis-je, voici enfin l'heureux moment où je puis vous parler sans crainte, & vous dire de bouche combien je vous suis dévoué. Monsieur, répondit-elle, je suis pleinement convaincue que vos protestations de service sont sincères; & comme je vous l'ai marqué dans un de mes billets, si le ciel bénit notre entreprise, & que nous arrivions sains & saufs en Angleterre, j'espère qu'il sera en mon pouvoir de vous recompenser. Madame, lui repliquai-je, le plaisir que je goûterai dans ce cas, me dédommagera largement de toutes mes peines; & puis qu'un même païs nous a donné la naissance, il est de mon devoir de faire tout ce qui dépend de moi pour vous rendre la liberté, quand même je n'y serois porté par aucun autre motif. Mais, s'il vous plaît, continuai-je, ne perdons pas le tems en complimens; voyons comment nous réglerons nos affaires. Monsieur, repartit-elle, je suis persuadée que vous n'avez pas besoin de mes instructions, & je m'abandonne entiérement à votre prudence. Hé bien, lui dis-je, auriez-vous quelque repugnance à vous déguiser en homme ? parce que de cette manière nous pourrions plus aisément exécuter notre dessein. Je n'y en ai point, me répondit-elle, dès que vous m'assurez que cela pourra nous servir; mais comment ferez-vous pour me procurer un habit ? Je vous prie, lui repliquai-je, de vous reposer sur moi de ce soin, & j'espère qu'en moins de dix jours nous serons hors de danger. Je lui expliquai alors tout mon plan, qu'elle approuva fort, me difant que ma capacité furpaffoit mon âge. Je lui répondis qu'il arrivoit de certaines chofes dans la vie qui aiguifoient l'efprit, & que fi nous réuffiffions, elle en devoit avoir la gloire plutôt que moi, parce que je pouvois dire qu'elle m'avoit infpiré dans cette occafion. Je remarquai qu'elle rougit à ces paroles, mais non pas comme fi elle en eût été choquée; & fans me faire aucune réponfe, elle fe mit à parler d'autres chofes. Quand je vis cela, je ne jugeai pas à propos de m'expliquer davantage, efpérant que lorfqu'elle auroit recouvré fa liberté, la reconnoiffance l'engageroit à m'écouter plus favorablement. Je connus par fa converfation qu'elle avoit beaucoup d'intelligence, & un tour d'efprit fort heureux. En un mot cette entrevue acheva de me rendre éperduement amoureux d'elle. J'eus plufieurs fois envie de la prier de me faire fon hiftoire; mais je confidérai que nous n'avions pas affez de tems pour cela, & qu'il valoit mieux attendre une autre occafion. Elle me dit qu'elle craignoit que nous ne fiffions trop durer notre entretien; non pas, ajouta-t-elle, en me regardant d'un air qui me ravit, que votre compagnie me foit à charge, mais j'appréhende qu'on ne nous obferve. Je lui fis comprendre que nous ne pourrions pas avoir beaucoup de pareilles entrevues; de forte que je la priai de fe préparer, en peu de jours, à quitter ce maudit lieu, dès que je trouverois un moment favorable pour cela. Elle me répondit, qu'elle l'attendroit avec impatience, & qu'elle feroit prête à toute heure ; ajoutant qu'elle fouhaiteroit de tout fon cœur d'être auffi prête à quitter le monde, lorfque la providence l'y appelleroit. Je la conjurai de bannir de fon efprit toute mélancolie, & de fe repofer fur le grand arbitre des événemens du fuccès de notre entreprife. Elle m'affura qu'elle étoit entiérement réfignée à la volonté de Dieu, & qu'elle feroit tout ce qu'elle pourroit pour fe tranquillifer, quelque chofe qui arrivât, duffions-nous même échouer dans notre deffein: & là-deffus nous nous féparâmes.

Quand elle fut partie, je m'apperçus bientôt que fa vue n'avoit fait que redoubler l'ardeur qui m'enflammoit, fi tant eft qu'elle fût fufceptible d'augmentation. Et comme du tems jadis, c'étoit l'amour feul qui faifoit des merveilles ; ce fut auffi l'amour qui me réveilla de l'indolence où je vivois dans mon efclavage, & qui me procura par ce moyen ma liberté : car il faut que j'avoue encore une fois, que fans cette fatale paffion, je n'aurois jamais rien tenté de ce côté-là. Je résolus alors de mettre mon dessein en exécution avec toute la diligence possible, de peur d'accident : je continuai à amuser les domestiques, en travaillant d'un air fort empressé & fort mystérieux à ma prétendue préparation chymique ; & il ne se passoit point de jour que je n'en envoyasse quelqu'un en ville, me chercher la première chose qui me venoit dans l'esprit, pour les affermir dans la pensée que j'étois réellement occupé à composer quelque grand remède pour l'usage de leur maître.

Mirza vint me trouver bientôt après que ma belle fut rentrée dans la maison : je fis ce que je pus pour paroître un peu tranquille à son approche, mais inutilement. Hé bien, monsieur, me dit-il, vous voilà délivré du rude choc que vous avez eu à soutenir : cependant je m'apperçois à votre air que le chagrin que que cela peut vous avoir fait, se dissiperoit bientôt, si vous le vouliez. Vous vous trompez, lui répondis-je, mais c'est que je suis maintenant agité de deux passions contraires, la joie, & la tristesse. L'espérance de réussir dans l'affaire que j'ai entreprise me fait un très-grand plaisir ; mais d'un autre côté, la peine que me cause la vue de cette femme, dont il faut que j'endure la conversation, pour mieux exécuter mon deſſein, m'afflige vraiment. Conſidérez, repliqua Mirza, la récompenſe qui vous attend, & prenez courage. Je changeai de diſcours, pour n'être pas obligé de parler plus long-tems contre ma conſcience. Je lui dis, qu'il falloit que j'allaſſe à la ville, pour avoir de l'eau de mer, & d'autres choſes dont j'avois beſoin. Ne pouvez-vous pas y envoyer, me répondit-il, ſans prendre la peine d'y aller vous-même ? Non, lui repartis-je, je ſuis obligé d'y être en perſonne, à cauſe qu'il faut puiſer l'eau préciſément lorſque le ſoleil eſt à une certaine hauteur. Ce que j'en dis, reprit Mirza, n'eſt que parce que j'ai engagé Achmet, avec bien de la difficulté, à dîner aujourd'hui avec vous. Hé bien, lui dis-je, je ne veux pas déranger votre projet ; je remettrai mon voyage à demain, pour vous obliger. Il me remercia fort de ma condeſcendance, & s'en fut à la maiſon donner ordre à notre dîné.

Quand l'heure de ſe mettre à table fut venue, il entra dans ma chambre, ſuivi d'Achmet qui me ſalua à ſa manière. Il avoit pris ſoin d'apporter pluſieurs bouteilles de vin, & de les cacher dans une voute qu'il y avoit au deſſous. Il en fut chercher une, me priant de vouloir dire que c'étoit un cordial, dont le capitaine m'avoit fait préſent avant que de partir, pour engager plus sûrement Achmet à en boire. La précaution étoit assez inutile, car cet Eunuque n'entendoit ni l'anglois, ni le françois, & Mirza lui-même étoit obligé de nous servir d'interprète. Le dîné étoit bon, aussi mangeâmes-nous de bon appétit. Après avoir bu chacun un coup, Mirza & moi, du prétendu cordial, nous eûmes bien de la peine à engager Achmet d'en faire autant. Mais quand il eut vuidé le premier verre, il parut le trouver fort de son goût; & bientôt il en demanda un second, puis un troisième; en un mot il y revint si souvent, que les fumées commençant à lui monter à la tête, il se leva de table, & se mit à danser, à chanter, à se rouler, & à faire un tel charivari, que nous tremblions de peur que quelqu'un ne l'entendît. Pour prévenir cela, nous le fîmes boire comme un Templier, jusques à ce qu'il tombât par terre, & qu'il s'endormît. Nous le mîmes sur mon lit; & nous le laissâmes ronfler tout à son aise.

Je dis alors à Mirza, que puisque nous étions venus à bout d'enivrer notre homme, j'avois envie d'aller de ce pas à la ville, parce que le soleil luisoit, & que peut-être ne luiroit-il point le lendemain, étant bien aise de ne point perdre de tems. Il me répondit, que j'étois le maître, & qu'il lui suffisoit d'avoir enfin mis

Achmet dans la nécessité de se taire. Ainsi il me fit préparer des chevaux & des valets, & je m'en fus sur le champ à Salé. Je trouvai Mustapha à la maison, qui me félicita de ce que j'étois si bien dans les bonnes graces de son maître, ajoutant qu'il avoit ordre de sa part de m'obéir en tout ce que je lui commanderois. Je lui dis que j'avois à faire de lui dans le moment même, que je souhaitois qu'il me fît avoir un petit bateau pour aller chercher de l'eau de mer, qu'il m'y accompagnât seul, & qu'il prît avec lui son astrolabe, parce que j'aurois besoin de son art. Il fut prêt à l'instant: nous entrâmes dans le bateau, & nous nous mîmes à ramer du côté d'une petite pointe de terre qu'il y a un peu au delà de la baye. Quand nous y fûmes arrivés, je priai Mustapha de prendre l'élévation du pole, ce qu'il fit; après quoi nous emplîmes d'eau de mer un vaisseau que nous avions apporté dans ce dessein, & nous retournâmes à la maison. De là j'allai chez le marchand juif, où j'avois acheté mes drogues, & je lui demandai de me faire avoir un habit à la Moresque, pour porter à la place du mien; car lui dis-je, les gens de ce païs ouvrent de si grands yeux quand ils me voyent, parce que je suis habillé autrement qu'eux, que j'en ai honte. Il m'en fut chercher un qui étoit fort propre; je lui en payai le prix, & je l'empaquetai avec beaucoup de soin, de manière qu'on ne pût point s'appercevoir de ce que c'étoit. J'achetai encore de lui plusieurs bagatelles, dont je n'avois que faire, & quelques autres habits riches qui pouvoient m'être d'usage ; mais en particulier une chose dont je comptois bien d'avoir besoin, savoir une pinte de *Laudanum* liquide.

Je revins à la maison où Mustapha m'attendoit, & donnai ordre qu'on préparât tout pour partir : pendant qu'on étoit occupé à cela, je le sondai pour savoir s'il ne penseroit point à sa liberté ; me souvenant de la facilité avec laquelle il m'avoit découvert ses sentimens la première fois que je le vis. Mais je n'en pus rien tirer, je remarquai seulement par tous ses discours, qu'il étoit d'une humeur fort changeante, desorte que je n'eus garde de m'ouvrir à lui, & je résolus sur le champ de tenter une autre voie pour l'exécution de mon dessein. Je lui dis adieu, & nous reprîmes le chemin de la campagne. Quand nous fûmes arrivés, je déchargeai moi-même les chevaux, & pris bien soin en particulier des herbes que j'avois achetées. Je mis l'eau de mer dans de grands seaux de bois que j'exposai au soleil, & en peu de jours j'y trouvai une assez bonne quantité de sel. Je ne penfois à rien moins qu'à faire cette expérience, cependant elle me fit plaifir.

Le lendemain je commençai à mettre en œuvre mon alambic : Mirza ne tarda pas à me venir trouver. Vraiment, monfieur, me dit-il, ne nous voilà pas mal à cheval avec ce diantre d'Achmet; il jure qu'il ne fera pas content qu'il n'ait bu encore une fois du cordial du Franc (car les Maures appellent tous les Européens, Francs). Je lui demandai comment il avoit fait avec lui quand il s'étoit éveillé, après que je les eus quittés. Il me dit que le gaillard avoit fi bien pris goût à la précieufe liqueur, qu'il ne put fortir fans avoir vuidé ce qui reftoit dans les bouteilles; & qu'il croyoit que fi Mahomet lui-même fût entré dans la chambre lorfqu'il avoit le verre à la main, il ne l'auroit point quitté qu'il n'en eût vu le fond. Cela me fit rire, & je dis à Mirza, qu'il favoit bien que le vin ne m'appartenoit pas; mais que s'ils avoient envie de s'en donner au cœur joie, Achmet & lui, je m'engageois de leur tenir tête. S'il vous plaît donc, me repartit-il, nous aurons l'honneur de fouper avec vous. De tout mon cœur, lui repliquai-je; ainfi la chofe fut bien-tôt conclue. Il me dit que les dames avoient envie de voir mon alambic, & la manière dont je m'en fervois pour diftiller des fimples. Je lui répondis

répondis qu'elles pouvoient faire comme il leur plairoit, mais que je voulois auparavant me retirer; & là-dessus, il fut les chercher. Elles vinrent toutes en courant à l'alambic, excepté ma charmante angloise qui s'achemina selon sa coutume vers mon logement. Je m'étois caché derrière les lauriers, pour voir ce qu'elle feroit; & quand je m'apperçus qu'elle venoit à moi, je m'avançai de son côté, afin qu'elle ne fût point surprise. Dès qu'elle me vit, elle s'approcha du lieu où j'étois avec beaucoup de précaution, & me dit tout bas qu'elle souhaitoit d'avoir un moment d'entretien avec moi. Je lui répondis, que l'occasion n'en pouvoit être plus favorable, les autres femmes étant occupées à examiner mon alambic; outre que nous étions si bien postés, que nous pouvions voir, sans être vus, si quelqu'un venoit à nous, & avoir le tems, moi de me retirer dans mon cabinet, & elle de sortir d'entre les lauriers, avant qu'on y fût arrivé. Elle me dit donc, qu'elle avoit pensé que nous aurions assurément besoin d'une bonne somme d'argent, pour un voyage aussi long & aussi dangereux que celui que nous allions entreprendre. Là-dessus, je lui appris ce que j'avois pu mettre de côté de celui que le capitaine m'avoit donné avant son départ, ajoutant que cela ne suffisoit pas encore, sur tout

C c

si nous étions obligés de prendre notre route par l'Espagne. C'est justement-là, me dit-elle, une des raisons pour lesquelles je souhaitois de vous parler : il est en mon pouvoir d'emporter une somme considérable ; mais quoiqu'elle n'égale pas celle que le capitaine me prit lorsque je tombai entre ses mains, je me fais quelque scrupule de me saisir clandestinement de ce que je puis dire qui m'appartient de droit. J'eus bien-tôt levé ce scrupule, qui étoit assurément mal fondé ; & alors elle me dit, que ce qu'elle pouvoit prendre, consistoit principalement en joyaux, qu'il étoit plus facile de cacher, & de porter avec soi que des espèces. Comme elle me parloit encore, elle apperçut les autres femmes qui venoient du côté où nous étions ; de sorte qu'elle me quitta pour les aller joindre, pendant que je me cachai parmi les lauriers. Quand elles se furent toutes retirées, Mirza vint me dire que j'étois libre, & que les dames avoient pris beaucoup de plaisir à examiner mon travail & mes matériaux. J'espère, lui répondis-je, qu'elles ne viendront pas souvent m'interrompre, car elles me feroient souffrir. Il me promit qu'il y mettroit bon ordre.

Cependant, le moment critique où je devois mettre mon projet en exécution, approchoit. J'allai le lendemain à la ville, & nous fûmes,

Muſtapha & moi, faire une nouvelle proviſion d'eau de mer: je lui dis que j'aurois encore beſoin de lui dans un ou deux jours, pour en prendre au clair de la lune. Ce procédé le ſurprit; mais ſon maître l'avoit ſi bien averti que j'étois un homme extraordinaire, & qu'il ſoupçonnoit de magie, qu'il n'oſa jamais me faire de queſtion là-deſſus; d'autant plus qu'il ſavoit que c'étoit pour ſon uſage, que j'exerçois mon art. J'ajoutai que j'avois pluſieurs choſes à laver dans la mer au plein de la lune, qui étoit préciſément alors, & qu'après cela je ne l'importunerois plus. Quand nous fûmes de retour, je m'en allai chez mon marchand juif, où j'achetai ſecrétement des vivres pour notre voyage, comme des langues de bœuf, du poiſſon ſalé, du biſcuit, du vin, un petit poinçon d'eau, & pluſieurs autres choſes, que je lui dis de me tenir toutes prêtes, pour pouvoir les emporter au moment que je voudrois.

Ayant ainſi fait proviſion de tout ce dont nous pouvions avoir beſoin, je retournai à la maiſon de campagne, & le même jour j'eus occaſion de parler à ma maîtreſſe. Je la priai de ſe tenir prête à partir cette nuit-là, avec tout ce qu'elle vouloit emporter. Elle me dit qu'elle ne ſavoit pas comment échapper à la vigilance des Eunuques, parce qu'ils l'enfermoient toutes les nuits dans sa chambre quand ils s'alloient coucher, & même dans le jour lorsqu'ils n'étoient pas avec elle. Je lui répondis que je trouverois bien le moyen d'ouvrir sa prison, & qu'elle n'avoit qu'à se tranquiliser là-dessus: pour cet effet, j'invitai Mirza & Achmet à souper avec moi, leur disant qu'il falloit que je veillasse cette nuit-là, parce que mon opération chymique tiroit à sa fin, & que je devois aller en ville avant le jour. Ils s'y engagèrent avec plaisir; & l'heure venue, ils fermèrent les portes de la maison, & se rendirent dans ma chambre résolus de se bien divertir. Nous nous mîmes à table, & je leur fis boire du vin tant qu'ils en voulurent: pour les achever, je leur offris un verre d'une liqueur de ma façon, qu'ils acceptèrent aussi-tôt: je fus chercher une bouteille d'eau de vie, que j'avois achetée à dessein, & dans laquelle j'avois mis une bonne dose de *Laudanum*. Je leur en donnai à chacun un grand verre, qu'ils avalèrent tout d'un trait, mais dont ils n'agréèrent pas fort le goût. Je leur dis que j'avois distillé cette liqueur pour servir à abattre les fumées du vin, ou du cordial, comme Achmet l'appelloit, lorsqu'on en avoit un peu trop bu. Ils me répondirent qu'ils seroient ravis, si elle pouvoit produire cet effet sur eux; cependant ils me prièrent de leur donner un autre verre de vin pour leur ôter le mauvais goût de la bouche, ce que je fis volontiers. Le *Laudanum* ne tarda pas à déployer sa vertu, & j'eus le plaisir de les voir tomber dans un profond sommeil, qui leur fit perdre l'usage de tous leurs sens. Aussi-tôt je pris, non sans quelque crainte, les clefs de la maison dans la poche d'Achmet, & je m'en fus droit au lieu où étoit renfermé mon plus précieux tresor. J'ouvris avec assez de peine la chambre de ma belle, qui m'attendoit avec impatience : quoiqu'elle eût alors lieu de tout espérer, la crainte de quelque accident la rendit toute tremblante. Je fis ce que je pus pour la rassurer, & je la priai de se dépêcher de mettre l'habit d'homme que je lui apportois. Je me retirai par bienséance, & pendant qu'elle s'ajustoit, je fus à l'écurie dire à un esclave Italien, que j'avois chargé de tenir prêts des chevaux pour cette heure-là, de les sortir. Cet esclave m'avoit accompagné auparavant deux ou trois fois à la ville ; & comme il entendoit un peu de françois, qu'il étoit fort adroit, & que j'avois remarqué dans sa physionomie quelque chose qui faisoit connoître qu'il étoit digne d'un meilleur sort, je n'avois pas hésité un moment à le choisir pour notre compagnon de voyage, étant impossible que nous le fiſſions ſans le ſecours de quelqu'un. Je ne lui avois pourtant pas encore communiqué la moindre choſe de notre deſſein, de peur d'accident. Je remontai à la chambre de ma maîtreſſe, quand je crus qu'elle pouvoit être habillée: je la trouvai effectivement toute prête; mais je lui dis qu'avant de ſortir, il falloit qu'elle ſe ſoumît à un autre expédient qui acheveroit de la déguiſer. Elle me demanda ce que c'étoit; je tirai de ma poche un papier de terre d'Ombre, qui eſt une maudite couleur jaunâtre dont les peintres ſe ſervent, & je la priai de me permettre de lui en frotter le viſage & les mains, ce qu'elle fit. Le plaiſir que j'eus de la toucher me mit preſque hors de moi-même: elle s'en apperçut, & il me ſembla que cela ne lui déplut pas; quoique je ne l'attribuaſſe point à un retour de tendreſſe, mais uniquement au beſoin qu'elle avoit de moi, qui l'engageoit à me ménager. Quand j'eus fait, nous ſortîmes, & je fermai les portes, comme je les avois trouvées. J'avoue que mon eſprit flottoit dans ce moment entre l'eſpérance & la crainte, entre la joie & la terreur; & je ne doutois pas que ma belle ne fût dans un état encore pire, ce qui augmentoit ma peine. Après que je lui eus aidé à monter à cheval, nous montâmes chacun le nôtre, l'esclave Italien & moi; car je ne voulus pas le laisser marcher à pied à la manière du païs, pour faire plus de diligence.

Quand nous nous fûmes un peu éloignés de la maison, je me mis à faire diverses questions à ce jeune homme sur sa patrie, sur sa famille, sur la manière dont il avoit été fait esclave, & sur sa condition présente. Je compris par ses réponses, qu'il avoit perdu l'espérance, & non le désir, de sa liberté; car il me dit qu'il avoit écrit plusieurs lettres à ses parens en Italie, & qu'il n'en avoit jamais pu recevoir de nouvelles. Alors je lui découvris une partie de notre dessein, avec protestation que rien au monde ne m'empêcheroit de l'exécuter. A peine avois-je commencé à lui en parler, qu'il me supplia de lui permettre de nous suivre, & de courir même fortune; ajoutant que si par mon moyen il pouvoit recouvrer sa liberté, il m'en auroit une éternelle obligation, comme si je lui avois sauvé la vie; car, dit-il, vivre en esclavage, c'est mourir à chaque moment de la plus cruelle de toutes les morts. Je fus charmé de l'entendre parler ainsi, & j'eus tout lieu d'en conclure qu'il étoit sincère. Je lui promis de le prendre avec nous, & je lui communiquai enfin tout notre projet qu'il approuva fort, disant qu'il étoit si bien conçu, qu'avec la bénédiction de Dieu, il ne pouvoit manquer de réussir.

Cependant, nous arrivâmes à la maison que le capitaine avoit en ville, & nous y trouvâmes Mustapha qui m'attendoit. J'avois considéré que nous ne pouvions pas faire le voyage sans lui ; cependant je ne voulus pas lui en rien dire, que nous ne fussions en mer. Je fis porter sur le champ dans le bateau les provisions que j'avois achetées du juif, & tout ce que nous avions pris avec nous : & pour satisfaire Mustapha sur le chapitre de ma maîtresse déguisée, je lui dis que c'étoit un jeune homme qui avoit été mordu d'un chien enragé, & que j'amenois à la prière de ses parens, qui demeuroient dans le voisinage de la maison de campagne, pour le plonger dans la mer ; ce qui étoit le seul remède capable de le guérir.

Quand nous fûmes en pleine mer, je découvris mon dessein à Mustapha, qui ne l'eut pas plutôt entendu, qu'il se mit à crier au secours de toute sa force. Cela me surprit un peu ; mais sans perdre de tems, je tirai de ma poche un pistolet (car j'en avois acheté plusieurs paires) que je lui portai à la gorge, le menaçant de le tuer au moment même, s'il ouvroit la bouche. J'ajoutai que nous en avions trop fait, pour nous arrêter en si beau chemin, & je crois effectivement que s'il eût fait la moindre résistance, je l'aurois expédié sur le champ. Quand il vit qu'il n'étoit pas le plus fort, il se jetta par terre, & se mit à pleurer tout son sou. Son affliction me fit vraiment de la peine ; & pour le consoler, je lui promis qu'aussi-tôt que nous serions arrivés à Magazan (qui est un port de mer bien fortifié sur la côte d'Afrique, appartenant aux Portugais) où nous avions dessein de passer, non seulement je le laisserois en liberté d'aller où il voudroit, mais encore je lui donnerois cinquante pistoles de récompense. J'ajoûtai, que je ne l'aurois jamais mis dans cette peine, s'il m'avoit été possible de faire autrement. Il parut satisfait, & promit de nous aider de toutes ses forces ; mais ce qui lui fit le plus de plaisir, c'est que notre voyage ne seroit pas long, Magazan n'étant éloigné de Salé que de vingt lieues ; & comme nous avions le vent favorable, nous devions y arriver en deux jours pour le plus tard. J'avois fait provision de tout ce qu'il falloit pour un beaucoup plus long voyage, & quand nous eûmes réglé notre route, & mis tout en bon ordre, je priai ma belle de prendre quelque rafraîchiffement, & de fe tranquillifer, l'affurant que nous étions entiérement hors de danger. Ce que j'en difois n'étoit que pour la raffurer, car j'étois toujours dans des craintes mortelles que nous ne rencontraffions quelque Corfaire, & peut-être notre capitaine lui-même; d'ailleurs l'efclave Italien m'avoit fait faire une réflexion qui m'allarmoit extrêmement, c'eft que comme j'avois dit à Muftapha que je n'avois jamais été à Magazan, ni ne favois où il étoit fitué, il étoit à craindre qu'il ne nous conduifît en quelque port appartenant aux Maures. J'en touchai deux mots à Muftapha lui-même, lui promettant bien de l'envoyer fur le champ dans l'autre monde, s'il s'avifoit de nous trahir; mais il m'affura qu'il nous feroit fidèle, & qu'il n'y avoit pas même un feul port de Salé à Magazan. Après que nous eûmes pris quelque rafraîchiffement, je conjurai ma maîtreffe de nous faire l'hiftoire de la manière dont elle étoit tombée entre les mains de notre tyran commun. A préfent que nous fommes un peu tranquilles, je le veux bien, me dit-elle obligeamment; & elle commença ainfi.

HISTOIRE
DE MADEMOISELLE VILLARS.

Mon père qui s'appelloit Villars, étoit un fameux marchand de Briſtol. Ma mère mourut, que j'étois encore fort jeune, de ſorte que je ne pus pas connoître la perte que je faiſois. Les ſoins que mon père prit de mon éducation la réparèrent en quelque manière; mais avant que j'euſſe atteint ma ſeizième année, il mourut auſſi. Un bien de deux mille livres ſterling de rente, dont il me laiſſa entièrement la maîtreſſe, outre pluſieurs joyaux de prix qui avoient appartenu à feue ma mère, ne fut point capable de calmer la douleur que me cauſa ſa mort. Comme je paſſois pour un fort bon parti, j'eus bien-tôt nombre d'adorateurs; mais ne connoiſſant point encore l'amour, je ne me ſentois aucune inclination pour le mariage. Je me trouvai même à la fin ſi fatiguée des importunités de mes amans, que pour m'en débarraſſer tout-à-fait, je me retirai à une maiſon de campagne que j'avois, ſur le bord de la mer, où je vécus preſque en récluſe.

Pour mon malheur, je me vis chargée d'affaires, quoique jeune; car mon père avoit plusieurs vaisseaux en mer. Le capitaine de l'un de ces vaisseaux qui négocioit en Turquie, m'apporta un jour un connoissement, & je ne sai par quelle fatalité je lui plus au point qu'il devint éperduement amoureux de moi; mais apprenant l'aversion que j'avois pour le mariage, il n'osa jamais me déclarer ses sentimens. Cependant à force de présens, il eut bientôt mis dans ses intérêts ma fille de chambre, qui pour cent livres sterling qu'elle en reçut, le cacha enfin un soir dans un cabinet qu'il y avoit dans ma chambre à coucher. Je me déshabillai, & me mis au lit à mon ordinaire, sans m'appercevoir ni me douter de rien; mais à peine étois-je couchée, que je sentis quelqu'un qui tiroit doucement la couverture & qui cherchoit à se fourrer dans le lit. Je fus prodigieusement surprise & effrayée, comme on peut le croire. Je me mis à crier au secours, mais inutilement, ma coquine de fille de chambre y avoit bien pourvu. Je sautai du lit avec assez de peine, & je courus à la porte pour sortir, mais je la trouvai fermée. Quand je vis cela, je conjurai les larmes aux yeux le scélérat qui en vouloit à mon honneur, & qui étoit si bien déguisé que je ne pouvois le connoître, d'avoir pitié de moi, & de m'épargner; ce fut en vain : il me saisit par le milieu du corps, & m'enleva. Je résistai quelque tems, mais enfin les forces me manquèrent, & j'allois être immolée à sa brutale passion, lorsque la porte de mon autre cabinet (car il y en avoit un à chaque bout de la chambre) s'ouvrit tout-à-coup, & il en sortit un autre homme masqué. Il n'étoit guères possible que ma frayeur augmentât; mais je me trouvai dans ce moment si atterrée, que je ne savois si j'étois morte ou vive.

Ce dernier masque se jetta d'abord sur l'autre, qui pour se défendre fut obligé de me laisser. Je courus aussi-tôt à la porte, & la frayeur me donnant des forces, je fis si bien qu'elle s'ouvrit; mais je ne saurois dire comment. Je descendis à la chambre de ma servante, toute hors de moi même; & le bruit que nous fîmes l'une & l'autre, joint à celui des deux inconnus qui se battoient, éveilla tous les domestiques. Je mis vîtement une robe de chambre qui se trouva sous ma main; & quand j'eus rassemblé tous mes gens, je leur dis la cause de ce bruit. Ils s'armèrent sur le champ & coururent à ma chambre, mais il n'y avoit plus personne; ils trouvèrent seulement un morceau de masque emporté, un mouchoir marqué L. K. & des taches de sang en plusieurs endroits du plancher. Nous ne pouvions nous imaginer qui étoient ces deux inconnus; & j'avoue que ma frayeur étoit si grande, que je ne pus de cette nuit-là examiner à fond cette étrange aventure. Je fus me coucher dans une autre chambre, presque morte de peur; mais après avoir donné ordre à deux de mes valets de faire sentinelle à la porte.

Quand je l'eus bien fermée en dedans, & que j'eus visité les cabinets, & regardé sous le lit; en un mot que je me crus en sûreté, je me couchai avec ma servante, que j'avois pris avec moi pour plus de précaution. Malgré le trouble & la frayeur où j'étois, je m'endormis; & quand je m'éveillai le matin, je me trouvai beaucoup mieux. Je me mis alors à raisonner tranquillement sur mon aventure du soir précédent, & je jugeai bien-tôt qu'il falloit qu'une ou deux de mes servantes fussent du complot, parce que ma porte n'avoit jamais été fermée en dehors auparavant. Je me levai, & je fis monter sur le champ tous mes domestiques, hommes & femmes. Après leur avoir récité plus en détail ce qui m'étoit arrivé, ils m'apprirent que la Prichard (c'étoit le nom d'une de mes servantes) s'en étoit allée, & qu'on ne savoit où, ni quand. Je voulus envoyer visiter sa chambre; mais ils me dirent qu'elle avoit emporté toutes ses hardes. Nous conclûmes tous aussi-tôt qu'elle étoit la cause du désordre de la nuit précédente. Je ne jugeai point à propos de faire courir après elle, m'estimant fort heureuse d'être échappée d'un si grand danger, jusques à ce que je fusse montée dans ma chambre, où je trouvai qu'on m'avoit enlevé un collier & une bague de diamants, ma montre d'or, & environ soixante guinées en espèces; outre cela mon buffet étoit enfoncé, & l'on y avoit pris un billet de cinq cens livres sterling qui étoit échu. J'envoyai sur le champ un exprès à Bristol pour en arrêter le paiement; mais l'on fit réponse que ma servante étoit venue de ma part, & en avoit reçu l'argent, il y avoit déjà quelques heures. Nous fîmes inutilement toutes les perquisitions possibles pour la découvrir. Six semaines se passèrent sans que j'en pusse avoir aucune nouvelle. Un jour que je me promenois dans le jardin, je fus toute surprise qu'un matelot entra, & me remit de sa part cette lettre.

MADAME,

« Je suis vraiment repentante de la trahison que je vous ai faite. Après avoir exécuté mon infame dessein, je crus que le meilleur pour moi, étoit de me réfugier à bord d'un vaisseau qui appartient à mon frère, & qui est à présent à l'ancre à environ six milles de terre. Si vous voulez bien prendre la peine d'y venir, le porteur de ce billet vous y conduira. Vous ne douterez pas de la sincérité de ma repentance quand vous saurez que je touche à mon dernier moment, ayant eu le malheur de tomber à fond de cale, & de me casser la jambe gauche, & la tête, d'une si terrible manière, que j'en ai été deux jours sans sentiment. Mais Dieu me faisant la grace de me reconnoître, quoique l'on m'assure que je ne saurois vivre vingt-quatre heures, je suis convaincue que le moyen d'obtenir de lui le pardon de mes péchés, est de vous rendre ce que je vous ai volé, & de vous faire une confession ingénue de la noire infidélité dont je me suis rendue coupable à votre égard. Ainsi je vous supplie, madame, que j'aye le bonheur de vous voir. Je vous expliquerai tout le mystère de cette fatale nuit, qui m'a fait perdre mon intégrité, & qui sera la cause de ma mort; & je vous instruirai de certaines choses qu'il est bon que vous sachiez pour prévenir le mal qui pourroit vous arriver encore.

Votre affligée servante, SUSANNE PRICHARD.

P. S.

P. S. « Je vous prie, madame, de garder le secret sur ce que j'ai l'honneur de vous écrire; & pour donner le change aux domestiques que vous prendrez avec vous, vous pouvez leur dire que vous allez à bord d'un vaisseau marchand de Turquie, pour voir le présent que la compagnie envoie à l'empereur de Constantinople. Le porteur vous conduira. »

Effectivement, j'avois ouï parler d'un vaisseau de la flotte de Turquie, qu'une violente tempête avoit obligé de relâcher, & où il y avoit une chaise à porteurs, à glaces, fort artistement travaillée, & dont on vouloit faire présent au grand Turc. Je fis plusieurs questions au matelot touchant la lettre qu'il m'apportoit; mais il me répondit brusquement, qu'il ne savoit ce que c'étoit, & que tout ce qu'il pouvoit me dire, c'est qu'il y avoit dans le vaisseau d'où il venoit, une jeune femme qui étoit tombée à fond de cale, & qui s'étoit presque tuée; de sorte qu'on désespéroit qu'elle en revînt. Je résolus de le suivre, & de prendre avec moi deux valets & une servante pour plus grande sûreté. Quand nous fûmes au bord de la mer, qui n'étoit qu'à un quart de mille de ma maison, nous trouvâmes une fort belle chaloupe à huit rames qui nous attendoit. J'y entrai sans hésiter avec mes domestiques, & nous prîmes le large. En moins d'une heure & demie nous arrivâmes au vaisseau marchand qui nous donna d'abord le côté. On m'aida à y monter, & l'on me conduisit dans la chambre du capitaine où je trouvai ma servante en question sur un lit de veille dans un coin. Dès qu'elle me vit, elle voulut se mettre sur son séant, mais elle sembloit n'en avoir pas la force, & elle se laissa retomber. Je lui dis, que j'étois fâchée de la voir dans cet état, & que je la priois de se tranquiliser pour pouvoir m'instruire de ce qu'elle m'avoit promis dans sa lettre de m'apprendre. Ah, madame ! s'écria-t-elle d'une voix entrecoupée de sanglots, & comme si elle alloit s'évanouir, vous ne sauriez croire ce que je souffre en vous voyant. Vous me rappellez le souvenir de cette malheureuse nuit où je vous ai si indignement trahie ; mais j'espere de votre bonté que vous me pardonnerez, après que je vous aurai remis entre les mains ce que je vous ai volé. J'oublie tout le passé, lui répondis-je, & je me flatte que le ciel voudra bien vous traiter avec la même indulgence, puisque vous vous repentez sérieusement de votre faute. Elle me remercia, mais elle ajouta qu'elle se trouvoit si foible, qu'elle me prioit de lui laisser quelques minutes de tranquillité pour reprendre haleine.

Je consentis à ce qu'elle souhaitoit ; mais elle garda si long-tems le silence que je crus réellement qu'elle étoit expirée. Je l'appellai par son nom ; & enfin elle me répondit d'une voix si basse qu'il sembloit qu'elle fût sur le point de rendre l'ame. Je vois bien, madame, me dit-elle, que vous êtes impatiente de savoir ce dont je vous ai promis de vous instruire : je vais tâcher de vous satisfaire du mieux qu'il me sera possible.

Le capitaine Bourn avoit conçu depuis quelques mois une violente passion pour vous ; mais apprenant votre aversion pour le mariage, il tâcha de m'engager dans ses intérêts, & m'offrit de si grosses sommes d'argent, que je ne pus y résister. Il me donna cent livres sterling, outre d'autres présens de valeur, pour l'introduire dans l'un des cabinets de votre chambre, avant que vous y montassiez pour vous coucher ; ce que je fis, ébiouie par l'éclat de l'or. Vous savez ce qui en arriva, & comment il auroit exécuté son dessein, s'il n'eût été prévenu par la personne qui sortit de l'autre cabinet. Je vous prie, lui dis-je alors avec empressement, connoissez-vous cette personne ? Oui, madame, répliqua-t-elle, c'étoit M. Laurent

Kendrick, votre ancien amant & tuteur, que votre femme-de-chambre avoit caché dans cet endroit-là, pour lui fournir le moyen de satisfaire sa brutale passion. Quoi ! m'écriai-je toute interdite, êtes-vous bien assurée que c'étoit lui ? Madame, continua-t-elle, quand vous fûtes sortie de la chambre, M. Kendrick se jetta sur M. Bourn, & ils furent quelque tems aux prises ; mais le masque du premier lui étant tombé du visage, l'autre qui ne fut pas peu surpris de la rencontre, l'appella par son nom, & se démasqua aussi-tôt. En un mot, ils en vinrent à un éclaircissement, & se retirèrent au plus vîte, sans être apperçus d'aucun des domestiques. M. Kendrick dit au capitaine Bourn, qu'il avoit donné une bonne somme d'argent à votre femme-de-chambre pour l'introduire dans le cabinet d'où il l'avoit vu sortir ; ce qu'elle avoit exécuté fort secrettement. Puissent à jamais, m'écriai-je alors, tous les attentats de cette nature échouer de la même manière !

Quand cette malheureuse eut fini son récit, elle me pria d'avoir encore un peu de patience, pendant qu'elle tâcheroit de recueillir assez de forces pour me rendre mon argent & mes joyaux. Je n'avois pas envie de demeurer plus long-tems, cependant quinze cens livres sterling me paroissoient une trop grosse somme pour rifquer de les perdre par ma précipitation; car mon collier, ma bague, & ma montre avoient été évalués par mon père à mille livres. Il y avoit bien trois heures que j'étois-là, & j'avois des affaires qui me rappelloient à la maifon : ainfi après avoir attendu quelque tems, voyant que ma fervante ne me parloit point, je rompis une feconde fois le filence, en lui difant que j'avois un grand chemin à faire pour me rendre chez moi & que je craignois de m'enrhumer. Alors elle me pria de fonner une cloche qu'il y avoit à côté de fon lit, ce que je fis; & auffi-tôt le même matelot qui m'avoit apporté la lettre entra. Elle lui demanda fi fon frère étoit venu. Oui, lui répondit-il, il y a près d'une demi-heure. C'eft fort bien, répliqua-t-elle, dites-lui qu'il peut entrer. Là-deffus elle leva la main, & défit la cheville d'un volet qu'il y avoit au-deffus de fa tête, & qui tombant de lui-même donna du jour dans la chambre, car il n'y en avoit prefque point auparavant; mais je n'y avois pas fait autrement attention, m'imaginant que c'étoit à caufe de fa maladie. Je vous laiffe à juger quel fut mon étonnement, quand je la vis alors fe lever de fon lit, auffi-bien portante que je l'euffe jamais vue. Avant que je puffe ouvrir la bouche pour lui témoigner ma furprise, le capitaine Bourn entra; ce qui acheva de me confondre. J'en fus si saisie, que je ne pénétrai point d'abord ce mystère, & que je demeurai quelque tems sans pouvoir parler. A la fin m'adressant à ce scélérat, je lui dis, j'espère, capitaine, que vous vous repentez de votre infâme entreprise sur mon honneur. Si j'en suis fâché, répliqua-t-il, c'est de ce qu'elle n'a pas eu un meilleur succès; mais je compte qu'il est à présent en mon pouvoir d'exécuter mon dessein. Il ajouta, pour mieux s'expliquer, que si je ne voulois pas consentir à sa passion, il trouveroit bien le moyen de la satisfaire dès cette nuit-là même. A ces paroles, qui furent pour moi comme un coup de foudre, j'appellai mes domestiques, mais l'infidèle Susanne me dit qu'on les avoit renvoyés à terre. Oui, madame, reprit le capitaine, ils sont dans ce moment à plus de douze milles loin de nous; & s'il vous plaît de regarder par la fenêtre, vous verrez que je vous dis vrai. J'y jettai les yeux, & je m'apperçus effectivement que nous étions déja avant dans la mer. A cette vue, je m'évanouis, & je ne revins à moi que pour tomber de nouveau en défaillance, ce qui dura jusques à près de minuit. Alors je me trouvai si foible que mes pauvres jambes ne pouvoient plus soutenir mon corps;

& la douleur que je ressentois étoit si violente, que tous ceux qui me virent dans cet état ne doutèrent point que je n'y succombasse enfin. Sur le matin une grosse fièvre me prit, & tout ce dont je pus me ressouvenir pendant six semaines qu'elle dura, c'est qu'on me mit au lit, & qu'on me donna pour garde la malheureuse qui m'avoit trahie. Mais l'état où j'étois la toucha vivement, & produisit en elle une vraie conversion. Elle s'affligeoit plus que moi, & se maudissoit cent fois le jour d'avoir été capable de me faire une telle infidélité.

Quand la fièvre m'eut quittée, je n'étois plus qu'un vrai squelette, & assurément personne dans mon état ne se seroit attendu à autre chose qu'à la mort. Mais il plut à la providence de faire un miracle en ma faveur, & de me redonner ma première santé ; il n'y avoit que mon esprit qui ne pouvoit se remettre de ses agitations & de ses craintes, ni penser à l'avenir sans des angoisses mortelles.

Dès que j'eus lieu de me persuader que la repentance de ma servante étoit sincère, je lui pardonnai de bon cœur. Elle m'apprit que le capitaine ne m'avoit point approché pendant toute ma maladie, que pour s'informer de mon état. Mais quand il vit que j'avois recouvré mon embonpoint, & ce qu'il appelloit ma beauté, il se livra de nouveau à sa brutale passion, & ne cessa de me persécuter. Il me dit que si je voulois consentir à l'épouser, & lui pardonner tout le passé, il reprendroit sur le champ la route d'Angleterre, où nous pouvions arriver en peu de jours. Je considérai que j'étois au pouvoir d'un scélérat, qui, à en juger par ce qu'il avoit déja fait, ne se feroit conscience de rien pour arriver à son but. Ainsi je résolus de flatter son amour, par l'avis de ma servante à qui j'avois rendu toute ma première affection, quoiqu'elle fût la vraie cause de mon malheur. Je lui dis un jour, que s'il vouloit me rendre incessamment la liberté, je lui promettois de l'épouser dès que nous pourrions avoir un ecclésiastique pour faire la cérémonie: mais il me répliqua, que le seul moyen qu'il avoit pour que je ne lui échappasse point, étoit de jouir de moi à l'avance; & que si je croyois qu'il y eût du crime, il guériroit bien-tôt mon scrupule par le moyen d'une dispense de l'église; car, ajouta-t-il, si vous avez réellement dessein de tenir votre parole, vous condescendrez aisément à ce que je souhaite, & il n'y a que cela au monde qui puisse me convaincre de votre sincérité. Je vous donne un jour pour y penser; mais je vous déclare, continua cet infâme, que si vous ne voulez pas vous rendre de bonne grace, demain j'employerai la force; & là-dessus il me quitta. J'avois bien recommandé à ma servante de lui cacher notre raccommodement, ce qu'elle fit aussi avec beaucoup de soin & d'adresse; de sorte qu'elle avoit souvent occasion, en parlant avec lui, de lâcher un mot en ma faveur.

Quand nous fûmes seules, je me livrai toute entière à la douleur, & je demeurai plusieurs heures sans penser à autre chose qu'à la déplorable situation où je me trouvois. Nous gardâmes long-tems le silence; & la vérité est, que pour moi je n'avois pas la force de parler, tant j'étois consternée; quoique le ciel m'inspirât dans ce moment assez de courage pour former la résolution de mourir plutôt que de me soumettre à la brutale proposition du capitaine. Je communiquai mon dessein à ma servante, & je lui dis que quand le tems que ce malheureux m'avoit donné pour me déterminer à ce qu'il souhaitoit, seroit expiré, je me plongerois dans le sein un couteau que j'avois caché tout exprès pour cela sous ma robe. Cette résolution la surprit étrangement; elle en fut pénétrée de douleur, & mêlant ses larmes aux miennes nous ne cessâmes d'en répandre que lorsque la source en fut entiérement tarie. A ce torrent de pleurs succéda le plus morne silence; mais enfin ma servante le rompit, & me parla en ces termes :

Madame, entre plusieurs expédiens qui me sont venus confusément dans l'esprit, pour vous tirer de la cruelle situation où vous êtes ; en voici un qui a quelque apparence de succès, & qui vous convaincra tout au moins de la sincérité de ma repentance. Le capitaine me croit encore dans ses intérêts ; & si nous pouvons en trouver les moyens, je veux bien me soumettre en votre place à sa brutale passion. Pour cela, il faut à mon avis ménager la chose de cette manière : dites-lui que vous consentez enfin à ce qu'il souhaite ; mais à condition qu'il viendra la nuit sans lumière, qu'il ne demeurera pas plus d'une heure avec vous, & qu'il ne reprendra point les mêmes privautés que vous ne soyez unis ensemble par les mains d'un prêtre.

J'avoue que cette ouverture me donna quelque espérance, sachant que si elle pouvoit réussir, je n'aurois rien à craindre des poursuites de ce brutal, quand une fois nous serions arrivés en Angleterre, où il promettoit de me ramener incessamment. D'ailleurs il me parut que la chose étoit assez faisable, parce que nous étions à-peu-près du même âge, ma servante & moi, & qu'il n'y avoit pas grande différence dans notre taille, du moins étoit-il comme impossible de s'en appercevoir dans l'obscurité.

Ainsi je résolus de me servir de cet expédient, & de prendre un air plus gai lorsque le capitaine viendroit, ce qui fut bien-tôt après, quoiqu'il m'eût donné plus de tems pour me déterminer. Quand il entra dans la chambre, il me demanda pardon s'il venoit m'interrompre, me disant pour excuse qu'il m'apportoit un présent : & là-dessus il me remit une petite boîte qu'il me pria d'ouvrir; ce que je fis aussi-tôt, & j'y trouvai mes joyaux & mon argent. Je vous restitue, madame, ajouta-t-il, ce qui vous appartient, car je ne me soucie pas d'avoir autre chose à vous, que vous-même ; vous serez toujours la maîtresse de disposer de votre bien comme il vous plaira, & au moment que vous consentirez à mes desirs, je vous donnerai un écrit par lequel je m'engage à signer toutes les conditions que vous voudrez m'imposer. Je demeurai quelque tems sans lui répondre, mais en vérité c'étoit parce que je me faisois de la peine d'être obligée de lui tenir un langage où mon cœur n'avoit aucune part.

Capitaine, lui dis-je, vous prenez le seul chemin capable de vous conduire à votre but;

& j'avoue que cette marque de générofité que vous venez de me donner, en me rendant mon argent & mes joyaux, quoiqu'il foit en votre pouvoir de me les reprendre quand il vous plaira, diminue un peu la mauvaife opinion que j'ai fujet d'avoir de vous. S'il vous plait de m'accorder encore une demi-heure pour penfer à cette affaire, je vous promets de vous donner une réponfe pofitive cette nuit. A ces paroles il fut tout tranfporté de joie, & m'en donna des marques également extravagantes & impolies. Cependant il me remercia, & s'en fut.

Je n'avois pas befoin de ce tems-là pour me préparer à lui répondre, mais je crus qu'il n'étoit pas à propos de le faire fur le champ. La demi-heure étoit à peine écoulée, que mon homme rentra d'un air impatient. Je le priai de s'affeoir, ce que je vis à fa mine qu'il prit à bon augure. Monfieur, lui dis-je, j'ai mûrement pefé toutes chofes, & fi vous voulez vous foumettre à deux ou trois conditions que je vous dirai, vous pofféderez cette nuit même ce que vous défirez fi fort. Des conditions, madame! s'écria-t-il, je vous donnerai un blanc-figné, fi vous fouhaitez. Il n'en eft pas befoin, lui répondis-je, il fuffit que vous en conveniez, les voici. Premiérement je ne veux point avoir de lumière dans la chambre; secondement vous ne demeurerez qu'une heure avec moi; & enfin n'attendez plus de pareilles faveurs jusques à ce que nous soyons mariés selon les loix. Madame, répliqua le capitaine, vous me transportez si fort de joie, que je ne sai où j'en suis: je consens à tous ces articles, & je m'estime le plus heureux des hommes. Il ajouta plusieurs autres complimens de cette nature, aussi insipides que peu conformes à mes inclinations. Enfin il me quitta, dans l'espérance que je ne différerois pas long-tems son prétendu bonheur. Heureusement pour moi, que j'étois assise dans un coin obscur de la chambre; car si j'eusse été exposée au jour, il se seroit facilement apperçu de la confusion où m'avoit jetté cet entretien.

Cependant l'heure fatale s'approchoit, & ma pauvre servante se mit dans le lit du capitaine toute en pleurs, & aussi affligée que si elle fut allée à la mort. Je fus vivement touchée du sacrifice qu'elle me faisoit; car elle m'avoit toujours paru fort sage de ce côté-là. Le capitaine vint peu de tems après dans l'obscurité, & fut aussi heureux que sa fausse imagination put s'étendre. Pour moi je tremblois de peur qu'il ne s'apperçût de la tromperie, ou que la pauvre fille ne se trahît elle-même;

mais tout alla à merveilles; & quand l'heure fut écoulée, mon homme se retira sans se le faire dire.

Dès qu'ils fut parti, ma servante se leva, & venant à moi le visage tout baigné de larmes! Eh bien, madame, me dit-elle, j'espère maintenant vous avoir convaincue, quoiqu'à ma honte éternelle, de la sincérité de ma repentance; mais je me flatte que le ciel ne m'imputera point ce crime, non plus qu'à vous, puisqu'une fatale nécessité en est l'unique cause. Je la consolai du mieux que je pus, & je lui dis, entr'autres choses, que je ne désespérois pas d'obliger le capitaine à l'épouser, quand nous serions en Angleterre où nous l'aurions en notre pouvoir, & que cela effaceroit toute la honte du passé. Non, madame, me répliqua-t-elle, si j'ai fait ceci, ce n'a été que pour vous rendre service; & je vous déclare, que plutôt que d'être la femme d'un tel homme, ni même d'aucun homme que ce soit, je me soumettrois aux emplois les plus vils pour gagner ma vie. Je suppose que le capitaine, instruit de la vérité du fait, m'offrît dans ce moment même de m'épouser pour réparer sa faute & mon honneur, je ne pourrois me résoudre à l'accepter, car je me sens pour lui une aversion insurmontable. Eh bien donc! lui dis-je, quand nous serons en lieu de sûreté, & que le plaisir de respirer notre air natal nous aura fait oublier toutes nos souffrances, je t'assignerai un revenu annuel pour te faire vivre honnêtement le reste de tes jours. Madame, me répondit-elle, c'est tout ce que je souhaiterois, & alors je m'en irois dans quelque lieu retiré, y vivre inconnue à toute la terre, & y pleurer à loisir tous mes crimes & toutes mes folies. Je lui dis qu'elle n'avoit pas besoin de faire cela, & qu'elle pouvoit vivre avec moi malgré ce qui s'étoit passé. Il n'y a pas moyen, répliqua-t-elle, car il faudra nécessairement, pour votre justification, que vous rendiez publique toute cette histoire, & alors comment oserois-je paroître devant le monde ? Je tâchai de la persuader que le sacrifice qu'elle m'avoit fait, seroit regardé comme une action vertueuse en elle-même, & à laquelle il n'y avoit rien à reprendre. Tout ce que je pus lui dire ne fut pas capable de lui faire changer la résolution qu'elle avoit prise de se retirer du monde & de vivre en recluse ; ainsi je ne lui en parlai pas davantage.

Il auroit infiniment mieux valu pour nous que nous eussions gardé le silence ; car à peine eûmes-nous fini notre entretien, que le capitaine entra comme un furieux, tenant une chandelle à la main. C'est donc toi, vilaine diablesse, qui m'as trahi! dit-il, en s'adressant à ma servante; quoi, scélérate! après tout ce que j'ai fait pour toi, me tromper de cette manière! Mais je saurai bien en tirer une pleine vengeance. Et pour vous, madame, continua-t-il, en se tournant de mon côté, je vous donne encore le même tems pour accepter les propositions que je vous ai d'abord faites; mais ce tems là passé, n'espérez plus rien, je jouirai de vous, la mort dut-elle me saisir un instant après. Quand il eut cessé de parler, il sortit, & nous laissa dans un étonnement dont nous ne revînmes qu'avec beaucoup de peine.

Comme nous n'avions pas lieu de douter qu'il n'eût été aux écoutes, & qu'il n'eût entendu tout ce que nous avions dit, quoique nous parlassions fort bas, nous craignions d'ouvrir la bouche, de peur qu'il ne nous entendît encore. Enfin ma servante rompit le silence. Juste ciel! s'écria-t-elle, les maux que tu m'appelles à souffrir sont des châtimens de mes crimes. Si la résignation avec laquelle je m'y soumets pouvoit désarmer ta colère, que je m'estimerois heureuse! Il n'est point de tourmens que je n'endurasse avec plaisir dans cette douce espérance. J'étois hors d'état de lui rien dire pour

pour la consoler; car la vue de mes propres malheurs m'avoit lié la langue, & le trouble de mon esprit passoit toute imagination. Je priai Dieu avec ardeur de me délivrer de cet état, ou de me donner assez de raison & de forces pour préférer la mort à la perte de mon honneur. Quand ma servante eut un peu repris de courage & qu'elle s'apperçut de mon agitation, elle me dit qu'elle ne voyoit point d'autre issue de ce labyrinthe de maux où nous étions plongées, que la mort; &, ajouta-t-elle, puisqu'il nous faut mourir une fois, le plutôt que nous quitterons ce misérable monde, le plutôt serons-nous tranquilles.

La mort avoit encore pour moi quelque chose d'horrible, cependant je m'y résolus; seulement j'étois incertaine sur le choix du genre : enfin nous prîmes toutes deux le parti de nous noyer, & pour cela, de nous jetter par la fenêtre de la chambre, dès que le capitaine viendroit pour exécuter son infâme dessein. Est-ce ainsi? dit ce scélérat, qui avoit été tout ce tems aux écoutes, (car la douleur nous avoit mises hors d'état de prendre aucune précaution) & qui entra dans ce moment; vous voulez donc vous noyer? Mais je vous en empêcherai bien. Là-dessus, il prit un marteau & des clous, & cloua les volets contre la fenêtre, de manière qu'il nous eût été impossible, avec le peu de force que nous avions, de les défaire. Après qu'il fut sorti, nous nous mîmes en prières, & nous passâmes la nuit dans cet état. Sur le point du jour, nous comprîmes par le branlement du vaisseau, par le bruit du vent & des matelots, que nous étions dans une furieuse tempête. Cela nous donna quelque espérance que le vaisseau feroit naufrage, & que Dieu avoit exaucé nos prières & ne permettroit pas qu'on usât de violence envers nous. Nous nous flattions même que nous pourrions être jettés sur quelque côte, où nous trouverions de la protection lorsque nous nous y attendrions le moins. La tempête continua tout le jour & une partie de la nuit suivante; mais à mesure qu'elle s'appaisoit, nos craintes augmentoient. Quand elle eut à-peu-près cessé, le capitaine entra dans la chambre & me dit : Eh bien ! madame, j'espère que vous avez eu assez de tems pour penser à la proposition que je vous ai faite, & je viens à présent pour savoir votre dernière résolution Le ciel, lui repliquai-je, vous a répondu pour moi; & si vous avez le moindre sentiment d'une divinité, vous ne sauriez douter que ce ne soit sa voix que vous avez entendue dans cette violente tempête qu'elle a excitée pour vous détourner de votre infâme dessein. Si vous croyez, me dit-il, d'un air moqueur, m'en dissuader par vos sermons, sermonnez au nom de Dieu tant qu'il vous plaira. Scélérat que tu es! repartis-je, ose-tu bien proférer ce sacré nom dans le tems que tu roules dans ton esprit des projets que cet Etre suprême a en horreur? Je pense, madame, me repliqua ce brutal, que vous êtes un peu sujette à la lune; & de peur de contagion, je vous quitte pour un moment; mais par tous les diables d'enfer, puisque vous ne voulez pas que je jure par le ciel, si vous ne consentez à mes desirs quand je reviendrai, je vous violerai, & après m'être bien rassasié, je donnerai la permission à tous mes gens d'en faire autant; & je les crois d'assez bon appetit pour ne pas manquer cette occasion de s'en donner au cœur joie.

Il ajouta plusieurs autres grossièretés semblables, qui ne pouvoient sortir de la bouche que d'un homme comme lui. Et pour vous convaincre, madame, continua-t-il, que je ferai ce que je dis, je vais commencer par votre servante. Allons, mademoiselle, dit-il à cette pauvre malheureuse, puisque j'ai eu le premier morceau de la pièce, il est juste que je l'abandonne à mon équipage. En même tems, il nous prit toutes deux par le bras, & nous fit monter malgré nous fur le tillac, où il appella tous les matelots : Enfans, leur dit-il, je n'ai que deux bons morceaux, & je vous en donne un entre vous, afin que vous ne penfiez pas que je fois trop gourmand. A ces paroles, les matelots fe regardoient les uns les autres, ne comprenant pas bien ce que ce fcélérat vouloit dire, jufqu'à ce qu'il le leur expliqua en termes affez clairs, avec promeffe de récompenfer celui qui fe montreroit le plus grand fripon. La pauvre fille, voyant qu'elle alloit être immolée à leur brutalité, fe jetta à genoux, & les conjura les larmes aux yeux de ne point fuivre l'exemple de leur barbare capitaine, mais d'avoir pitié d'une infortunée qui fe voyoit réduite à la fatale néceffité de ne pouvoir plus vivre. Les uns fe firent un jeu de fon malheur, tandis que les autres commencèrent à la plaindre. Un certain drôle qui avoit l'air fort brufque, fe mit à crier, au diantre foit l'affaire ! J'aime affez les femmes, mais je ne me foucie point qu'on me force à en jouir : c'eft la même chofe que de manger quand on n'a point d'appétit. D'ailleurs, dit un autre, je foupçonne fort qu'il y a quelque raifon fecrète de cette libéralité du capitaine ; car je doute qu'il eût voulu fe deffaifir si facilement d'un bon morceau. J'apperçus, dans ce moment, un jeune homme qui se tenoit à quelque distance, & qui paroissoit prendre peu de plaisir à toute cette scène. Il avoit l'air de quelque chose de plus qu'un simple matelot, & son visage ne m'étoit pas tout-à-fait inconnu. Je pris sur le champ la résolution de lui parler & d'implorer son secours, mais il ne m'en donna pas le tems. Dès qu'il me vit, il s'écria dans la dernière surprise, juste Dieu ! Madame, est-ce vous ? Comment êtes-vous ici ? Je lui dis que le capitaine m'avoit trahie, & qu'il en vouloit à mon honneur. Je savois bien, me répondit-il, qu'il y avoit à bord deux dames qui vouloient aller à l'île de Zante, mais je ne pensois guère que vous en fussiez une, car je n'étois pas sur le vaisseau quand vous y vîntes, je n'y arrivai qu'une heure après vous, & je n'ai point eu depuis occasion de vous voir. Je le suppliai de me prendre sous sa protection ; ce qu'il me promit avec serment, m'assurant qu'il se couperoit plutôt la gorge avec le capitaine. Madame, ajouta-t-il, je suis le contre-maître de ce vaisseau, établi dans ce poste par feu votre digne père ; & j'en serois aujourd'hui le maître, sans la friponnerie de ce coquin, montrant au doigt le capitaine.

Les matelots étoient si divisés entr'eux qu'ils

n'en étoient encore venus à aucune violence avec ma pauvre servante, & ils l'avoient laissée dans la posture que j'ai dite, toute en pleurs. Le capitaine n'avoit fait que rire tout ce tems de leur dispute; mais s'appercevant que le contre-maître me parloit, il vint à lui, & lui demanda d'un ton impérieux ce qu'il avoit à faire avec moi. Rien autre chose, lui répliqua ce jeune homme, qu'à la défendre contre vos insultes. Vous, petit faquin! S'écria le capitaine, je vous apprendrai à vous mêler de vos affaires; & en disant cela, il lui sangla un coup de poing. Mais le contre-maître le lui rendit bien-tôt avec usure, & le jetta par terre. Les matelots accoururent sur le champ, & les séparèrent; mais le capitaine, enragé, jura qu'il en coûteroit la vie à l'autre : & là-dessus il courut dans sa chambre chercher quelque instrument pour le tuer. Celui-ci le suivit de près, & connoissant son tempérament furieux, il ferma la porte sur lui à double tour, & le laissa exhaler sa colère à loisir. Cela fait, il prit un coutelas de sa cabane qui étoit toute voisine; & se mettant contre la porte, il jura qu'il le plongeroit dans le sein du premier qui s'aviseroit de vouloir secourir le capitaine, & ordonna aux matelots de ne point branler qu'ils n'eussent entendu ce qu'il avoit à leur dire.

A ces mots, tout l'équipage s'approcha de lui pour l'écouter, sans se mettre plus en peine de ma servante : il leur apprit qui j'étois, & comment l'on m'avoit trahie. Quand les matelots entendirent que j'étois leur maîtresse, & la propriétaire du vaisseau, ils commencèrent à se repentir de ce qu'ils alloient faire, & déclarèrent qu'ils me serviroient au péril de leur vie. Alors, pour me les attacher davantage, je leur fis au long mon histoire, à la réserve de l'affaire de ma servante avec le capitaine, que je ne jugeai pas à propos de leur dire. Ils parurent tous extrêmement surpris, & demeurèrent immobiles comme des statues tout le tems que je leur parlai.

Cependant le capitaine juroit, maudissoit, & faisoit un bruit terrible dans sa chambre. Je dis au contre-maître que s'il vouloit, nous le mettrions en liberté : oui, madame, me répondit-il, mais ce sera pour le renfermer dans quelque autre endroit, car son esprit turbulent ne lui permettra jamais de demeurer en repos. Je l'assurai que je me laisserois conduire par lui, & que s'il vouloit accepter le commandement du vaisseau, je le lui donnois dès ce moment là même, supposé qu'il fût en mon pouvoir de le faire. Il me remercia fort, m'assurant que j'étois la maîtresse, & qu'il me serviroit fidèlement.

Enfuite on ouvrit la porte au capitaine ; mais quand il fut monté fur le pont, on fe faifit de lui quoiqu'avec beaucoup de peine, on lui mit les fers aux mains & aux pieds, & on l'enferma dans une autre chambre. Il fit le furieux, mais en vain. Je lui dis qu'il ne lui manqueroit rien que la liberté, & que je ne voulois pas même le pourfuivre, comme il le méritoit, quand nous ferions arrivés en Angleterre.

Je priai le contre-maître de faire force de voiles pour Briftol, avec promeffe de donner à chaque matelot le double de ce que pouvoit lui valoir le voyage que le capitaine avoit entrepris. A cette nouvelle ils poufsèrent tous des cris de joie, & promirent de feconder mes vœux de toutes leurs forces. Le contre-maître me dit que nous avions le vent contraire, mais qu'il iroit de bout au vent, comme l'on parle en termes de marine, dans l'efpérance qu'il changeroit bien-tôt. Je lui demandai où nous étions ; & il me répondit que nous n'étions pas loin du détroit de Gibraltar, & que nous ferions déja arrivés à Zante fans les vents contraires, & fur-tout fans la terrible tempête que nous avions eue à effuyer. Je lui dis comment le capitaine m'avoit trompée, en m'affurant que nous pouvions, en moins de fix jours, arriver aux côtes d'Angleterre.

Je ne saurois exprimer la joie que ressentit ma servante à la vue de notre heureuse délivrance; & vous pouvez bien être persuadé que la mienne n'étoit pas moins grande, quoique je ne la fisse pas autant paroître. Mais nous éprouvâmes bien-tôt quelle est l'incertitude des choses de ce monde ; car, avant la fin du jour, un corsaire nous donna la chasse, nous atteignit, & nous prit après une vigoureuse résistance : cependant nous ne perdîmes pas un seul homme dans le combat, excepté notre coquin de capitaine qui fut tué dans sa prison par accident.

Le capitaine de ce vaisseau corsaire étoit le même que celui à la tyrannie duquel nous venons de nous dérober. Il n'a jamais voulu m'apprendre ce qu'il fit, après m'avoir renfermée, de ma servante & de l'équipage. Madame, dit alors Mustapha, il les mit tous en liberté, & leur rendit même leur vaisseau pour la somme de mille livres sterling. Les pauvres gens firent tout ce qu'ils purent pour vous racheter aussi, mais inutilement: il leur fut même impossible de savoir ce que vous étiez devenue ; car le capitaine avoit pris grand soin de vous faire conduire secrettement à sa maison de campagne.

C'est ainsi que finit le récit de mademoiselle Villars; elle ajouta seulement que ce malheureux corsaire devint éperduement amoureux d'elle, & ne voulut jamais entendre parler de sa rançon; que cependant il la traita toujours avec honnêteté, ne lui refusant rien que la liberté; & que même il avoit laissé à sa bienséance une jolie bibliothèque qui étoit le fruit de ses pirateries, avec les joyaux & autres choses de valeur qu'il avoit prises sur le vaisseau.

Quand cette charmante personne eut achevé son histoire, je la remerciai de la bonté qu'elle avoit eue de nous en faire part. Monsieur, me dit-elle, vos remercîmens ne suffisent pas pour me dédommager de la peine que j'ai prise, je veux que vous me rendiez la pareille. Je lui répondis que je n'avois rien à lui refuser, mais que je la priois de me permettre de m'exprimer en françois, afin que notre italien pût m'entendre; car, ajoutai-je, j'ai dessein de l'engager à nous faire aussi le récit de ses aventures. Je vous aurois, me répliqua-t-elle, raconté les miennes avec plaisir dans cette même langue, si vous m'en eussiez insinué la moindre chose. Mais il y a bon remède, je vais recommencer mon histoire en françois, pour porter d'autant mieux notre homme à nous donner cette satisfaction. Je la priai de me permettre de lui épargner cette peine, ne fut-ce, lui dis-je, que pour vous faire voir que j'ai si bien imprimé dans ma mémoire ce qui vous est arrivé, que j'en pourrois répéter jusqu'aux moindres circonstances. Je le veux bien, me dit-elle, commencez quand il vous plaira. Je lui obéis sur le champ, & je m'en acquittai avec tant d'affection, qu'il étoit aisé de voir que le cœur étoit de la partie. Quand j'eus fini, elle me remercia de la peine que j'avois prise. Sans être long, j'avois trouvé le moyen de m'étendre en réflexions sur ce que son sort avoit de cruel. Comment se peut-il, disois-je, qu'une personne si bien partagée du côté de la naissance, de la beauté, de la vertu, & même des richesses, ait été maltraitée de la fortune au point de se voir réduite à un indigne esclavage ?

Je fis ensuite le récit de mes propres aventures. Je n'eus garde de m'expliquer ouvertement sur la passion que j'avois conçue pour cette dame; cependant j'en dis assez pour lui faire comprendre qu'elle étoit l'idole de mon cœur : & quoique l'amour, comme l'espérance, nous trompe souvent, je crus avoir lieu de me persuader que ma déclaration, toute enveloppée qu'elle étoit, ne lui avoit pas déplu. Mon histoire finie, nous priâmes l'Italien de nous faire la sienne. Il nous dit en soupirant, qu'il m'avoit trop d'obligation pour me refuser quelque chose, quoique cela lui renouvellât le souvenir de certains événemens qui lui feroient verser, malgré lui, des larmes. Après s'être recueilli un moment, il commença ainsi.

HISTOIRE
DE L'ESCLAVE ITALIEN.

JE suis né à Rome, ville renommée pour sa magnificence & son antiquité, & je puis dire sans me vanter, que je suis sorti d'une famille noble. Mon père avoit quatre autres fils & deux filles, tous plus âgés que moi : il possédoit de grands biens, mais ce qu'il donna en dot à mes deux sœurs de son vivant, en emporta une bonne partie. Il les avoit mariées à des gens beaucoup plus riches qu'elles, quoique d'une naissance inférieure à la leur : mais vous savez que les richesses tiennent aujourd'hui lieu de tout, & que celui qui a le plus d'argent a le plus de mérite.

Je perdis ma mère, que je n'avois pas encore dix ans : mon père la suivit d'assez près. Il donna tout son bien à son fils aîné pour soutenir l'honneur de la famille, & nous laissa à sa discrétion, dénués de tout. Il nous avoit élevés d'une manière convenable à notre naissance ; & je dois dire à la louange de mon frère, qu'il continua à prendre le même soin, & qu'il ne négligea rien pour nous rendre accomplis. Il procura des postes honorables dans l'armée à deux de mes frères, qui perdirent la vie dans une glorieuse campagne. Le troisième mourut jeune.

Tous ceux qui me connoissoient ne doutèrent point que cette perte ne me fût avantageuse avec le tems; &, en effet, pendant quelques années tout parut me le promettre. Mon frère avoit déja atteint sa trentième année, qu'il n'avoit pas même encore pensé à se marier. Mais un parti avantageux lui ayant enfin été proposé, il crut ne devoir pas le refuser. Il n'avoit jamais vu la personne qu'on lui destinoit, mais on l'avoit assuré, qu'elle étoit jeune, belle & riche. Dès la première visite qu'il lui fit, il en devint passionnément amoureux, & cela alla toujours en augmentant. Le jour fut marqué pour les noces, ce qui devoit être quelques semaines ensuite. J'avois alors dix-huit ans, & je n'étois point encore pourvu: le mariage de mon frère sembloit même ne m'être pas favorable de ce côté-là. Un jour il me dit, qu'il avoit obtenu pour moi la place de capitaine des gardes du pape. Quoique ce poste fût fort au-dessous de ma naissance, j'en fus charmé, parce qu'il me fourniffoit les moyens de vivre fans être fujet aux caprices de la fortune, & à l'humeur inconftante d'un frère. Comme il avoit ce jour-là même des affaires preffantes qui l'appelloient hors de la ville, il me donna une lettre pour remettre à fa maîtreffe; dans cette lettre il s'excufoit de ce qu'il étoit obligé de partir fans la voir.

Je fus auffi-tôt m'acquitter de ma commiffion; & comme l'on me connoiffoit dans la maifon pour le frère de l'époux futur, j'eus la liberté de remettre la lettre à cette dame en main propre. Mais que cela me coûta cher ! Je ne l'eus pas plutôt vue, que mon cœur en fut embrafé d'amour; & tout ce que je devois à mon frère ne put tenir contre fes charmes. Je remarquai qu'elle lut la lettre d'un air indifférent, ce qui ne me déplut pas. Cependant je cachai fi bien ma paffion naiffante, que je parlai en faveur de mon frère. Je compris bien-tôt par les difcours de cette belle, que le mariage propofé ne lui faifoit pas grand plaifir. Elle fut même jufqu'à m'avouer, enfin, que fi elle y confentoit, c'étoit plus par devoir que par inclination. Je lui dis que fi j'étois en la place de mon frère, & que je fuffe ce qu'elle venoit de m'apprendre, j'en ferois au défefpoir; mais que, cependant, quelque grande que fût la perte que je ferois, j'aurois trop d'estime pour elle pour vouloir être redevable à sa seule obéissance du bonheur de la posséder.

Elle me répondit en rougissant, que ces sortes de mariages où l'inclination n'avoit aucune part, n'étoient jamais heureux. J'en convins avec elle; mais j'ajoutai que je craignois qu'elle n'eût donné son cœur à quelqu'un à qui elle ne pouvoit plus donner la main. Monsieur, me dit-elle, j'ai toujours été de bonne foi, & la vérité me paroît quelque chose de si aimable, que je ne veux ni ne puis vous le nier. Heureux mortel ! qui que tu sois, m'écriai-je dans un transport dont je ne fus point le maître, la fortune te comble de ses faveurs, & il n'est plus en son pouvoir de te rendre misérable puisque tu possèdes le cœur d'une si charmante personne ! Monsieur, me répliqua-t-elle, celui que vous estimez si heureux, ignore que j'aie quelque inclination pour lui, & la crainte m'empêchera de lui en faire jamais rien connoître. La principale raison qui me porte à vous découvrir ce secret, c'est afin que vous en informiez votre frère; car, ajouta-t-elle les larmes aux yeux, si je suis forcée de l'épouser, je serai malheureuse toute ma vie. Son affliction me perça le cœur, & elle s'en apperçut à mon air. Je vois, me dit-elle, que l'amour que vous avez pour votre frère, fait que ce que je viens de vous dire vous cause du chagrin. Madame, lui répliquai-je, puisque vous m'avez déclaré si ingénument votre pensée, je veux aussi être sincère, & vous découvrir mes sentimens les plus secrets : le chagrin que vous remarquez sur mon visage n'est qu'un effet du trouble de mon esprit, dont vous seule êtes la cause. Du moment que j'ai été frappé de l'éclat de vos charmes, l'amour m'a percé de ses traits, & ne m'a laissé en partage qu'un cruel désespoir. Elle écouta cette déclaration avec beaucoup de plaisir, & demeura quelque tems sans y répondre, en me regardant fixement ; ce qui me fit baisser les yeux. Monsieur, me dit-elle à la fin, d'une voix tremblante, j'espère que vous parlez sincèrement, & dans cette supposition je vais vous découvrir un secret qui vous intéresse fort ; la raison pour laquelle je ne saurois aimer votre frère, c'est qu'il y a déjà long-tems que je vous ai donné mon cœur. Un aveu si ingénu & si tendre me causa une joie inexprimable : je me jettai aux pieds de cette belle, & je lui dis tout ce que la passion la plus vive me put suggérer. Elle m'assura qu'elle mourroit plutôt que de consentir à épouser mon frère, & qu'il y avoit plus de deux ans qu'elle m'aimoit. La première fois qu'elle m'avoit vu, c'étoit lorsque je dis

adieu

adieu à mes deux frères qui partoient pour cette malheureuse campagne où ils perdirent la vie ; & dès-lors elle conçut pour moi une inclination qui étoit toujours allée en croissant. En un mot, nous nous communiquâmes nos plus secrètes pensées, & nous nous jurâmes un amour inviolable.

Nous convînmes de nous voir le jour suivant dans le même endroit où j'avois la liberté d'entrer comme son beau-frère futur. Avec quelle impatience n'attendis-je point cet heureux moment ? Je me rendis à l'heure marquée dans la chambre de ma belle. Nous ne nous entretînmes pendant long-tems, que de notre amour réciproque ; à la fin nous tombâmes sur le mortifiant sujet des noces qui s'approchoient, & sur le moyen de les prévenir. Je lui proposai de nous sauver dans les pays étrangers, & de nous y unir par les sacrés liens du mariage. Quoique je ne veuille jamais être à d'autre qu'à vous, me répondit-elle, il faut pourtant penser à l'avenir : vous n'avez pas de bien, & celui qui doit me venir un jour, & qui est très-considérable, est au pouvoir de mon père : je trouverai moyen de faire différer le mariage, & de votre côté tâchez d'en dissuader votre frère ; peut-être en viendrez-vous à bout, car je crois qu'il en veut plus au bien qu'à la personne. Je l'assurai du contraire, & qu'il avoit pour elle une forte inclination. Nous aurions bien souhaité tous deux que cela fût autrement; cependant nous résolûmes de nous aimer toujours. Nous nous séparâmes, après être convenus que nous nous rencontrerions le lendemain dans un endroit reculé de la ville, chez une personne de ma connoissance en qui je pouvois me confier; quoique je ne voulusse pas lui découvrir tout le secret, de peur d'accident. Je fus à l'heure même parler à cet ami, & je lui dis que j'avois une intrigue avec une femme de qualité que je souhaitois de pouvoir voir dans sa maison pour plus de secret; il y consentit sans peine.

Ainsi nous nous rendîmes le lendemain chez lui à l'heure marquée ; mais séparément & sans domestiques, pour n'être pas découverts. Dèslors, il ne se passa point de jours que nous ne nous y vissions. Une fois, entr'autres, que les yeux de la belle étoient tout étincelans d'amour, je m'aventurai, & je fus assez heureux pour trouver l'heure du berger. La possession, loin d'éteindre mes desirs, ne fit que les enflammer. Nous passâmes un mois entier dans les plus doux plaisirs; mais au bout de ce tems, les choses changèrent bien de face. Mon frère revint de la campagne, & le jour marqué pour les noces s'approchoit. Nous nous étions tellement livrés à la joie de nous posséder, que nous n'avions point pensé à l'avenir; ou si l'idée du malheur qui nous menaçoit, venoit quelquefois troubler nos plaisirs, nous la bannissions aussi-tôt comme une idée importune.

La dernière fois que nous nous séparâmes, ce fut avec un regret qui présageoit bien nos disgraces. Le père de ma maîtresse avoit fait de grands préparatifs pour célébrer ses noces avec une magnificence extraordinaire ; mais deux jours avant le mariage, le bruit se répandit dans Rome, que la fille unique de don Antonio Grimaldi (c'étoit le nom de ce gentilhomme,) étoit dangereusement malade. Cette nouvelle me fit plaisir, persuadé que c'étoit une feinte pour gagner du tems. Mon frère en fut frappé comme d'un coup de foudre, parce qu'il l'aimoit passionnément. Il ne bougeoit pas d'auprès d'elle, mais j'étois bien assuré que sa présence lui faisoit une très-grande peine. Un jour, le trouvant fort mélancolique, je lui demandai si c'étoit la maladie de sa future épouse qui le rendoit si chagrin : il me répondit qu'oui ; d'autant plus qu'il croyoit s'appercevoir que ce n'étoit qu'une feinte pour se débarrasser de lui, & qu'il avoit plusieurs raisons de se persuader qu'elle avoit donné son cœur à un autre. Je déployai toute mon éloquence pour l'engager à la laisser, lui représentant qu'elle ne méritoit pas qu'il pensât plus à elle: mais il m'assura qu'il n'étoit pas en son pouvoir de le faire, tant il l'aimoit. Je commençai alors à réfléchir sérieusement sur ma conduite, & je vis bien que je m'étois engagé dans une très-mauvaise affaire: mais malgré toutes mes réflexions, je me trouvois plus amoureux que jamais; & l'absence qui guérit les passions légères, donna de nouvelles forces à la mienne. Il y avoit quinze jours que je n'avois vu celle qui en étoit l'objet: je résolus enfin de lui faire visite, & je pris, pour cet effet, le tems que mon frère étoit occupé avec le pape dans son cabinet. Je n'eus pas de peine à être introduit dans la chambre de ma belle, parce qu'on savoit qui j'étois; mais malgré tous mes soins, je ne pus jamais trouver un moment favorable pour lui parler de mon amour, à cause du grand nombre de personnes qui étoient venues la voir: cependant sous prétexte de lui tâter le pouls, j'eus le plaisir de la toucher & de lui serrer la main. Je n'osai pas m'arrêter longtems, de peur que mon frère ne vînt pendant que j'étois là; ainsi je me retirai. Quand je fus sorti, je considérai qu'il valoit beaucoup mieux instruire mon frère de cette visite, que la lui cacher, parce que s'il venoit à l'apprendre d'ailleurs, il pourroit soupçonner quelque chose; ce que je fis la première fois que nous nous rencontrâmes, mais, en ajoutant, que c'avoit été pour l'obliger que je m'étois donné cette peine. Il me remercia, & me demanda ce que je pensois de sa maladie: je lui dis que je ne pouvois pas répondre de l'état de son cœur, mais que pour celui de son corps, j'étois très-assuré qu'elle avoit une violente fièvre: voyant que je ne pouvois pas lui persuader de l'abandonner, je crus qu'il falloit au moins, pour notre avantage, lui faire croire que l'indisposition étoit réelle. Il fut la voir un moment après, & à son retour il me dit que j'avois trop bien rencontré; que les médecins avoient assuré qu'elle étoit dangereusement malade, & ordonné qu'on la saignât; & que son père vouloit l'envoyer dès le lendemain à la campagne, dans l'espérance que le changement d'air lui feroit du bien. Je fus ravi de voir qu'il donnoit dans le panneau de même que le père; car je ne doutois point que ma charmante maîtresse n'eût gagné les médecins, pour mieux couvrir son jeu.

Cependant on la porta le lendemain dans une litière à une maison de campagne que son père avoit à deux lieues de Rome sur le Tibre. Je me flattai d'abord que je pourrois la voir plus facilement là qu'en ville; mais il se passa près de six semaines, sans que, malgré tous les soins que je me donnai pour cela, j'en pusse venir à bout, & même sans que j'y visse encore la moindre apparence. J'étois comme un homme qui auroit perdu l'esprit; & quelqu'effort que je fisse pour me contraindre devant le monde, tous mes amis, & particuliérement mon frère, s'apperçurent bien-tôt de mon chagrin, mais je n'eus garde de leur en dire la vraie raison. Tous ceux qui savent ce que c'est que l'amour, jugeront aisément de ma peine dans ces tristes circonstances. Je ne pus jamais rien apprendre de ma maîtresse, sinon qu'elle étoit toujours fort mal. Mon esprit étoit troublé de mille pensées diverses : quelquefois je la croyois infidèle, & je me figurois que c'étoit elle-même qui mettoit obstacle à ce que je la visse ; d'autres fois je me persuadois qu'elle étoit réellement malade, & toujours je n'appercevois que des sujets de désespoir.

Il se passa encore un mois, que je n'étois pas plus avancé que le premier moment. Un jour je fus surpris de voir mon frère entrer dans ma chambre avant que je fus habillé. Il me parut de la dernière complaisance, & fort touché de mon état. Je pense, me dit-il, que l'amour vous a captivé malgré vous, & que l'objet de votre passion est insensible aux maux que vous souffrez. Je l'assurai qu'il n'y avoit rien de semblable, & que l'inquiétude de mon esprit étoit un effet de la mauvaise disposition de mon corps. Il me dit plusieurs choses obligeantes à cette occasion, m'offrit tout ce qui dépendoit de lui, & me quitta.

Dès qu'il fut sorti, je m'habillai, & je montai à cheval pour aller encore une fois tenter la fortune; car j'étois résolu de voir ma maîtresse à quelque prix que ce fût, ne pouvant plus vivre sans avoir de ses nouvelles. Quand je fus arrivé à l'entrée d'un bois qui est à une demi-lieue de la maison de campagne, je me vis entouré d'une douzaine de cavaliers, qui malgré toute la résistance que je pus faire, me descendirent de cheval, me lièrent, & me portèrent dans le bois. Je les pris d'abord pour des voleurs; mais comme ils ne se mirent point en devoir de me rien prendre, je changeai de sentiment, & je commençai à craindre qu'ils n'eussent quelque dessein sur ma vie. Ils me gardèrent dans le bois jusques sur la brune, & alors ils me jettèrent dans une litière qu'ils accompagnèrent, & à laquelle ils firent faire toute la diligence possible. Nous marchâmes toute la nuit, sans que je pusse deviner où l'on me menoit, & le lendemain matin l'on me met dans un bateau, qui me conduisit à bord d'un vaisseau qui étoit une lieue avant dans la mer. Dès que j'y fus arrivé, on leva l'ancre, & nous fîmes voile. On m'avoit porté lié dans la chambre du capitaine : il y descendit aussi-tôt, & me remit de la part de mon frère une lettre de sa main, dans laquelle il y en avoit une autre, dont je ne reconnus pas le caractère à l'adresse. En disant ceci, l'Italien les tira toutes deux de son sein : voilà, nous dit-il, le paquet fatal qui est la cause de tous mes malheurs, & que j'ai cependant conservé avec soin. La première lettre, qui étoit celle de son frère, étoit conçue en ces termes :

« Je ne t'appellerai point du nom de frère ; tu t'en es rendu indigne par ta lâcheté. Mais saches que la vengeance divine te poursuit, pour te punir de la noire trahison que tu as faite à celui qui regarde comme la plus grande des malédictions d'être né de mêmes parens que toi. L'incluse m'est tombée entre les mains par la probité de celle qui avoit ordre de te la remettre : détestant dans son ame le commerce criminel que tu entretenois avec son ingrate maîtresse, elle m'a découvert tout le secret de cette abominable intrigue. Après avoir lu ceci, prépare-toi à porter la peine de ta perfidie. Tu n'as plus qu'une heure à vivre ; & ta mort me semble encore une vengeance trop douce pour l'injure atroce que tu as faite à
HERNANDO ALVARÈS. »

Voici la seconde.

A don Antonio Alvarès.

« Vie de ma vie ! Je hasarde tout pour te faire savoir mon état. Je crains qu'enfin la mort ne te prive de ce qui t'appartient entiérement. Ma maladie feinte se changea en une maladie réelle le jour que vous me vîtes, sans qu'il nous fut possible de nous entretenir un seul moment ensemble. La fièvre me prit sur le soir avec tant de force, qu'elle me causa un transport au cerveau. J'espère que dans mon délire je n'aurai pas trahi le secret de mon cœur. La vue de votre frère retarde le rétablissement de ma santé ; & si j'ai encore quelque espérance de ce côté-là, ce n'est que parce que je desire passionnément de vous revoir & de vous embrasser. J'ai engagé une de mes femmes, à force de promesses & de présens, à vous remettre celle-ci ; & je me flatte qu'elle s'en acquittera fidèlement. Je crains que le petit commerce que nous avons eu ensemble ne me devienne funeste, car si je réchappe de cette maladie, je serai certainement mère. Cependant je suis résolue à mourir plutôt que de vous exposer à quelque malheur en révélant tout le mystère ; ainsi tranquillisez-vous de ce côté-là, & me croyez toute à vous jusqu'au tombeau. »

La lecture de ces deux lettres fit naître dans mon ame des passions bien différentes, l'une m'accabla de douleur, à la vue du triste état de celle que j'aimois plus que ma vie; & l'autre m'inspira de vifs sentimens de vengeance contre mon barbare de frère : car comme il avoit dépouillé envers moi toute tendresse naturelle, je crus que je pouvois en justice en user de même à son égard. Je fus quelque tems dans un trouble inexprimable, auquel la crainte de la mort n'avoit assurément aucune part : j'étois si agité d'ailleurs, que l'idée de la fin tragique dont mon frère me menaçoit, ne me vint pas même dans l'esprit. Le capitaine du vaisseau me voyant dans cet état, me parla en ces termes. Monsieur, quoique je sois bien payé pour vous ôter la vie, l'accablement extrême, où vous jette sans doute la vue d'une mort prompte & inévitable me touche, sachant que tout votre crime est d'avoir aimé. Je veux adoucir votre sentence; je vous mettrai dans un bateau avec deux matelots pour vous conduire où vous voudrez avec tout ce qui vous sera nécessaire; mais sous la condition que vous me donnerez votre parole d'honneur de ne point paroître à Rome avant quarante jours.

Vous pouvez juger si je le remerciai de son humanité; je lui promis tout ce qu'il voulut,

& je lui dis que ce n'étoit pas tant parce que je craignois la mort, que pour confondre l'attente de mon frère. Auſſi-tôt il fit mettre en mer un bateau, & le pourvut de tout ce qu'il falloit pour un voyage d'un mois: j'y deſcendis avec deux matelots qui furent payés à l'avance pour ce tems-là, & nous quittâmes le vaiſſeau. Je leur ordonnai de faire route pour Livourne, parce que j'étois ſûr d'y trouver ce dont j'aurois beſoin, auprès d'une de mes ſœurs qui y demeuroit, depuis deux ans avec ſon mari, gentilhomme de Florence. Mais le vent nous étant devenu contraire, il nous fit dériver, & ſans un vaiſſeau marchand qui alloit à Malthe, & qui nous prit, nous étions certainement perdus. Il auroit preſque été à ſouhaiter pour moi que la choſe fût arrivée, & que j'euſſe eu la mer pour ſépulture ; car deux jours après, ce vaiſſeau fut attaqué par un corſaire de Barbarie qui s'en rendit le maître, & qui nous fit tous captifs.

J'étois ſi mal habillé, qu'on ne m'auroit pas pris pour un jeune homme de famille ; m'étant ainſi déguiſé pour n'être pas reconnu, quand je fus à la campagne dans le deſſein d'y voir ma maîtreſſe. Hamet, qui eſt le nom de notre renégat Irlandois, ou du capitaine corſaire qui prit notre vaiſſeau, ne demanda pour ma rançon que deux cens piſtoles, me jugeant aſſez peu de choſe par mon équipage. J'écrivis à mes deux fœurs, pour les prier de m'envoyer cette ſomme, leur repréſentant l'état où j'étois. J'ai même réitéré pluſieurs fois mes inſtances, mais inutilement ; je n'en ai jamais pu recevoir de nouvelles, ſoit que mes lettres aient été perdues, ou que mes fœurs aient cru devoir oublier un malheureux comme moi. Cependant ſi le ciel nous favoriſe, & que je puiſſe revoir l'Italie, j'ai réſolu de faire tenir ma rançon à Hamet le plutôt que je pourrai, parce qu'il en a toujours bien uſé à mon égard.

Fin de ce volume.

TABLE
DES VOYAGES IMAGINAIRES
Contenus dans ce Volume.

AVERTISSEMENT de l'Éditeur,	Page 1
ALCIMÉDON,	97
Avertissement de l'Auteur des Isles Fortunées.	
LES ISLES FORTUNÉES, livre Ier,	101
Livre II,	111
Livre III,	132
Livre IV,	156
Livre V,	184
Livre VI,	196
HISTOIRE DES TROGLODITES,	213
AVENTURES D'UN JEUNE ANGLOIS,	225
AVENTURES D'UN CORSAIRE PORTUGAIS,	261
Préface des Voyages de Robert Boyle,	299
Les Voyages & Aventures du Capitaine ROBERT BOYLE,	301
Histoire de Mademoiselle Villars,	411
Histoire de l'Esclave Italien,	444

Fin de la Table.

www.ingramcontent.com/pod-product-compliance
Lightning Source LLC
Chambersburg PA
CBHW072103220426
43664CB00013B/1975